Uma visão de paz

John F. Kennedy

Uma visão de paz

Os melhores discursos de John F. Kennedy

Seleção e organização:
ROBERT DALLEK E TERRY GOLWAY

Tradução:
BÁRBARA DUARTE

Seleção, apresentação à edição brasileira e notas:
ARTHUR ITUASSU

ZAHAR
Jorge Zahar Editor
Rio de Janeiro

A Hannah Claire Bender, e Kate e Conor Golway: a próxima geração

Título original:
Let Every Nation Know
(John F. Kennedy in His Own Words)

Tradução autorizada de textos selecionados da primeira edição norte-americana, publicada em 2006 por Sourcebooks, de Naperville, EUA

Jorge Zahar Editor Ltda.
rua México 31 sobreloja
20031-144 Rio de Janeiro, RJ
tel.: (21) 2108-0808 / fax: (21) 2108-0800
e-mail: jze@zahar.com.br
site: www.zahar.com.br

Projeto gráfico e composição: Printmark Marketing Editorial
Capa: Miriam Lerner
Foto da capa: © Bettman/Corbis

CIP-Brasil. Catalogação-na-fonte
Sindicato Nacional dos Editores de Livros, RJ.

Dallek, Robert
D151v Uma visão de paz: os melhores discursos de John F. Kennedy / John F. Kennedy; seleção e organização, Robert Dallek e Terry Golway; seleção, apresentação da edição brasileira e notas, Arthur Ituassu; tradução, Bárbara Duarte. — Rio de Janeiro: Jorge Zahar Ed., 2007.
il.

Tradução de: Let every nation know: (John F. Kennedy in his own words)
Inclui bibliografia
ISBN 978-85-7110-990-2

1. Kennedy, John F. (John Fitzgerald), 1917-1963. 2. Presidentes – Estados Unidos – Biografia. 3. Presidente – Estados Unidos – Discursos, conferências etc. 4. Estados Unidos – Política e governo – 1961-1963. 5. Discursos americanos. I. Kennedy, John F. (John Fitzgerald), 1917-1963. II. Golway, Terry, 1955-. III. Ituassu, Arthur. IV. Título.

CDD: 923.173
07-1323 CDU: 929:32(73)

Sumário

Ilustrações

Apresentação à edição brasileira

A experiência do fim

Se há um Winston Churchill na história política norte americana, este é John F. Kennedy. Isso não significa dizer que Kennedy foi o melhor orador entre os presidentes dos Estados Unidos. Um embate com Abraham Lincoln seria, muito provavelmente, desvantajoso a JFK. De qualquer forma, algumas semelhanças aproximam Kennedy de Churchill, certamente dois dos políticos mais importantes do século XX.

Como Churchill, Kennedy também quebrou tradições. Se o ex-primeiro-ministro atacou as regalias da aristocracia britânica, JFK foi, na história, o segundo candidato católico a presidente dos Estados Unidos, e o primeiro a ser eleito, numa nação de ampla maioria protestante. Kennedy também enfrentou o velho racismo do Sul – depois de muita pressão, é verdade – e foi o presidente eleito* mais jovem da história norte-americana, aos 43 anos, quase 27 anos mais moço que o seu antecessor, Dwight Eisenhower, quando este deixou o cargo.

Como Churchill, Kennedy também tinha pretensões literárias e era adepto da historiografia amadora. O norte-americano não alçou vôos tão altos quanto o britânico, vencedor do Prêmio Nobel de Literatura, em 1953. JFK, no entanto, foi agraciado com a principal comenda literária dos Estados Unidos, o prêmio Pulitzer, em 1957, com o livro *Profiles in Courage*. Não à toa, ele escreveu um compêndio sobre a coragem de políticos norte-americanos do passado que enfrentaram o senso comum e mudaram seu tempo com propostas inovadoras. Como Churchill, Kennedy foi a encarnação política do espírito de liderança.

* Theodore Roosevelt chegou à Casa Branca mais novo, aos 42 anos, mas Ted, como era conhecido, não foi eleito, tomou posse depois do assassinato do presidente William McKinley, em 14 de setembro de 1901.

Os discursos selecionados para esta obra, sempre acompanhados da contextualização brilhante do professor Robert Dallek e do jornalista Terry Golway são fonte preciosa de uma época em que o mundo esteve à beira do precipício. Durante o curto mandato de Kennedy, Estados Unidos e União Soviética estiveram envolvidos direta ou indiretamente na invasão frustrada de exilados cubanos treinados pela CIA à Baía dos Porcos, na Crise de Berlim e na perigosíssima Crise dos Mísseis.

De fato, é difícil saber quem veio primeiro: se os fatos ou o presidente. Foi a pouco conhecida postura agressiva de Kennedy na campanha à Presidência e nos primeiros anos de governo que gerou respostas soviéticas à altura? Ou JFK foi pego pelo destino, tendo que carregar o fardo de uma contenda atrás da outra, durante os poucos anos em que esteve na Casa Branca?

De uma forma ou de outra, Kennedy acendeu o pavio da Guerra Fria. Desde os primeiros momentos de sua campanha, atacou o então presidente Eisenhower por permitir que os soviéticos passassem à frente dos Estados Unidos tanto na corrida armamentista quanto na espacial, sendo que apenas na segunda isso era verdade. Apesar de não ter sido o mentor do plano de retirada de Fidel Castro do poder e de não ter envolvido as Forças Armadas norte-americanas na invasão da Baía dos Porcos, JFK estava ciente do fato e deu luz verde à operação comandada pela CIA. Para muitos historiadores, a Crise dos Mísseis e o quase desastre ocorrido na viagem-teste apressada do primeiro submarino nuclear soviético, o K-19 (conhecido como o "fazedor de viúvas", ou o "Hiroshima", para a Marinha russa) foram respostas da linha-dura no Kremlin à agressividade inicial de Kennedy, talvez necessária a JFK internamente, para contrapor as questões levantadas por seu catolicismo e sua juventude.

Na verdade, Eisenhower, ou Ike, como era conhecido, deixou a Kennedy uma vantagem significativa na corrida armamentista da Guerra Fria. Mesmo assim, JFK, ao tomar posse, iniciou a produção de 1000 mísseis balísticos intercontinentais, além de 32 submarinos Polaris, com mais 656 mísseis. Moscou, no mesmo momento, não tinha um submarino capaz de lançar mísseis balísticos até o K-19, que podia carregar apenas três. Na mesma época, enquanto os soviéticos tinham 50 bombardeiros que poderiam atacar os Estados Unidos lançando ogivas nucleares sobre o país, os norte-americanos tinham mais de 500, prontos para serem utilizados.

O modelo da Guerra Fria não comportava tamanho desequilíbrio estratégico, e os russos tiveram de correr atrás. Uma tentativa de demonstrar poder foi tornar o K-19 operacional rapidamente, o que quase causou um acidente nuclear de proporções catastróficas. Outra foi o envio de mísseis a

Cuba, no episódio que acabou conhecido nos EUA como a Crise dos Mísseis (na União Soviética, como a Crise do Caribe; e, em Cuba, como a Crise de Outubro). Além disso, a política agressiva de Kennedy diminuiu a margem de negociação de Krushchev a respeito de Berlim, um impasse que vinha sem solução desde o fim da Segunda Guerra Mundial. Pressionado internamente, Krushchev endureceu a posição no encontro de cúpula com Kennedy em Viena, em junho de 1961, quando o K-19 saía para a sua primeira viagem-teste. Sem acordo, a capital alemã foi dividida por um muro.

No entanto, como um personagem shakespeariano capaz de pensar sobre si mesmo e mudar seu comportamento, o Kennedy que sobreviveu à sucessão de crises que poderia ter levado a humanidade ao fim é bastante diferente daquele jovem político que buscava se impor na campanha presidencial e no início do mandato. Em 1963, Kennedy era o porta-voz da esperança e da paz, do entendimento e da compreensão, da auto-reflexão e da justiça. Seus dois principais discursos desse momento – "Uma visão de paz" e "A crise moral da nação" – apresentam argumentos concretos para uma vida mais justa dentro e fora dos Estados Unidos, sem que isso significasse uma deferência ao sistema comunista, como mostra o forte pronunciamento, da mesmo época, "Ich bin ein Berliner".

Os discursos de John Kennedy trazem um estilo refinado e uma rara erudição. Porém, mais importante, guardam e revelam sua experiência histórica.

Arthur Ituassu,
professor de relações internacionais na PUC-Rio

Na primavera de 1961, a coluna de Kennedy lhe causava tanta dor que ele foi erguido até a porta do Força Aérea Um, o avião presidencial norte-americano.

Prefácio

John F. Kennedy teve um dos mandatos presidenciais mais curtos da história norte-americana. E, ainda assim, vários livros foram escritos sobre ele, quem, para milhões de norte-americanos, ainda é um dos personagens mais lembrados de seu tempo. Seus primeiros mil dias no governo foram marcados por crises dentro e fora do país. Algumas dessas repercutem ainda hoje, em uma época em que o povo dos Estados Unidos é constantemente lembrado de sua vulnerabilidade a catástrofes inimagináveis. John Kennedy foi presidente quando o mundo estava à beira de um apocalipse nuclear. Tensões em Berlim e Cuba quase levaram os Estados Unidos e a União Soviética à guerra total.

No mesmo período, a Casa Branca de Kennedy enfrentava uma revolta no Sul, quando os afro-americanos foram às ruas para exigir que Washington colocasse em prática sua retórica sobre a importância da liberdade.

Algumas das questões enfrentadas por Kennedy são familiares aos leitores do século XXI. O mais famoso fiasco de seu governo – a fracassada invasão de Cuba – foi fruto de informações secretas incorretas. O presidente, embora já tivesse sido jornalista, achou apropriado sugerir a editores de jornais que se autocensurassem em nome da segurança nacional. E o poder no Congresso foi influenciado pelos sulistas brancos (os democratas de então; atuais republicanos).

As palavras de John Kennedy, proferidas há mais de quatro décadas, são tão atuais quanto as notícias diárias, porém, com uma grande diferença: no lugar de frases simples, Kennedy construía parágrafos cultos, e seus discursos eram repletos de referências à história e à literatura, quase ausentes no discurso político norte-americano.

Nesse sentido, por que um livro sobre os discursos de Kennedy? Porque as palavras que usou para inspirar a nação norte-americana continuam relevantes até hoje.

Isso certamente parece curioso. Afinal, o mandato de Kennedy foi breve e suas realizações legislativas não foram muitas. Todas as suas principais iniciativas – um corte nos impostos de 11 bilhões de dólares; ajuda federal à educação básica, fundamental e superior; seguro de saúde para idosos e indigentes; um projeto de lei de direitos civis que proibia a segregação em locais públicos; e a instituição dos departamentos de habitação, desenvolvimento urbano e transporte – estavam pendentes no Congresso quando ele morreu em 22 de novembro de 1963.

As questões externas também apresentaram grandes falhas: a invasão da Baía dos Porcos, em Cuba, em abril de 1961; complôs secretos para assassinar Fidel Castro; um desempenho imperfeito na Cúpula de Viena com Nikita Khrushchev, em junho; e o amplo envolvimento na Guerra do Vietnã que levou à morte de 58 mil norte-americanos.

Apesar dessas limitações, John Kennedy é visto pela maioria dos norte-americanos como um dos quatro ou cinco presidentes mais importantes na história do país. Pesquisas de opinião ao longo dos últimos 40 anos incluem sistematicamente JFK no primeiro escalão de presidentes norte-americanos, junto a Washington, Lincoln, Roosevelt, e, mais recentemente, Ronald Reagan. É verdade que Kennedy salvou o mundo de uma guerra nuclear ao usar a diplomacia para resolver a crise dos mísseis cubanos de forma pacífica. E também negociou um tratado limitado de proibição de testes nucleares que conteve a proliferação de armas de destruição em massa. Apesar disso, seu histórico geral dificilmente se compara aos de presidentes como Theodore Roosevelt, Woodrow Wilson e Harry Truman, para mencionar apenas três dos chefes de Estado do século XX.

O que explica, portanto, a posição excepcional de Kennedy entre os 42 homens que já ocuparam o mais alto cargo do país? Seu assassinato é certamente um elemento que contribuiu para aumentar a consideração do público por ele. Mas essa não é a única explicação. Em 1941, 40 anos após William McKinley ser assassinado no início de seu segundo mandato, a maioria das pessoas não o considerava um grande presidente. Na melhor das hipóteses, ele se juntou ao grupo de personalidades anônimas que ocuparam cargos de governo no final do século XIX.

A juventude e o carisma de Kennedy ajudam bastante a explicar sua influência duradoura sobre os norte-americanos e, na verdade, sobre pessoas do mundo todo. Sua beleza, seu charme, talento e inteligência, tão evidentes em suas inovadoras conferências televisivas para a imprensa, estão marcados na memória. Ele continua sendo o entusiasmado presidente de 46 anos que inspirava a esperança por um país melhor e por um mundo mais pacífico. As mortes prematuras de seu irmão Robert e de seu filho John Kennedy Jr. contribuíram, sem dúvida, para a sensação de tragédia que o rodeava e para a convicção de que, se estivesse vivo, a nação teria menos problemas.

JFK também merece a aprovação como um presidente heróico que, apesar de suas eternas doenças físicas, como a constante dor de coluna, serviu de forma corajosa na Segunda Guerra Mundial e teve um desempenho produtivo na Casa Branca. As revelações sobre sua reação aos problemas médicos o marcaram como um homem de personalidade forte, característica em discussão por causa de seus inúmeros casos extraconjugais noticiados.

A principal razão da popularidade de Kennedy, contudo, é sua retórica inspiradora. As importantes realizações presidenciais parecem não ter um efeito tão duradouro sobre os norte-americanos quanto a memorável linguagem presidencial dos discursos públicos. Os norte-americanos conhecem mais o discurso de despedida de Washington do que qualquer episódio específico em sua Presidência. Dwight Eisenhower, com todos os seus feitos consideráveis tanto antes como durante sua Presidência, é, em grande parte, lembrado por um único discurso no final de seu governo de oito anos, alertando o país sobre o complexo militar-industrial.

Kennedy, por exemplo, pediu aos norte-americanos que colocassem o interesse nacional à frente de seus interesses pessoais e acabassem com a guerra antes que a guerra acabasse com a humanidade. Esses eram apelos ao sacrifício e ideais virtuosos adorados pelos norte-americanos. (Por exemplo, embora as promessas de Woodrow Wilson de dar um fim à guerra e tornar o mundo mais seguro para a democracia não tivessem ido além das expectativas, seu apelo às boas almas do país garantiu a ele um lugar contínuo no primeiro escalão de presidentes dos Estados Unidos.)

É interessante que o outro único presidente, após a Segunda Guerra Mundial, a manter o prestígio entre a maioria dos norte-americanos foi Ronald Reagan. Como Kennedy, suas palavras continuam a inspirar a esperança por um país melhor, mais pacífico, mais próspero. Quase todos parecem se lembrar da descrição de Reagan de sua época no governo como "o renascer nos Estados Unidos" e o momento em que o "orgulho retornava".

Ninguém deveria subestimar os efeitos do poder da linguagem sobre a reputação presidencial. O popular Kennedy é lembrado por vários discursos e pela eficácia de suas conferências de imprensa televisionadas. O acesso aos discursos de JFK por meio deste livro mais uma vez inspirará aqueles que os ouviram e leram há mais de 40 anos, mas também conquistará novos fãs de Kennedy entre os milhões de norte-americanos nascidos após 1963.

Por causa de seu problema crônico na coluna, Kennedy discursa durante uma pausa na campanha de 1952 de muletas.

JFK: uma vida

John Kennedy, segundo filho de Joseph Kennedy e Rose Fitzgerald Kennedy, foi uma criança fraca, que parecia destinada a viver à sombra do irmão mais velho, Joseph Jr.. Nasceu em 29 de maio de 1917, em um quarto do andar de cima da casa da família em Beals Street, na região de Brookline, em Boston. A chegada do pequeno John recebeu pouca atenção, em comparação ao alvoroço despertado pelo nascimento de seu irmão mais velho, dois anos antes. Depois que Joseph Jr. nasceu, seu avô materno, o adorado político de Boston, John "Honey Fitz" Fitzgerald, anunciou que o menino um dia seria presidente dos Estados Unidos. Acrescentou, de forma provocadora, que o pequeno Joseph também estudaria na Universidade Harvard (como seu pai), seria talentoso no futebol e no beisebol, ao mesmo tempo em que ganharia todas as honras acadêmicas, comandaria a indústria, e, talvez, enquanto preparava sua inevitável mudança para a Casa Branca, seria prefeito de Boston e governador de Massachusetts.

Enquanto Joe Jr. fazia o papel do menino de ouro, o jovem Jack lutava contra algumas das doenças que o assolariam pelo resto da vida. Durante a adolescência, era tão magro que os médicos temiam que tivesse leucemia (não tinha). Um simples resfriado o fazia parar no hospital. Ele reclamava de uma dor constante nos joelhos e de cansaço. Os problemas médicos de Jack eram uma fonte de grande frustração para seu pai, ambicioso política e socialmente, nomeado embaixador dos Estados Unidos na Grã-Bretanha em 1937. O patriarca milionário continuou a tratar Joe Jr. como o filho favorito da família, o menino que seria presidente.

Uma outra carreira parecia chamar a atenção de Jack: o jornalismo. Como escritor e repórter com contatos importantes, ele poderia seguir seu interesse na política pública e nas questões externas, sem se submeter aos rigores das campanhas políticas. Durante uma visita à Europa, em 1937, Jack procurou o então correspondente do *New York Times* em Roma, Arnaldo Cortesi, com quem debateu sobre as nuvens negras que rondavam a Europa. A viagem inspirou Kennedy a levar seus estudos em Harvard mais a sério, e ele, então, começou a escrever artigos sobre temas públicos, textos que foram muito bem aceitos em suas aulas de política. Enquanto Joseph Jr. parecia bem no caminho em direção a uma brilhante carreira na política norte-americana, seu irmão mais novo pensava em ser correspondente estrangeiro do *New York Times*.

Como sinal de que buscava construir uma carreira no jornalismo – não a cobertura policial, certamente, mas o tipo de reportagem feito por Walter Lippman e Arthur Krock –, Kennedy transformou sua dissertação em um livro publicado em 1939, chamado *Por que a Inglaterra dormiu?*. O livro apresentava uma análise do apaziguamento da Grã-Bretanha com a Alemanha de Hitler. Vendeu bem e recebeu boas críticas dos dois lados do Atlântico. O jovem autor teve assistência editorial do lendário Krock, um colunista do *New York Times* que tornou o texto mais fluente e ajudou Kennedy a conseguir um agente. Mas não havia dúvida de que o rapaz de 22 anos tinha se esforçado com o texto original. Na verdade, seus colegas em Harvard consideravam sua obsessão com o projeto divertida, e irritante.

A guerra que a Grã-Bretanha e outras nações tanto queriam evitar atingiu o solo norte-americano em 7 de dezembro de 1941. Joseph Jr. e Jack já haviam se juntado à Marinha quando aviões de guerra japoneses atacaram Pearl Harbor. Como soldado na base de Inteligência Naval em Washington, D.C., as ligações de Jack com o mundo do jornalismo se intensificavam – sua irmã, Kathleen, conseguiu um trabalho como repórter do *Washington Times-Herald* e namorava um de seus colegas, enquanto o próprio Jack começou a sair com uma colunista social do jornal, já casada duas vezes. Freqüentemente, os dois casais saíam juntos, em parte para disfarçar a relação potencialmente escandalosa de Jack com a colunista Inga Arvad, ainda casada com seu segundo marido.

Como membro das Forças Armadas norte-americanas, John F. Kennedy, o filho privilegiado de uma das mais influentes famílias do país, participou de uma experiência que o ligaria a filhos de fazendeiros do Meio Oeste, operários de fábricas do Brooklyn, cozinheiros de lanchonetes do Sul e policiais do Oeste. Kennedy foi um dos 16 milhões de norte-americanos a vestir uma farda durante a Segunda Guerra Mundial, um ponto de referência comum a toda uma geração. Anos depois, alguns de seus mais famosos discursos refletiriam esses momentos que marcaram uma geração de soldados dos Estados Unidos: quando comparou a defesa de Berlim Ocidental ao cerco em Bastogne, seus semelhantes – ricos e pobres, da cidade e do campo – entenderam exatamente o que ele queria dizer. Em seu discurso na cerimônia de posse, Kennedy falou sobre a "cabeça-de-ponte da cooperação", que poderia "fazer a selva da suspeita recuar", um truque literário que não exigia explicações de um professor de inglês de Harvard.

O fato de Kennedy ter servido durante toda a guerra deve-se a seu patriotismo, pois seus problemas de saúde deveriam tê-lo mantido com roupas de civil. A lista de suas enfermidades é extraordinária: sofria de colite espasmódica (da qual foi tratado na Clínica Mayo no final dos anos 1930), problemas crônicos na região lombar e uma dor de estômago recorrente. No início de 1941, não passou nos exames médicos de admissão da escola de oficiais para candidatos tanto do Exército, como da Marinha. Com sua influência, o pai de Kennedy contatou um capitão da Marinha, Alan Kirk, que tinha trabalhado na embaixada dos Estados Unidos em Londres quando ele fora embaixador na Grã-Bretanha. Um amigo médico de Kirk fez outro exame, que aprovou Kennedy, permitindo sua admissão no gabinete da Inteligência Naval.

Logo após Pearl Harbor e a entrada dos Estados Unidos na guerra, Kennedy quis servir na Marinha. Após seis meses de treinamento de combate, foi designado para comandar um torpedeiro – uma lancha torpedeira ou PT, segundo a abreviatura da esquadra. Como comandante da PT 109, seu serviço durante a guerra ainda faz parte da memória popular norte-americana.

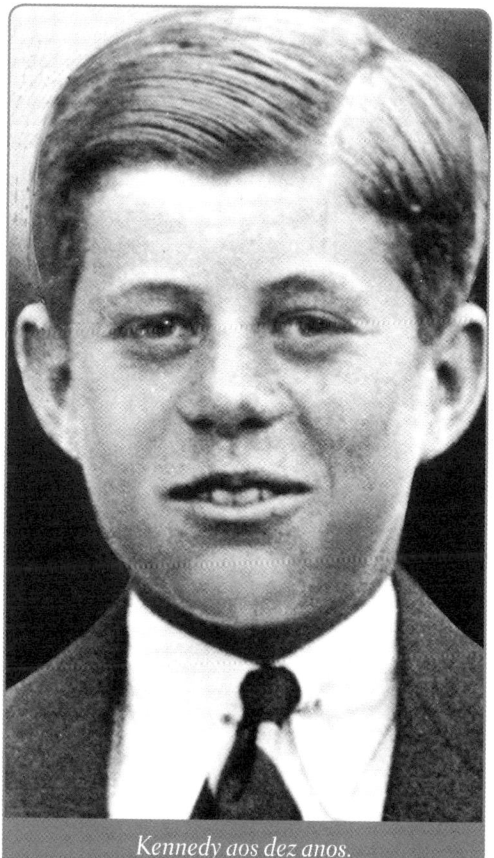

Kennedy aos dez anos.

Na noite de 1º de agosto de 1943, a PT 109 passou pelo estreito de Blackett, perto da Nova Geórgia, em busca de um comboio japonês. Quatorze outros torpedeiros faziam parte da missão. Os barcos eram pequenos e rápidos, mas não eram páreo para os navios inimigos que procuravam. As lanchas encontraram seus alvos no meio da noite e atacaram.

Essa investida foi mal coordenada e, no caos decorrente, um enorme destróier japonês varou pelas águas escuras e colidiu com a PT 109. Dois membros da tripulação morreram na hora, e os 11 sobreviventes, inclusive Kennedy, foram lançados ao mar.

Responsável pelos sobreviventes, e agarrado ao casco do navio, Kennedy nadou para salvar três outros membros da equipe, inclusive um, Pat McMahon, com graves queimaduras. Outros membros nadaram para salvar outros sobreviventes, até que todos os 11 pudessem se apoiar no casco. Mas, após nove horas, o casco começou a afundar. Kennedy ordenou que os homens nadassem para a terra. Como McMahon estava muito ferido para nadar, Kennedy prendeu as amarras do colete salva-vidas dele em seus dentes e o puxou durante cinco horas até que eles encontraram um pequeno pedaço de terra chamado Bird Island ou Plum Pudding Island. Exausto, Kennedy nadou, então, durante uma hora, pelo estreito, esperando que algum navio norte-americano o visse. Não conseguiu, mas talhou uma mensagem na casca de um coco e pediu a um habitante da ilha que o levasse a base aliada mais próxima. Finalmente, após um martírio de sete dias, a equipe da PT 109 foi resgatada, e John Kennedy virou herói de guerra.

Em 1941, as antigas enfermidades de Kennedy – doenças que deveriam tê-lo mantido fora da guerra – forçaram seu retorno aos Estados Unidos. Seus problemas nas costas, no intestino e no estômago foram amplamente examinados, levando muitos médicos da Marinha à conclusão de que ele não se adequava mais ao serviço.

Enquanto isso, a quilômetros de distância, Joseph Kennedy Jr. atingia um recorde impressionante de guerra. Voou em mais de 24 missões contra submarinos sobre o Canal da Mancha e teve o direito de ir embora, mas recusou. Ele se ofereceu para pilotar um grande aeroplano Navy Liberator, carregado com 22 mil explosivos, que seriam jogados na costa da Bélgica.

Em 12 de agosto, o avião de Joe Kennedy explodiu acima do Canal da Mancha. O filho preferido, o Kennedy destinado a ser presidente, estava morto.

O efeito da morte de Joseph Jr. foi, certamente, profundo. Os Kennedy tinham agora mais uma ligação com muitos de seus compatriotas de diferentes regiões e com passados distintos. Tinham perdido um filho. A estrela azul pendurada na janela passou a ser dourada, significando a perda. Para ajudar a enfrentar a dor, Jack recorreu às palavras e publicou um livro – *As we remember Joe* –, repleto de lembranças do irmão morto.

A morte de Joe significava que Jack tinha se tornado o filho predileto e os planos seriam adaptados para o segundo filho. Mas, mesmo atraído pela política, Jack Kennedy não perdeu seu interesse pela profissão que lidava com palavras, e não atos. Enquanto se recuperava de uma cirurgia na coluna, após voltar da guerra, Kennedy escreveu um longo artigo em uma revista, convocando os Estados Unidos a evitar a corrida armamentista do pós-guerra com a União Soviética. "A democracia dorme intermitentemente em um campo armado", escreveu.[1] O artigo foi rejeitado por várias revistas, inclusive a *The Atlantic Monthly* e a *Reader's Digest*, e nunca foi publicado.

Apesar do contratempo, a carreira de escritor de Kennedy avançou quando o *Chicago Herald-American* o contratou para cobrir a conferência das Nações Unidas em São Francisco, em 1945, conforme a guerra na Europa chegava ao fim. Embora o jornal de William Randolph Hearst só tenha contratado Kennedy por causa de seus contatos importantes, não se tratava de um trabalho *pro forma* para um amador. Kennedy escreveu 17 artigos (a US$250 cada) para o jornal, analisando as tensões entre o Ocidente e o Oriente que explodiam durante a guerra contra a Alemanha nazista. Apesar dos registros mostrarem o profissionalismo de Kennedy em sua tarefa, também se sabia que ele não se matava pelo emprego. Uma noite, ligou para Chicago para avisar, simplesmente, que não faria seu plantão. Afinal, tinha uma festa para ir.

Kennedy e Jacqueline Bouvier se casam em 12 de setembro de 1953, em uma tradicional cerimônia católica romana.

Era claro, inevitavelmente, que John Kennedy deixaria de lado seu interesse pelo jornalismo em favor da campanha política e do serviço público. Havia chegado o momento de executar o plano esquematizado para Joe Jr., mas que agora seria realizado por Jack. Ele concorreu a uma vaga no Congresso em 1946, um garoto rico esquelético que se misturava desajeitadamente entre os eleitores de um distrito de trabalhadores em Boston. Não se tratava de um político natural. Na verdade, sua entrada na luta de foice da política de Massachusetts surpreendeu um de seus antigos colegas, que estava certo de que Kennedy seria professor ou escritor. Seu temperamento parecia melhor adequado para ambas as profissões, conforme sua atuação durante a campanha mostrou. Seu estilo de falar era forçado e inexpressivo, sua voz rígida e tensa. Ele não parecia à vontade, muito diferente de seu avô materno, Honey Fitz Fitzgerald, que adorava o contato pessoal da campanha.

John Fitzgerald Kennedy não era do tipo de dar tapinhas nas costas. Na verdade, detestava essa parte do trabalho. Pode-se dizer que Kennedy ficava mais à vontade ditando artigos para sua secretária do que apertando a mão de estranhos em comícios de campanha.

Com o tempo, adquiriu essas habilidades e se tornou competente o bastante para concorrer e vencer uma campanha em todo o estado em 1952, quando conquistou uma cadeira no Senado norte-americano. No entanto, mesmo então, seu interesse por palavras e idéias persistia, levando-o à publicação, em 1956, do livro vencedor do Prêmio Pulitzer, *Profiles in Courage*. O livro descrevia o perfil de oito senadores norte-americanos que haviam desafiado a opinião pública e a pressão partidária ao agir de acordo com suas consciências e suas percepções do bem público. Essas histórias de coragem política encantavam Kennedy, um homem que valorizava a coragem física e intelectual.

Imediatamente, surgiram questionamentos sobre o envolvimento exato de Kennedy com a produção do livro, e estas perguntas continuam a confrontar historiadores e biógrafos. Mesmo na época, muitos acreditavam que o futuro redator dos discursos presidenciais de Kennedy, Theodore Sorensen, já auxiliar dele na época, escrevera a maior parte do texto. É bem provável que o livro tenha sido fruto de um esforço coletivo, contando com uma importante contribuição do próprio Kennedy, embora talvez não o suficiente para ele insistir, como fez, que era de fato o autor da obra.

O livro elevava o perfil do próprio Kennedy (o que fez alguns críticos reclamarem que o senador deveria mostrar menos perfil e mais coragem) em meio a campanha presidencial de 1956. A imprensa não se cansava do jovem senador de Massachusetts, principalmente após seu casamento em 1953 com a bela Jacqueline Bouvier, filha de uma privilegiada família católica, que traba-

O presidente joga golfe em Hyannis Port, em Massachusetts.

lhava como fotógrafa de coluna social para o *Washington Times-Herald*. Os jornalistas viam uma noiva encantadora e um político enérgico em busca de ascensão. Jack e Jackie acrescentaram uma dose de glamour à capital, que sofria com os excessos de Joseph McCarthy e com a falta de graça de Eisenhower. Era o antídoto perfeito para a sobriedade da década de 1950.

Na realidade, contudo, o casamento não era tão perfeito assim. Mulherengo quando solteiro, John Kennedy não viu motivos para mudar seus hábitos depois de casado. Apesar disso, reconhecia que Jackie era diferente da maioria das mulheres que conheceu. O antigo amigo de Kennedy, Lem Billings, observou certa vez que Jackie conseguia manter o interesse de seu marido, "o que não acontecia com outras mulheres".[2]

Com a esposa ao lado, o senador Kennedy estava preparado para tomar os próximos passos em direção à Casa Branca. Ou pelo menos acreditava estar, porém, em 1956, descobriu o contrário. Quando o candidato presidencial democrata Adlai Stevenson declarou que obedeceria a escolha para vice-presidente da Convenção Democrata, Kennedy colocou seu nome na disputa. Mas ele foi posto para trás e derrotado pelo senador mais experiente Estes Kefauver, que venceu a indicação na segunda votação – a última vez em que seria necessária mais de uma votação para nomear um candidato para o cargo nacional. A derrota permitiu a Kennedy um momento de notoriedade nacional, quando desistiu da corrida a vice-presidente em um discurso em que pedia à convenção que tornasse a nomeação de Kefauver unânime.

Kennedy voltou ao Senado visando à reeleição em 1958 e ao lançamento da candidatura presidencial em 1960. Alguns de seus discursos durante esses anos aludiam a temas que se tornariam familiares aos norte-americanos no início dos anos 1960. Em Harvard, onde estudou, em 1956, Kennedy falou sobre o papel dos intelectuais no serviço público, pedindo uma cooperação maior entre acadêmicos, pensadores e funcionários públicos. "Desejo que nossos partidos políticos e nossas universidades reconheçam a necessidade de um entendimento mais aprofundado entre políticos e intelectuais", afirmou.

> "Não precisamos de políticos ou acadêmicos como lorde John Russell, que, para a rainha Vitória, 'Seria um homem melhor se conhecesse um terceiro assunto – mas ele só se interessava pela constituição de 1688 e por si mesmo'. O que precisamos são de pessoas que possam trilhar facilmente os amplos campos do conhecimento e reconhecer a dependência mútua de nossos dois mundos."

Ele também continuou a escrever e contribuiu com um ensaio para o ilustre periódico político *Foreign Affairs*, em 1957. Com o título "Um democrata analisa a política externa", Kennedy convocava Washington a prestar mais atenção aos movimentos de independência no mundo em desenvolvimento. Ao defender um "novo realismo" na política externa, buscava colocar os Estados Unidos ao lado das nações que lutavam contra o imperialismo europeu remanescente. Nese artigo, assim como em outros discursos e artigos seus, a ênfase estava na análise neutra, em vez de em polêmicas partidárias.[3]

Conforme se preparava para anunciar sua candidatura para presidente em 1960, John Kennedy encontrou a voz e as palavras para expressar seus ideais e sua visão. Nos anos seguintes, evocaria a língua inglesa como nunca antes feito, pelo menos por um líder político, desde que Winston Churchill manobrara palavras e frases para inspirar seus compatriotas e o mundo durante a Batalha da Grã-Bretanha em 1940.

JFK se tornou o primeiro presidente da era da televisão. Ele e Jacqueline eram atraentes e encantadores, oferecendo à nação e ao mundo imagens inesquecíveis. E, ainda assim, John Kennedy usava palavras, não imagens, para transmitir seus argumentos e inspirar seus cidadãos como presidente.

Partidários políticos nos Estados Unidos discutem há mais de meio século a origem precisa das palavras de John Kennedy. Céticos e iconoclastas lembram muitas vezes que os discursos famosos, suas frases mais lembradas, foram trabalhos de outros, principalmente de seu brilhante assessor, Theodore Sorensen, e outros escritores, como Richard Goodwin. Outros insistem com a mesma paixão que o estilo de Kennedy estava presente em todos os discursos importantes, mesmo se não era ele quem escrevia as palavras no papel. Esse argumento está no centro de dois livros recentes sobre um dos discursos mais lembrados de Kennedy, o da cerimônia de posse. Um autor, Thurston Clarke, concluiu que Kennedy contribuía mais para os discursos do que a maioria das pessoas percebia. No entanto, outro autor, Richard J. Tofel, concluiu que o trabalho era feito principalmente por Sorensen.

O mais significativo nesse debate é a sua própria existência. O fato de que historiadores continuem a examinar de forma tão atenta os discursos de John Kennedy, buscando entender melhor um político que atuou como presidente somente durante mil dias, é um testamento do poder de suas palavras.

Enquanto o público ainda permanecer fascinado por JFK, enquanto as frases de seus discursos fizerem parte da memória popular nos Estados Unidos e em qualquer outro lugar, permanecerá o debate sobre a origem verdadeira dos textos atribuídos a ele. Tal argumento só reforçará a comprovação de que as palavras de Kennedy têm importância, e de que poucos líderes mundiais desde então têm falado conosco, desafiando-nos e inspirando-nos, da mesma maneira.

Parte I

Discursos anteriores à Presidência

Introdução

John Kennedy anunciou sua candidatura para a Presidência em 2 de janeiro de 1960 – um pouco tarde segundo os padrões modernos. Ele, no entanto, começou a construir sua base de sustentação muitos anos antes, talvez décadas, se for considerado também o tempo que seu pai levou preparando esse momento.

As especulações sobre a candidatura de Kennedy à Presidência começaram no final dos anos 1950, antes mesmo de sua reeleição para um segundo mandato no Senado em 1958. Ele hesitava quando indagado sobre suas intenções, mas sua agenda e seu perfil público tornavam seus objetivos evidentes. Antes da televisão transformar políticos regionais em personalidades nacionais, Kennedy viajava pelo país para se reunir com organizações democráticas e grupos civis. Revistas de massa, da *Time* a *Redbook*, publicavam matérias que elogiavam o promissor jovem senador e sua bela esposa. Supostos eleitores não liam sobre a atuação do senador nas votações, mas sobre seu amor por velejar. As publicações os entretinham não com avaliações críticas sobre suas posições sobre política externa, mas com momentos de sua vida íntima, como seu casamento com Jacqueline, o nascimento de sua filha Caroline, em novembro de 1957, e seus extraordinários irmãos e irmãs.

Kennedy se tornou uma celebridade antes mesmo de se tornar candidato a presidente. Entendeu, antes de outros políticos e jornalistas, que a era da mídia enfatizava a narrativa pessoal tanto quanto os argumentos substanciais, e talvez ainda mais. Percebeu intuitivamente que, nesta era da política com base na personalidade, candidatos não precisavam mais esperar sua vez até que membros antigos do partido determinassem quem estava pronto para ser presidente e quem não estava.

Muitos líderes de partido, que levavam a política mais a sério que os eleitores, não eram suscetíveis à ofensiva encantadora de Kennedy. Uma facção poderosa dentro do partido da qual participava, por exemplo, Eleanor Roosevelt, parecia determinada a resistir a esse jovem político. Ela e outros liberais* se apegavam à esperança de que Adlai Stevenson ainda enfrentaria mais uma campanha, sua terceira.

A senhora Roosevelt tinha um considerável prestígio político, e certamente muitas dúvidas com relação a Kennedy, em parte por causa de sua religião. Em 1958, ela disse que, embora achasse que o país estava pronto para um presidente católico que acreditasse na separação da Igreja e do Estado, não achava que Kennedy fosse o mais indicado. Essa era uma acusação explosiva por parte de um membro respeitável do partido. Quando ela criticou ainda mais Kennedy por evitar a condenação do Senado de Joseph McCarthy em 1954, Roosevelt mostrou a seus colegas liberais que Kennedy não apoiaria idéias progressistas.

Se Stevenson não estivesse disponível, a ala liberal do partido estaria pronta para se reunir em torno do senador de Minnesota, Hubert Humphrey. Como prefeito de Minneapolis em 1948, Humphrey fez um discurso entusiasmado naquele ano, na Convenção Nacional Democrata, a favor de uma plataforma forte de direitos civis. Era um orador enérgico e progressivo e representava a nova geração de políticos do *New Deal*.

Outros senadores democratas também estavam ávidos para competir pelo cargo de presidente. Stuart Symington, de Missouri, também era um dos favoritos da ala liberal do partido, enquanto o líder da maioria no Senado, Lyndon Johnson, contava com a força tradicional do partido no Sul.

Os oponentes de Kennedy eram excelentes: mais maduros, mais experientes, e tinham o apoio institucional que lhe faltava.

Ele começou a reunir sua equipe de campanha em 1959 com nomes que se tornariam familiares nos meses e anos seguintes: Kenneth O'Donnell e Dave Powers, dois conservadores de Massachusetts; Pierre Salinger, secretário de imprensa da campanha; Theodore Sorensen, o redator de discursos; Stephen Smith, casado com Jean, a irmã de Kennedy; e, certamente, o irmão Robert, que, aos 34 anos, trabalhava como o administrador da campanha que incentivava, repreendia e fiscalizava.

Na época em que Kennedy oficializou suas intenções, no início de 1960, sua equipe já estava trabalhando nos bastidores há meses, contatando governantes de estados e municípios que ainda possuíam muito poder em campanhas presidenciais. Agora, começava a parte pública da campanha.

---

* O termo "liberal" nos Estados Unidos e no mundo anglo-saxão em geral designa aqueles que têm uma atuação política mais progressista. (N.E.)

Analisando a situação mais de 40 anos depois, um dos aspectos mais impressionantes da entrada de John Kennedy na campanha presidencial de 1960 foi como isso ocorreu tarde – apenas dois meses antes das primárias de New Hampshire. Pelos padrões da política norte-americana do século XXI, o anúncio de Kennedy foi muito tardio para ser levado a sério.

Em 1960, contudo, campanhas presidenciais pareciam ainda mais com corridas do que com maratonas. Somente 16 estados tinham primárias – este número seria mais que o dobro em 2004. Funcionários locais do partido, em 1960, tinham uma voz ainda mais influente para escolher candidatos do que eleitores comuns das primárias, valorizando mais a persuasão do que as aparições públicas. De forma considerável, em 1960, um dos principais expoentes à nomeação presidencial democrata, Lyndon Johnson, não declarou formalmente sua candidatura até 5 de julho – após as primárias, e só uma semana antes da convenção.

O anúncio de Kennedy em 2 de janeiro, feito durante uma convenção partidária do Senado para uma multidão de 300 afiliados e vários repórteres, aludiu a temas que seriam retomados na campanha – em essência, que o país precisava voltar a progredir – e lançava um desafio direto a algumas das forças que se juntavam contra ele. "Acredito que qualquer democrata aspirante a este importante cargo deveria submeter aos eleitores seus pontos de vista, seu histórico e sua capacidade em uma série de eleições preliminares", afirmou. Essa era uma mensagem para aqueles que esperavam que Adlai Stevenson surgisse depois do término das primárias. Duas vezes derrotado, o cidadão-modelo que cumpriu o serviço militar levantou-se novamente em prol dos ideais progressistas. Muitos repórteres acreditavam que o verdadeiro objetivo de Kennedy nos anos 1960 era a vice-Presidência, e não a Presidência, por causa de sua juventude e religião. De fato, após terminar seu pronunciamento, Kennedy foi perguntado se aceitaria a indicação à vice-Presidência. E respondeu sem hesitar: "Não serei um candidato à vice-Presidência sob nenhuma circunstância e isso não mudará."[1]

Ele sabia o que muitos não sabiam, que sua saúde era problemática, para dizer o mínimo e, portanto, acreditava que sua melhor e talvez única chance de ser presidente era em 1960. Mas, mesmo se os problemas de saúde – a dor crônica nas costas, a colite, a doença de Addison, a insuficiência da glândula supra-renal e a dependência de uma variedade de drogas e analgésicos – continuassem sob controle nos anos seguintes, o momento não seria certo. Se ele não concorresse em 1960 e outro democrata vencesse a disputa pela Casa Branca, Kennedy precisaria esperar até 1968. Até lá, ele disse, teria caído "no esquecimento", sendo substituído por "rostos mais novos".[2] Se um republicano ganhasse, ele enfrentaria a possibilidade desagradável de tentar vencer o incumbente em 1964.

Portanto, embora fosse jovem o suficiente para esperar mais quatro ou oito anos, não tinha intenção de fazê-lo. Era preciso convencer a imprensa de que não estava concorrendo à Presidência para ser vice-presidente, e era necessário mostrar aos líderes do Partido Democrata e aos eleitores das primárias que não era tão jovem assim para um trabalho que exigia mais sabedoria, experiência e discernimento do que nunca antes na história da nação. Isso demandaria algumas ações – Stevenson havia dito que o senador de Massachusetts não "entendia completamente as dimensões dos dilemas que surgiam no campo das questões externas...".[3]

A senhora Roosevelt certamente concordava com essa avaliação, e fez questão de mostrar a Kennedy como se sentia. Em resposta às reclamações de JFK sobre algumas das críticas direcionadas a ele pela ex-primeira-dama, ela lhe enviou um telegrama em que se dirigia ao senador como "meu caro menino", explicando que seus comentários eram "para seu próprio bem".[4]

O ceticismo da esposa de Roosevelt com relação ao jovem Kennedy era compartilhado por alguns de seus concorrentes. Durante as cruéis eleições primárias da Virgínia Ocidental, Humphrey se referiu a Kennedy como "o bichinho de estimação do papai", aconselhando-o a "crescer e parar de agir como um garoto". Mais tarde na campanha, Lyndon Johnson fez uma piada que atacava a juventude de Kennedy e levantava boatos não confirmados sobre a saúde de JFK. O texano disse que seu rival tinha acabado de receber boas notícias: seu pediatra lhe dera um atestado médico positivo.

Para reagir aos ataques, Kennedy e seus auxiliares enfatizaram o terreno que Stevenson acreditava ser o ponto fraco de JFK: os assuntos internacionais. Kennedy tinha viajado muito mais que Johnson ou Humphrey, e poderia justificadamente afirmar ter mais experiência, apesar de sua juventude, no que diz respeito às questões da Guerra Fria, tema dominante na campanha.

Por outro lado, JFK usava sua imagem jovial para reagir aos boatos sobre sua saúde: sua cansativa agenda e conduta vigorosa pareciam contradizer quaisquer dúvidas sobre suas habilidades e força física.

Kennedy tinha motivos para estar confiante, apesar das difamações de Stevenson e da senhora Roosevelt. Em uma pesquisa de intenção de votos com representantes das regiões democratas antes das eleições primárias começarem, 32% disseram acreditar que Kennedy seria o indicado. Symington estava em segundo com 27%, enquanto Johnson e Humphrey tinham menos de 10% cada. Stevenson era a escolha de 18% dos representantes.

Kennedy foi sábio o suficiente para ignorar esses números, e disse a um repórter: "Quando alguém te diz, 'Você está indo bem', isso não quer dizer nada."[5]

Ele sabia que votos, e inclinações, determinariam a indicação. E, a partir de 2 de janeiro de 1960, começou a ganhar esses votos.

Kennedy discursa às famílias dos mineiros da empobrecida Virgínia do Oeste.

1. O poder da Presidência

Menos de duas semanas após anunciar sua candidatura, o senador John Kennedy discursou no National Press Club para debater não sua campanha, mas a situação da Presidência.

O discurso, bem mais que o afável anúncio de 2 de janeiro, definiu os rumos da campanha. Diante dos principais repórteres políticos do país, o jovem Kennedy buscava mostrar a estes céticos por profissão que era um candidato sério, apesar dos obstáculos impostos por sua religião, juventude e relativa inexperiência.

Ao descrever como usaria os poderes da Presidência, Kennedy mirou o homem que ocupava atualmente o cargo que queria: Dwight David Eisenhower.

Em janeiro de 1960, Eisenhower tinha 69 anos, e era o mais velho presidente na história da República. Para muitos críticos culturais e sociais, era a própria personificação do que viam como uma década sem graça. Para políticos jovens e ávidos, Eisenhower era o símbolo de uma geração que desaparecia – homens e mulheres nascidos no século XIX, os pais idosos dos veteranos da Segunda Guerra Mundial, agora adultos consagrados e dispostos a assumir papéis de liderança no comércio, nas artes e na política.

Para o senador John F. Kennedy, com 42 anos, Dwight Eisenhower representava um contraste perfeito. O presidente tinha um aspecto cansado e perplexo, fora de sintonia da geração que tinha aportado nas praias da Normandia e de Okinawa. Alheio a uma época em que o país estava em plena vitalidade, era um velho em uma nação jovem, e sem objetividade quando o momento exigia o contrário.

Apesar de tudo isso, também era muito popular. Com 59% de aprovação, Dwight Eisenhower – o primeiro presidente constitucionalmente proibido de concorrer a um terceiro mandato – possuía uma presença descomunal na vida norte-americana nos anos 1960. Se tivesse obtido o direito de se candidatar de novo, poderia muito bem ter ganho.

Mais tarde, os historiadores concordaram, mas poucos observadores da época perceberam que os anos Eisenhower foram agitados no exterior e dinâmicos no país. Durante seu governo, os Estados Unidos assumiram o papel de primeira superpotência. Do Irã ao Oriente Médio e ao sudeste da Ásia, o governo Eisenhower deixou claro que os EUA não desistiriam da função impelida aos norte-americanos pela guerra e pelo destino. Dentro do próprio país, o movimento dos direitos civis – uma das maiores revoluções sociais do século XX – ganhava ímpeto, impulsionado por ações de indivíduos como Rosa Parks, e por instituições como a Suprema Corte dos Estados Unidos[1].

Ao mesmo tempo, duas migrações em massa historicamente significativas (e não relacionadas) estavam em andamento e, em conjunto, mudariam o cenário físico, político e cultural dos Estados Unidos durante gerações. Afro-americanos do Sul rural fugiam da pobreza e das leis Jim Crow[2] para as cidades industriais do Norte, com mais oferta de empregos, mesmo que a justiça ainda se mantivesse imperfeita para eles em boa parte desta região.

Enquanto isso, brancos de classe média deixavam as cidades, em parte por causa do influxo de negros sulistas, mas também porque tinham condições de fazê-lo. O sistema de auto-estrada interestadual, uma das mais importantes realizações do governo Eisenhower, tornou as áreas residenciais dos subúrbios acessíveis ao desenvolvimento em grande escala. A Declaração dos Direitos dos Soldados deu aos veteranos dinheiro para freqüentar a universidade ou comprar sua primeira casa. A prosperidade do pós-guerra permitiu o enriquecimento da sociedade – duas décadas depois da Grande Depressão, os norte-americanos passavam do aperto para a classe média. Eles freqüentavam o ensino superior, compravam casas e carros e enraizavam o que o historiador Kenneth Jackson chamou de "linha de frente da erva daninha".*

Não era do interesse de John Kennedy, como candidato à indicação do Partido Democrata à Presidência em 1960, admitir as mudanças surpreendentes ocorridas durante os anos Eisenhower. Kennedy queria ser visto como o candidato da mudança, o homem que colocaria o país em andamento de novo. Portanto, adotou uma visão mais convencional dos anos Eisenhower, popular entre escritores e acadêmicos, de que o país tinha, de certo modo,

* Processo ocorrido nos Estados Unidos após a Segunda Guerra Mundial, em que áreas residenciais para as classes alta e média foram construídas nos subúrbios distantes do centro da cidade, mais poluído e violento, e onde as pessoas trabalhavam. (N.T.)

perdido seu rumo, que sua pretensão à grandeza estava ameaçada pela inércia, pelo desinteresse e pela conformidade monótona. Com isso, seu senso de propósito histórico estava em apuros em função da liderança estagnada na Casa Branca.

A candidatura Kennedy, portanto, apresentava vários desafios não relacionados ao que ficou conhecido como a questão religiosa – seu catolicismo. Ele precisava convencer um eleitorado satisfeito de que a nação precisava mudar, e tinha de atacar as políticas do atual presidente que havia conseguido fama e reconhecimento da nação como Supremo Comandante da Força Expedicionária Aliada, na Segunda Guerra Mundial. Além disso, ao tentar se tornar o candidato mais novo à Presidência desde William Jennings Bryan em 1896, Kennedy tinha a obrigação de explicar por que o partido deveria preferi-lo no lugar de desafiantes mais velhos, consagrados e experientes.

Em 14 de janeiro, no National Press Club em Washington, Kennedy deu o primeiro passo para enfrentar esses desafios. O título da palestra, "A Presidência em 1960", tinha uma semelhança intencional com outro grande discurso proferido nesta época – o do presidente Eisenhower sobre o Estado da União, também de 1960. Na verdade, Kennedy queria certamente que este discurso fosse sua versão do estado da Presidência, e de como ele transformaria a situação.

O próprio Kennedy reconhecia que esse parecia um ato arrogante de sua parte. "Desde os dias de Woodrow Wilson, nenhum candidato discursou sobre a Presidência antes que os votos tivessem sido contados de maneira irrevogável", disse.

> "Vamos esperar que a campanha de 1960, além de discutir assuntos conhecidos, onde nossas posições muitas vezes tornam-se indistintas, também discuta a própria Presidência, como um instrumento para lidar com estes assuntos, como um cargo com variados papéis, poderes e limitações variados."

Ao se envolver nessa presunção retórica, Kennedy procurava traçar um contraste não entre ele mesmo e seus supostos oponentes republicanos, Richard Nixon e Nelson Rockefeller, mas entre ele e Dwight Eisenhower. "Durante os últimos oito anos", disse, "vimos um conceito da Presidência em ação. Nossas necessidades e esperanças têm se expressado de forma eloqüente, mas a iniciativa e a conclusão da atividade foram muitas vezes deixadas para outros." Eisenhower se via acima da política, Kennedy dizia, enquanto ele mesmo preferia "o exemplo de Abe Lincoln, que adorava a política com a paixão de um praticante nato".

Em seu discurso aos formadores de opinião na imprensa, Kennedy se apresentou com cuidado e respeito como o homem da vez. O país "pode ter preferido o conceito neutro e limitado da Presidência" de Eisenhower em 1952 e 1956, mas, no momento, ansiava por "um defensor vigoroso do interesse nacional".

Para lidar com a imagem de Kennedy de um jovem inexperiente, pelo menos entre os membros mais experientes do partido, seu discurso tinha várias referências a antigos presidentes e aos fundadores da nação. Ele deixou claro que exemplos buscava seguir, e o tipo de liderança que esperava exercer.

> "'O presidente está autorizado, tanto pela lei, como por sua consciência, a ser um homem tão importante quanto puder'. Assim escreveu o professor Woodrow Wilson. Mas o presidente Wilson descobriu que um homem importante na Casa Branca provoca gritos de ditadura.
>
> Foi assim também com Lincoln e Jackson e os dois Roosevelt, e assim será com o próximo a ocupar o cargo, se ele for o homem que o momento exige, mas o quanto melhor seria nos turbulentos anos 60, ter um Roosevelt ou um Wilson do que um outro James Buchanan, encolhido na Casa Branca, com medo de agir."

Neste momento, como em tantos outros, Kennedy presumiu que seu público falava a mesma linguagem cívica que ele, portanto, quando disse que os "turbulentos anos 60" exigiam alguém que não fosse como James Buchanan, acuado na Casa Branca, com medo de agir, não foram necessárias mais explicações. Os ouvintes supostamente saberiam, e de fato deveriam saber, que James Buchanan, o 15º presidente dos Estados Unidos, que serviu de 1857 a 1861, evitou tomar decisões duras que poderiam ter impedido a Guerra Civil.

Depois de pronunciar o que a nação queria em um presidente nos anos 1960, Kennedy começou a garantir a oportunidade de colocar suas palavras em prática. Isto exigiria uma combinação entre a antiga construção de relações com líderes políticos com grande influência sobre delegações estatais, e a campanha de porta em porta em estados com eleições primárias.

Não havia muitos desses estados. De fato, como existiam tão poucas eleições primárias disputadas dentre as 16 da programação de campanha – Kennedy, por exemplo, não tinha nenhuma oposição em Indiana e Nebraska, e talvez não tivesse nenhuma em New Hampshire –, os riscos eram altos em estados competitivos como Wisconsin, Virgínia Ocidental, Califórnia e Oregon.

De todas as eleições primárias daquele ano, o resultado na Virgínia Ocidental era o mais previsível. Havia poucos católicos na região. Se algo pudesse deter Kennedy, seria o resultado desse estado. No início da campanha, o irmão do candidato, Robert, e dois auxiliares perguntaram a funcionários da campanha na Virgínia Ocidental se estavam encontrando problemas. Um deles respondeu, "Só existe um problema. Ele é católico. Este é o nosso maldito problema."[3]

A maioria dos habitantes do estado não sabia que Kennedy era católico até a imprensa local enfocar a questão. Seu apoio nas primeiras pesquisas eleitorais começou a diminuir. O colega de Kennedy no Senado, Hubert Humphrey, de Minnesota, surgiu como favorito para vencer, e possivelmente acabar com Kennedy.

Como havia muita coisa em jogo, JFK decidiu que precisaria enfrentar a questão. Abordou um tema que retomaria mais tarde com grande sucesso: lembrou aos cidadãos da Virgínia Ocidental sua atuação na guerra, e também a morte de seu irmão em combate. Ninguém havia perguntado sobre sua religião, ou a de seu irmão, enquanto cumpriam a obrigação com seu país. Ele disse a uma multidão em Charleston: "Sou católico... isso significa que não posso ser presidente dos Estados Unidos? Sou capaz de servir no Congresso, e meu irmão foi capaz de dar sua vida, mas não podemos ser presidentes?"[4]

O argumento funcionou. Assim como os milhões de dólares investidos pela campanha de Kennedy no estado. Humphrey criticou bastante o excesso de gastos de Kennedy, mas não dava para negar que o senador de Massachusetts estava se esforçando pela vitória. Ele se encontrava pessoalmente com mineiros de carvão, usando capacete de operário e apertando suas mãos ásperas e sujas de fuligem. Subia em tratores e falava com crianças pobres que pareciam pertencer a uma outra era. A prosperidade do pós-guerra – o mundo das casas residenciais no subúrbio e novos carros e eletrodomésticos fantásticos – havia ignorado o estado rural e trabalhador. Ele prometeu à Virgínia Ocidental que nunca se esqueceria do que viu por lá.

Kennedy conseguiu mais do que vencer – saiu vitorioso de forma esmagadora, conseguindo 61% dos votos. Hubert Humphrey se retirou da disputa.

Além da Virgínia Ocidental, Kennedy também venceu em Maryland e no Oregon, consagrando-se como o líder certo para a indicação. Mas, em 1960, a era do acordo dos bastidores ainda não estava relegada ao passado político. Antigos membros do partido queriam Stevenson, especialmente após Humphrey sair da disputa. Lyndon Johnson lutou contra JFK durante todo o percurso, e difamou a sua saúde precária. Harry Truman queria uma convenção aberta. Em 10 de julho, um dia antes de a convenção começar em Los Angeles, um repórter perguntou a Kennedy se ele acreditava que sua indicação estava certa. A resposta foi não.

Quando a convenção começou, Stevenson tentou roubar a nomeação de Kennedy, pedindo a seu compatriota de Illinois, o prefeito de Chicago Richard J. Daley, para mudar o voto da sua delegação de Kennedy para Stevenson. Mais tarde, Stevenson contou que Daley quase expulsou o perdedor por duas vezes para fora de seu escritório. Enquanto isso, Johnson continuou seus ataques contra Kennedy, e os dois homens participaram de um debate no segundo dia da convenção, diante de suas respectivas delegações estaduais. No dia seguinte, em 13 de julho, Eugene McCarthy, o senador que, assim como Humphrey, era de Minnesota, fez um provocante discurso em que indicava formalmente o nome de Stevenson. O discurso foi uma das últimas demonstrações espontâneas na história da convenção, mas Kennedy não se preocupou. Conforme via a demonstração emocional, ele disse a seu pai que Stevenson tinha "tudo, menos delegados".

Obviamente ele estava certo. Após os nomes de Kennedy e Johnson também serem apresentados para candidatura, a votação começou. Ao contrário das convenções atuais, em que o resultado é decidido bem antes de os representantes se reunirem, ainda não se sabia se a quantidade de votos de Kennedy – 761 – era suficiente para uma vitória em primeiro turno. Se ele não conseguisse, não haveria como prever o resultado do segundo turno.

A apuração continuou e, ao passo que Kennedy tinha bem mais votos que Johnson, seu principal rival, o único número que importava era o 761. Após a apuração, assessores nervosos totalizavam a contagem. Cada delegação trazia Kennedy para mais perto e, de forma estranha, o distanciava, porque, conforme o presidente da assembléia chamava as delegações da Pensilvânia, de Rhode Island, a seguir do Texas e de Utah, Kennedy conseguia votos, mas permanecia abaixo do percentual mínimo exigido.

Finalmente, Wyoming – o último estado a ser apurado – deu seus 15 votos para Kennedy, conferindo-lhe mais que o necessário.

Por toda a parte na sala de convenções, John Kennedy sorria e dava continuidade aos procedimentos, junto a seu irmão e administrador da campanha, Robert. Mas o Kennedy mais novo não se permitia nem mesmo um momento de comemoração – sua cabeça estava baixa, e ele apertava as mãos preocupadamente por saber que o trabalho mal começara. John Kennedy precisava de um vice-presidente.

Lyndon Johnson, o principal rival de Kennedy para a candidatura, parecia ser uma escolha natural. Representava um grande estado de uma região vital para os democratas, e era um político experiente, conhecido em todo o país.

Mas alguns dos assessores de Kennedy garantiram aos aliados liberais que JFK nunca aceitaria Johnson, um sulista supostamente hostil aos direitos civis. Kennedy foi confrontado com a possibilidade de uma rebelião a sua esquerda.

Diante da oposição ativa dos liberais do partido, Kennedy mandou seu irmão procurar Johnson em Los Angeles no dia 14 de julho com uma oferta não para a vice-Presidência, mas para a presidência do Comitê Nacional Democrata. Johnson, que desprezava Robert Kennedy, não recebeu o emissário. A oferta foi feita por meio de seu colega texano Sam Rayburn, que não ficou satisfeito com ela. Idas e vindas nas negociações por intermédio de terceiros continuaram durante horas, até que, finalmente, Kennedy ofereceu formalmente a Johnson a vaga de vice, e este aceitou. Kennedy tinha suas razões para manter-se fiel ao texano: Johnson, ele disse, ficaria impotente como vice-presidente. Se permanecesse no Senado, onde ainda tinha domínio, seria certamente um obstáculo para a agenda governamental de JFK.

Este, sem dúvida, era o cálculo de um profissional político qualificado, não de um "caro garoto" inexperiente.

Discurso no National Press Club

14 de janeiro de 1960

"A moderna campanha presidencial abrange todas as questões pertencentes ou não à plataforma política, das amoras à criação*. Mas o público raramente é advertido sobre o tema central que envolve todo o resto. Esse tema central – e o propósito dos meus comentários esta noite – não é o problema agrícola, a defesa nacional ou a Índia. Mas a própria Presidência.

Certamente, a visão de um candidato sobre políticas específicas é importante, mas Theodore Roosevelt e William Howard Taft tiveram visões políticas semelhantes, mas com resultados completamente diferentes na Casa Branca. É claro que é importante eleger um homem bom e de boas intenções, mas Woodrow Wilson e Warren G. Harding eram ambos homens bons de boas intenções, assim como Lincoln e Buchanan. Porém, a Casa Branca tem um Salão Lincoln, mas não um Buchanan.

A história desta nação – suas páginas mais brilhantes assim como as mais áridas – foi escrita em grande parte com as diferentes visões de nossos presidentes sobre a própria Presidência. Essa história deveria nos contar que o povo norte-americano nos anos 60 tem o direito imperativo de saber o que qualquer homem concorrendo pela Presidência pensa sobre ela, se tem consciência e deseja usar os poderosos recursos deste cargo; se usará como modelo Taft ou Roosevelt, Wilson ou Harding.

Desde os dias de Woodrow Wilson, nenhum candidato falou sobre a Presidência antes dos votos terem sido irrevogavelmente depositados. Vamos esperar que a campanha de 1960, além de discutir assuntos conhecidos, onde nossas posições muitas vezes tornam-se indistintas, também discuta a própria Presidência, como um instrumento para lidar com estes assuntos, como um cargo com papéis, poderes e limitações variados.

Durante os últimos oito anos, vimos um conceito de Presidência em ação. Nossas necessidades e esperanças foram expressas de forma eloqüente – mas a iniciativa e o prosseguimento foram muitas vezes deixados para outros. E com freqüência, seus próprios objetivos foram perdidos porque o presidente não conseguiu ultrapassar objeções vindas do seu próprio partido, no Congresso ou até mesmo no seu gabinete.

---

* Do original "from cranberries to creation". A expressão sugere que uma campanha presidencial aborda todos os tipos de assunto. Das amoras – frutas plantadas pelos índios e depois pelos primeiros colonizadores dos Estados Unidos, e que hoje fazem parte da cultura norte-americana, sendo servidas no tradicional jantar de Ação de Graças –, à criação, que remete à questão religiosa. (N.T.)

O povo norte-americano em 1952 e 1956 talvez tenha preferido este conceito distinto e limitado da Presidência após 20 anos de um governo de mudanças rápidas e inovador. Com o tempo, talvez os historiadores o considerem, inevitavelmente, como um desses períodos freqüentes de consolidação, um momento para recuperar o fôlego, para retomar nossa energia nacional. Para citar a mensagem sobre o estado da União: "Nenhum Congresso ..., analisando o estado da Nação, encontrou uma possibilidade mais satisfatória do que a dos dias de hoje."

Infelizmente, essa não é a última mensagem de Eisenhower para o Congresso, mas a de Calvin Coolidge. Ele seguiu junto com o senhor Harding para a Casa Branca*, e seu padrinho político declarou de forma bem clara que aquele momento não pedia um presidente excelente. Se for verdade, o momento e o homem estavam de acordo.

Mas a questão é o que o momento – e o povo – pedem para os próximos quatro anos na Casa Branca?

Pedem um vigoroso proponente do interesse nacional – não um intermediário pacífico para resolver interesses particulares conflitantes. Pedem alguém que seja o líder de um partido responsável, e não se eleve acima da política de modo a ser invisível – um homem que formulará e lutará a favor das políticas legislativas, não um espectador casual do processo legislativo.

Hoje, um conceito restrito da Presidência não é o suficiente. Pois abaixo da atual superfície de paz e prosperidade estão problemas cada vez mais perigosos, não resolvidos e há muito tempo adiados – problemas que inevitavelmente explodirão durante os próximos quatro anos do governo seguinte: a questão dos mísseis, a ascensão da China comunista, o desespero das nações subdesenvolvidas, a explosiva situação em Berlim e no Estreito de Formosa, a deterioração da Otan, a falta de um acordo para o controle de armas e todos os problemas locais de nossas fazendas, cidades e escolas.

O governo não enfrentou esses e outros problemas. Muito foi falado – mas recordo-me do antigo provérbio chinês: "Há muito barulho na escada, mas ninguém entra no quarto."

A mensagem sobre o estado da União do presidente me lembrou uma advertência de *Rei Lear*: "Farei tais coisas – quais, ainda ignoro ... mas hão de ser assombros do mundo."

* Calvin Coolidge foi eleito vice-presidente dos Estados Unidos em 1920 na chapa de Warren G. Harding. Tomou posse como presidente com a morte de Harding em agosto de 1923 e foi eleito para o cargo em 1924, tornando-se o 30º presidente dos Estados Unidos. Coolidge ganhou a reputação de um governante conservador e inexpressivo, da qual Kennedy se utiliza neste discurso. (N.E.)

Nas décadas à frente – nos desafiadores e revolucionários anos 60 –, a Presidência norte-americana exigirá mais do que manifestos de alerta emitidos da última fileira da batalha. Exigirá que o presidente se posicione bem no centro do combate, preocupe-se com ardor com o destino do povo que lidera, esteja disposto a servi-lo, mesmo sob o risco de causar a desaprovação momentânea.

Qualquer que seja a filiação política do nosso próximo presidente, quaisquer que sejam suas opiniões sobre todas as questões e problemas em nosso caminho, ele deve acima de tudo ser o chefe-executivo em todo o sentido da palavra. Deve estar preparado para exercer os poderes totais de seu cargo – todos os especificados ou não. Deve dominar problemas complexos assim como receber memorandos de uma página. Deve fomentar a ação bem como grupos de estudo. Deve reabrir canais de comunicação entre o mundo acadêmico e o poder.

Ulysses Grant considerou o presidente "um funcionário puramente administrativo". Se ele administrasse departamentos governamentais de modo eficiente, delegasse suas funções diretamente e conduzisse suas cerimônias de Estado com decoro e graça, não se esperaria mais nada dele. Mas essa não é a posição que a Presidência deveria ter na vida norte-americana. O presidente está só, no topo – tem o trabalho mais solitário que existe, como afirmou Harry Truman.

Se houver uma divergência destrutiva entre as Forças Armadas, somente ele pode intervir e resolver – em vez de esperar uma unanimidade. Se agências administrativas não cumprem seu mandato – se uma crise ameaçar alguma parte do mundo –, só ele pode agir, sem esperar pelo Congresso. Se o seu programa para a agricultura fracassar, a culpa é só dele, não de seu ministro da Agricultura.

"O presidente está autorizado, tanto pela lei como por sua consciência, a ser um homem tão importante quanto puder." Assim escreveu o professor Woodrow Wilson. Mas o presidente Wilson descobriu que um homem importante na Casa Branca provoca gritos de ditadura.

Foi assim também com Lincoln e Jackson e os dois Roosevelt, e assim será com o próximo a ocupar o cargo, se ele for o homem que o momento exige, mas o quanto melhor seria, nos turbulentos anos 60, ter um Roosevelt ou um Wilson do que um outro James Buchanan, acuado na Casa Branca, com medo de agir.

Nem podemos arcar com um chefe de Estado elogiado principalmente pelo que não fez, pelos desastres que impediu, pelos projetos de lei que vetou – por um presidente que deseje que seus subordinados produzam mais mísseis ou construam mais escolas. Precisaremos em vez disso do que a Constituição visualizou: um chefe de Estado que seja o centro vital da ação em todo o nosso esquema de governo.

Isso também incluiu o processo legislativo. O presidente não pode se permitir – pelo bem de sua função, assim como da nação – ser um outro Warren G. Harding, descrito por um partidário como o homem que, "quando eleito, assinaria qualquer projeto de lei que o Senado enviasse a ele – e não enviaria projetos de lei para o Senado aprovar". De preferência, o presidente deve saber quando liderar o Congresso, quando consultá-lo e quando agir.

Por ter servido durante 14 anos na seção legislativa, não aprovarei seu controle pelo Executivo. No nosso governo do "poder como rival do poder", usando a frase de Hamilton*, o Congresso não deve abandonar suas responsabilidades. Mas nem deve dominá-las. Por maior que seja sua parte na formulação de programas nacionais, só o presidente pode tomar as principais decisões de nossa política externa.

Isso é o que a Constituição ordena com propriedade. E até mesmo internamente, o presidente deve criar políticas e planejar leis para satisfazer as necessidades da nação. E deve estar preparado para usar todos os recursos de seu cargo para garantir o estabelecimento dessa legislação – até mesmo quando o resultado for um conflito.

No final de seu mandato, Theodore Roosevelt não era popular no Congresso – em particular quando decidiu criticar uma emenda de apropriação do tesouro público, que proibia o uso de agentes do Serviço Secreto para investigar congressistas.

E o sentimento é recíproco, Roosevelt disse: "Não admiro muito o Senado porque é um orgão inútil quando o trabalho eficiente precisa ser realizado."

Woodrow Wilson foi ainda mais áspero após suas disputas frustradas. Perguntado se lançaria sua candidatura para o Senado nos anos 20, respondeu: "Fora dos Estados Unidos, o Senado não chega a ser uma desgraça. E dentro do país, é em geral desprezado. Em 50 anos, nenhuma reflexão foi feita por lá."

Mas, por mais complicadas que sejam suas despedidas, a questão de fato é que Roosevelt e Wilson conseguiram que algo fosse feito – não só por meio de seus poderes executivos, mas do Congresso também. Calvin Coolidge, por outro lado, partiu de Washington com o incentivo do Congresso. Mas quando seu projeto de lei da Corte Internacional estava sob o ataque no Capitólio, ele não enviou qualquer mensagem, não encorajou os líderes do projeto e deu

* Alexander Hamilton, um dos Pais Fundadores da nação norte-americana. (N.E.)

pouca ou nenhuma atenção ao procedimento – e a causa da justiça mundial foi impedida.

Para ter certeza, Coolidge manteve as habituais reuniões do café da manhã com líderes congressistas – mas eles eram voltados, como ele mesmo disse, para os "bons camaradas", não para a discussão de "negócios públicos". E em suas entrevistas coletivas, de acordo com historiadores da imprensa, quando ele preferia falar sobre exposições de flores locais, os repórteres que conseguiram extrair dele finalmente uma única frase – "Sou contra este projeto de lei" – corriam para registrar mensagens irônicas como: "Hoje o presidente Coolidge, com ânimo combatente, deu a entender no Congresso que tem a intenção de lutar, com todos os recursos sob seu comando, contra o pendente projeto de lei."

Mas, nos próximos meses, precisaremos de um humor bastante combativo na Casa Branca, de um homem que não recuará diante da pressão de seus líderes congressistas, que não desapontará aqueles que o apóiam. Um governo dividido durante os últimos seis anos ficou ainda mais confuso com a falta de uma liderança legislativa. Restaurá-lo no próximo ano ajudará a restaurar o propósito da Presidência e do Congresso.

O fato que importa é que a liderança legislativa não pode ficar sem a liderança partidária, no sentido mais político – e o senhor Eisenhower prefere ficar acima da política (embora uma revista semanal de notícias tenha relatado no outono passado a impressionante matéria, que cito: "... o presidente Eisenhower surge como uma importante personalidade política"). Quando perguntado no início de seu primeiro mandato, do quanto gostava do "jogo da política", ele respondeu franzindo a testa que esta era uma frase depreciativa. "Ser presidente", disse, "é uma grande experiência ... mas a palavra 'política'... não tenho muito apreço por ela."

Mas nenhum presidente, pelo que me parece, pode escapar da política. Ele não só foi escolhido pela nação – foi escolhido pelo seu partido. E se ele insiste que é "presidente de todo o povo" e não deveria, portanto, ofender ninguém, se ele confunde as questões e diferenças entre os partidos, se negligencia o mecanismo partidário e evita a liderança de seu partido, ele não só enfraqueceu o partido político como um instrumento do processo democrata – ele deu um golpe no próprio processo democrático.

Prefiro o exemplo de Abe Lincoln, que adorava a política com a paixão de um praticante nato. Por exemplo, ele aguardou toda uma noite em 1863 para saber o crucial resultado da eleição para o governo de Ohio. Quando o candidato conservador foi eleito, Lincoln disse: "Deus seja louvado. Ohio salvou a nação."

Mas a Casa Branca não é só o centro da liderança política. Deve ser também o centro da liderança moral – um "púlpito", como Theodore Roosevelt a descreveu. Pois só o presidente representa o interesse nacional. E todas as necessidades e aspirações de todas as partes do país convergem sobre ele, todos os departamentos do governo, todas as nações do mundo.

Não é suficiente simplesmente representar o sentimento prevalecente – seguir a prática de McKinley, como descrita por Joe Cannon, de "manter seu ouvido tão próximo do solo que ficou cheio de gafanhotos". Precisaremos nos anos 60 de um presidente que esteja disposto e seja capaz de reunir seu eleitorado nacional em seu momento mais crucial – para alertar o povo sobre nossos perigos e nossas oportunidades –, para exigir deles o sacrifício necessário. Apesar das provas cada vez maiores de um objetivo nacional perdido e um desejo nacional frágil, as palavras de F.D.R. em seu discurso inaugural ainda soam verdadeiras: "No pior momento de nossa vida nacional, uma liderança franca e vigorosa recebeu o entendimento e o apoio do próprio povo, essencial à vitória."

Roosevelt cumpriu o papel de liderança moral. Assim como Wilson e Lincoln, Truman, Jackson e Teddy Roosevelt. Eles lideraram o povo assim como o governo – lutaram por grandes ideais e por projetos de lei. Chegou o momento de exigir esse tipo de liderança mais uma vez.

Sendo assim, à medida que essa vital campanha começa, vamos discutir as questões que o próximo presidente enfrentará – mas também vamos discutir os poderes e instrumentos com os quais devemos enfrentá-las.

Pois devemos contribuir com força e discernimento para este governo. Devemos agir como Abraham Lincoln ao reunir seu ministério no tempo da guerra para a Proclamação da Emancipação. O gabinete foi cuidadosamente escolhido para satisfazer e representar muitos elementos do país. Mas "reuni vocês aqui", Lincoln disse, "para ouvir o que escrevi. Não quero o conselho de vocês sobre a questão principal – que designei para mim mesmo".

E mais tarde, quando foi assiná-la, após inúmeras horas de exaustivos apertos de mão que cansaram seu braço, disse aos que estavam presentes: "Se meu nome sucumbir na história, será em função deste ato. Toda minha alma está nele. Se minha mão tremer quando eu assinar esta proclamação, todos os que examinarem o documento depois dirão: 'Ele hesitou'."

Mas a mão de Lincoln não tremeu. Ele não hesitou. Nem se equivocou. Pois era o presidente dos Estados Unidos.

É este o espírito que devemos buscar nos próximos meses e anos.

A ex-primeira-dama Eleanor Roosevelt dá seu apoio a Kennedy após a nomeação.

2. A nomeação garantida

Dois dias depois de oficializar sua indicação, e um dia após a longa, mas, por fim, bem-sucedida negociação com Lyndon Johnson, John Kennedy estava exausto ao se preparar para sua estréia como candidato do Partido Democrata à Presidência. A intensa atividade política dos últimos dias, sem mencionar a campanha anterior à convenção, deixaram Kennedy esgotado. Mas havia pouco tempo para se preocupar com a falta de sono ou algo mais a não ser o fundamental: apresentar Kennedy ao povo norte-americano como um presidente em potencial.

O discurso de aceitação de Kennedy foi realizado em um local aberto, no Coliseu de Los Angeles. Oitenta mil pessoas lotaram o estádio para ver Kennedy, em uma tarde brilhante e ensolarada na Califórnia.

Ao subir a plataforma e ocupar seu lugar no palanque, Kennedy franziu os olhos por causa do sol que desaparecia por trás do horizonte. A multidão gritava para o novo jovem campeão do partido.

Embora a reação do público o animasse, a performance de JFK deixava transparecer o efeito das longas noites que resultaram neste momento. Seu pronunciamento não estava tão decidido. Os ataques a Richard Nixon, o provável indicado dos republicanos, não foram muito hábeis, e ele apontou os problemas da nação de forma previsível. Mas, no geral, a estréia de Kennedy como candidato a presidente foi extraordinária, prenunciando temas que definiriam sua Presidência, e, de forma memorável, marcando seu futuro governo com um slogan que traduzia o espírito da época: a nova fronteira.

Para a surpresa de muitos, a primeira questão abordada foi seu catolicismo. Certa e justificadamente, ele acreditava que o assunto ainda não fora resolvido na Virgínia Ocidental, e que o fantasma de Al Smith – o primeiro candidato católico a presidente, derrotado em 1928 – ainda assombrava a política nos Estados Unidos. "Espero que nenhum norte-americano, ao considerar os temas realmente críticos que o país enfrenta, perca seu privilégio de votar ou não em mim somente por conta da minha afiliação religiosa", disse. "Digo a vocês agora o que têm o direito de saber: minhas decisões sobre qualquer política pública serão minhas – como um norte-americano, um democrata e um homem livre."

Ao se apresentar para um público nacional pela primeira vez como candidato, ele fez um discurso cheio de referências à história, à política presidencial e ao evangelho, presumindo que seus ouvintes falassem uma língua comum enraizada na memória, tivessem experiências semelhantes e compartilhassem de um conhecimento básico da história ocidental. De certa forma, JFK reafirmava o que já havia declarado – que, embora fosse católico apostólico romano, também era norte-americano e livre. Um século antes, imigrantes católicos irlandeses haviam se juntado ao Exército do Norte durante a Guerra Civil dos Estados Unidos e lutado com muita coragem, inspirados em parte pela oportunidade de provar a uma nação suspeita que os católicos podiam ser tão norte-americanos quanto os protestantes. De forma semelhante, Kennedy tirou lições entusiasmadas e aludiu aos importantes marcos na história dos Estados Unidos, como se quisesse provar que falava a mesma linguagem civil e tinha os mesmos pontos de referência de qualquer outro cidadão nos EUA.

É justo dizer que os políticos norte-americanos no século XXI, independentemente do partido, cargo ou ideologia, têm medo de se envolver no tipo de retórica inflamada que Kennedy adorava, preferindo, em vez disso, a confortável vacuidade da cultura popular, em que todos os pontos de referência são atuais. Mas, como este e outros discursos demonstrariam, embora John Kennedy acreditasse que fazia parte de uma nova geração, também entendia que ele e seus colegas faziam parte da longa e célebre história da civilização norte-americana, anglo-americana e ocidental. Ele acreditava que os norte-americanos deveriam ter o que chamava de uma "noção de propósito histórico", e, se não a tivessem, ele estava mais do que feliz em proporcioná-la a eles.

Em uma passagem no início do discurso, ele mencionou casualmente os sobrenomes de vários presidentes mortos há bastante tempo, e pouco conhecidos do povo, para ilustrar seu argumento. Para JFK, não era necessário explicar quem eram Franklin Pierce, Millard Fillmore, James Buchanan ou William Howard Taft* – assim como não seria necessário identificar Abraham Lincoln ou Woodrow Wilson.

* Franklin Pierce, 14º presidente dos Estados Unidos (1853-57); Millard Fillmore, 13º (1850-53); James Buchanan, 15º (1857-61); William Howard Taft, 27º (1909-13). (N.T.)

A experiência norte-americana, na interpretação dos anos 1960, era um ponto de referência comum nos discursos de John Kennedy, e ele não temia supor que seus ouvintes sabiam tanto quanto ele sobre história, líderes, escritores e pensadores. Hoje, tal oratória poderia ser considerada elitista, e certamente era. Mas, em 1960, isso não era necessariamente considerado ruim.

Por exemplo, ao atacar Richard Nixon e, ao mesmo tempo, admitir a popularidade do presidente que deixava o cargo, Dwight Eisenhower, Kennedy afirmou:

> "Assim como os historiadores nos contam que Ricardo I não estava apto para assumir o lugar de Henrique II – e que Richard Cromwell não era o nome adequado para vestir o manto de seu tio –, eles poderão dizer no futuro que Richard Nixon não chegava aos pés de Dwight D. Eisenhower."

A observação era um tanto maldosa e bem construída. Alguns norte-americanos de origem irlandesa, no entanto, certamente não ficariam satisfeitos ao ouvir que o tio de Richard Cromwell – Oliver Cromwell, o inglês antimonarquista que foi um dos maiores vilões da Irlanda – era comparado de forma positiva a um popular presidente norte-americano, Eisenhower. Mas era uma construção típica de Kennedy, como mostrariam seus discursos posteriores. Como Churchill, ele se considerava escritor e historiador (afinal, ganhou um Prêmio Pulitzer; Churchill ainda o superou ganhando o Prêmio Nobel de literatura). Portanto, ele se glorificava em referências históricas, em especial aquelas da narrativa anglo-americana, que sustentavam seu argumento de que 1960 estava destinado a ser visto como um momento decisivo na história dos Estados Unidos. Além disso, ele certamente não temia exibir seu conhecimento, a ponto de sequer se importar em identificar o tio de Richard Cromwell, o famoso e notório Oliver Cromwell. Mas, mesmo se alguns ouvintes ficassem um pouco confusos sobre a história da Comunidade Britânica, eles entenderiam a intenção da observação. Richard Nixon não era Dwight Eisenhower.

A alusão de Kennedy a alguns de seus antecessores menos ilustres também se baseava na suposição de um ponto de referência cívica comum e uma base compartilhada de pensamento. Ao atacar Ike* – logo após mencioná-lo junto ao destemido Henrique II e a Oliver Cromwell –, Kennedy recorreu à história para explicar o que via como o dilema norte-americano de então.

* Apelido do presidente Eisenhower. (N.E.)

Talvez tenha havido épocas no passado quando a nação poderia passar de um líder medíocre para outro, dizia, mas esta não era uma delas.

"Talvez pudéssemos lidar melhor com um Coolidge após um Harding", disse. "E talvez com um Pierce após um Fillmore. Mas, após Buchanan, esta nação precisava de um Lincoln – após um Taft precisávamos de um Wilson – após um Hoover precisávamos de um Franklin Roosevelt." E, a seguir, depois de mencionar o nome do bode expiatório preferido dos democratas – Herbert Hoover –, Kennedy deu seu golpe de misericórdia: "E, após oito anos de um sono narcotizado e intermitente, esta nação precisa de uma liderança democrata forte e criativa na Casa Branca."*

Seus partidários aplaudiram porque, mesmo se não estivessem exatamente certos sobre as fraquezas de James Buchanan, ou se não soubessem por que era certo Pierce substituir Fillmore, aceitaram a alegação de Kennedy de que os anos Eisenhower foram estagnados e monótonos, enquanto o mundo se tornava mais perigoso.

O discurso de Los Angeles também mostrou algumas das artimanhas de retórica que JFK exploraria nos anos seguintes. Talvez a mais óbvia tenha sido a citação do profeta Isaías na conclusão do discurso: "Relembrem as palavras de Isaías", disse Kennedy, louvando as recordações dos ouvintes com relação à Bíblia. "Os que esperam no Senhor renovarão as suas forças; subirão com asas como águias; correrão, e não se cansarão; andarão, e não se fatigarão."

Isaías, profeta do reino de Judá em torno de 750 a.C., era mais conhecido pelos ouvintes cristãos de Kennedy por ter previsto o nascimento de uma criança-redentora. A leitura de suas profecias era e continua sendo um costume do período natalino em muitas igrejas cristãs. Tanto cristãos como judeus conhecem seu apelo para transformar "espadas em arados", sua ênfase na justiça social, e sua insistência em proclamar que rituais não têm significado a não ser que sejam feitos com devoção e espiritualidade. ("'O que para mim é a profusão de seus sacrifícios', disse o Senhor, 'estou farto de sacrifícios...'")

Como profeta oficial do Antigo Testamento da nova fronteira, Isaías continuaria presente no trabalho de John Kennedy nos anos seguintes.

O tema prioritário do discurso, contudo, foi sua menção à nova fronteira, para além da qual estavam "as inexploradas áreas da ciência e do espaço, problemas não resolvidos da paz e da guerra, redutos não conquistados da ignorância e do preconceito, questões não respondidas da pobreza e do exce-

* Mais presidentes são citados: John Calvin Coolidge Jr., 30º presidente dos Estados Unidos (1923-29); Warren G. Harding, 29º (1921-23); Woodrow Wilson, 28º (1913-21); Abraham Lincoln, 16º (1861-65); Franklin Roosevelt, 32º (1933-45); Herbert Clark Hoover, 31º (1929-33).(N.T.)

dente". Em uma combinação magistral de lugar, palavras e imaginário, Kennedy observou que encarava o Ocidente da mesma forma como "os pioneiros de antigamente" olharam na direção do Oeste para uma terra que "já fora a última fronteira". Mas agora havia uma nova fronteira, "a fronteira dos anos 60 – uma fronteira de oportunidades e perigos desconhecidos, uma fronteira de esperanças e ameaças não realizadas".

Outro artifício bem usado em seus futuros discursos era a citação de outros não identificados, cujas opiniões e visão de mundo pareciam colidir contra as suas. Em Los Angeles, Kennedy insistia que "alguns diriam" que "todos os horizontes tinham sido explorados, que todas as batalhas tinham sido vencidas, que não havia mais uma fronteira norte-americana". Quem eram essas pessoas? Kennedy dizia que tinha certeza de que nenhuma estava em sua platéia. Ele voltaria ao tema de "algumas pessoas" várias vezes durante seu governo, mais notavelmente em Berlim, em 1963, quando declarou que "alguns dizem que o comunismo é a tendência do futuro".

Kennedy e o seu companheiro de chapa, o senador Lyndon Johnson, do Texas.

Retomando mais uma vez a história anglo-americana (em um momento anterior do discurso, ele já havia se referido a Churchill), citou David Lloyd George, dizendo que "uma nação cansada... é uma nação tóri". Os Estados Unidos, disse, "não podem se permitir ser cansados nem tóris".*

O próprio John Kennedy era um homem cansado ao começar seu discurso. No fim, porém, parecia revigorado o bastante para ser impulsionado a uma viagem que o levaria a sua nova fronteira, assim como à dos Estados Unidos.

* Tóri: Aquele que é membro ou adepto do partido conservador inglês. (N.E.)

Discurso de aceitação na Convenção Nacional Democrata
15 de julho de 1960

"Governador Stevenson, senador Johnson, senhor Butler, senador Symington, senador Humphrey, porta-voz Rayburn, colegas democratas, quero expressar meu agradecimento ao governador Stevenson por sua generosa e calorosa apresentação.

Tive a grande honra de lançar o seu nome como candidato na Convenção Democrata de 1956, e fico contente por ter o seu apoio e conselho nos meses que terei pela frente.

Com um profundo sentimento de obrigação e determinação, aceito a nomeação.

Aceito de coração – sem reservas – e somente com uma obrigação: a de dedicar todo meu esforço físico, mental e espiritual para conduzir o nosso partido de volta à vitória e a nossa nação de volta ao caminho da grandeza.

Agradeço, também, que vocês tenham proporcionado um relato tão eloqüente da plataforma de nosso partido. Promessas tão eloqüentes são feitas para serem mantidas. "Os direitos do homem" – os direitos civis e econômicos essenciais à dignidade de todos os homens – são, de fato, nosso objetivo e nossos princípios. Com essa plataforma, tenho entusiasmo e convicção para concorrer.

Sou grato, por fim, em poder contar nos próximos meses com tantos outros. Com um candidato distinto a vice-presidente, que une os nossos espíritos e fortalece a nossa plataforma, Lyndon Johnson. Com um dos estadistas mais articulados do nosso tempo, Adlai Stevenson. Com um grande porta-voz de nossas necessidades como povo e nação, Stuart Symington. E com esse determinado militante da campanha, cujo apoio é bem-vindo, o presidente Harry S. Truman. Com meu companheiro de viagem no Wisconsin e na Virgínia do Oeste, o senador Hubert Humphrey. E com Paul Butler, nosso dedicado e corajoso dirigente.*

Sinto-me muito mais seguro agora com eles ao meu lado. E me orgulho do contraste com os nossos concorrentes republicanos, cujas fileiras parecem tão finas que nenhum desafiante surgiu com coragem ou competência suficiente para tornar a convenção deles aberta.

Estou completamente consciente do fato de que o Partido Democrata, ao nomear alguém da minha fé, assumiu o que muitos consideram um risco

* Paul Butler era presidente do Comitê do Partido Democrata desde 1954. (N.E.)

novo e perigoso – novo, pelo menos desde 1928. Mas vejo isso da seguinte forma: o Partido Democrata depositou mais uma vez sua confiança no povo norte-americano, e em sua capacidade de fazer um julgamento livre e justo. E vocês têm, ao mesmo tempo, depositado confiança em mim, e em minha capacidade de fazer um julgamento livre e justo – de defender a Constituição e o meu juramento do cargo – e rejeitar qualquer tipo de pressão religiosa ou obrigação que possa, direta ou indiretamente, interferir na minha conduta na Presidência no que diz respeito ao interesse nacional. Meu histórico de 14 anos de apoio à educação pública – defendendo a separação total da Igreja e do Estado – e de resistência à pressão de qualquer fonte sobre qualquer questão já deve estar claro para todos.

Espero que nenhum norte-americano, considerando as questões realmente sérias enfrentadas por este país, desperdice seu direito de voto em função da minha filiação religiosa. Trata-se de uma questão irrelevante. Eu quero enfatizar o que outros líderes políticos ou religiosos já disseram sobre a minha filiação religiosa. Os abusos que talvez tenham existido em outros países ou outras épocas não são relevantes. Assim como as pressões que eu talvez precise tolerar também não sejam relevantes. Digo a vocês agora o que têm o direito de saber: minhas decisões sobre qualquer política pública serão só minhas – como um norte-americano, um democrata e um homem livre.

Sob nenhuma circunstância, contudo, a vitória que buscamos em novembro será fácil. Todos sabemos disso em nossos corações. Reconhecemos o poder das forças contra nós. Sabemos que invocarão o nome de Abraham Lincoln em nome de seu candidato – apesar da carreira política do candidato deles ter parecido muitas vezes não mostrar caridade com ninguém, mas astúcia com todos.

Sabemos que não será fácil fazer campanha contra um homem que já discursou ou votou em todos os aspectos conhecidos de todas as questões conhecidas. O senhor Nixon pode achar que agora é sua vez, após o New Deal e o Fair Deal – mas antes que ele distribua as cartas, seria melhor alguém cortá-las.

Este "alguém" pode ser os milhões de norte-americanos que votaram no presidente Eisenhower, mas hesitam com relação ao seu aspirante e autonomeado sucessor. Assim como os historiadores nos contam que Ricardo I não estava apto a assumir o lugar de Henrique II – e que Richard Cromwell não era o nome adequado para vestir o manto de seu tio –, eles poderão dizer no futuro que Richard Nixon não chegava aos pés de Dwight D. Eisenhower.

Talvez ele pudesse dar continuidade às políticas do Partido Republicano – as políticas de Nixon, Benson, Dirksen e Goldwater. Mas esta nação não pode arcar com tal luxo. Talvez pudéssemos lidar melhor com um Coolidge após um Harding. E talvez com um Pierce após um Fillmore. Mas, após Buchanan, esta nação precisava de um Lincoln – após Taft precisávamos de um Wilson – após Hoover precisávamos de um Franklin Roosevelt ... E, após oito anos de um sono narcotizado e intermitente, esta nação precisa de uma liderança democrata forte e criativa na Casa Branca.

Mas não estamos simplesmente concorrendo contra o senhor Nixon. Nossa tarefa não é meramente descrever os fracassos republicanos. E isso nem é necessário, porque as famílias que foram forçadas a deixar o campo saberão como votar sem que precisemos dizer isso a elas. Os mineradores e trabalhadores têxteis saberão como votar. Os idosos sem seguro de saúde, as famílias sem um lar decente, os pais de crianças sem alimentos ou escolas adequadas, todos sabem que esta é a hora da mudança.

Mas acredito que o povo norte-americano espera mais de nós do que gritos de indignação e ataque. O momento é grave; o desafio, urgente; e os riscos, muito altos – para permitir as paixões habituais do debate político. Não estamos aqui para amaldiçoar a escuridão, mas para acender a luz que possa nos guiar pelo breu rumo a um futuro são e salvo. Como disse há 20 anos Winston Churchill, ao tomar posse como primeiro-ministro: se começarmos uma disputa entre o presente e o passado, correremos o risco de perder o futuro.

Hoje, nossa preocupação deve ser com o futuro. Pois o mundo está em transformação. A antiga era está chegando ao fim. Os antigos hábitos não servirão mais.

No plano internacional, a balança de poder está em transição. Há armas novas e mais terríveis. Nações recentes e incertas. Novas pressões do aumento populacional e da privação. Um terço do mundo, já foi dito, pode ser livre – mas outro terço é vítima da cruel repressão –, e o outro é atingido pela pobreza, a fome e a inveja. O despertar destas novas nações libera mais energia que a fissão do próprio átomo.

Por enquanto, a influência comunista se difunde na Ásia, finca pilares no Oriente Médio e se espalha a 140 quilômetros da costa da Flórida. Amigos passaram a ser neutros e da neutralidade passarão à hostilidade. Como foi lembrado aqui há pouco, o presidente que começou sua carreira indo até a Coréia, termina afastado do Japão.

O mundo já esteve próximo da guerra antes – mas agora o homem, que sobreviveu a todas as ameaças a sua existência, tomou em suas mãos mortais o poder de exterminar por sete vezes toda a espécie.

Aqui em casa, o rosto em transformação do futuro também é revolucionário. O New Deal e o Fair Deal eram medidas ousadas para as respectivas gerações – mas esta é uma nova geração.

Uma revolução tecnológica na agricultura levou à explosão da produção – mas ainda não aprendemos a controlar esta explosão de forma proveitosa, enquanto protegemos o direito dos nossos fazendeiros a uma paridade integral de rendimentos.

Uma explosão da população urbana se aglomera em nossas escolas, fica amontoada em nossos subúrbios e aumenta a miséria de nossos bairros mais pobres.

Uma revolução pacífica dos direitos humanos – reivindicando um fim à discriminação racial em todas as partes da nossa vida comunitária – tem se esforçado para se soltar das rédeas impostas por uma liderança executiva medrosa.

Uma revolução médica prolongou a vida de nossos cidadãos mais idosos sem proporcionar a dignidade e a segurança merecidas neste período. E graças a uma revolução da automatização, máquinas substituem homens nas minas e engenhos dos Estados Unidos, sem substituir suas rendas, treinamento ou a necessidade de pagar o médico da família, a comida e o aluguel.

Também aconteceu uma mudança – um declínio – em nossa força intelectual e moral. Sete difíceis anos de estiagem e fome secaram um campo de idéias. Uma praga se abateu sobre nossas agências reguladoras – e um vírus, começando em Washington, tem se infiltrado por todos os cantos do país – seja na mentalidade corrupta, no estilo de vida com despesas pagas, na confusão entre o que é legítimo e o que é certo. Muitos norte-americanos perderam seu rumo, sua vontade e sua noção de propósito histórico.

Em resumo, é o momento de uma nova geração assumir a liderança, de novos homens se encarregarem do poder, homens não vinculados às tradições do passado, não cegos por antigos medos, ódios e rivalidades – jovens que possam se livrar de velhos slogans, desilusões e suspeitas.

O candidato republicano, certamente, também é jovem. Mas sua conduta é tão antiga quanto a de McKinley.* Seu partido é o partido do passado. Seus discursos são generalidades do *Almanaque do Pobre Richard*.** A plataforma deles, formada a partir de sobras dos projetos políticos democratas, tem a coragem de nossas antigas convicções. Eles prometem o *status quo* – e hoje não pode haver o *status quo*.

Pois esta noite encaro o Oeste, que já foi a última fronteira. Nas terras que se expandem por quase 5 mil quilômetros atrás de mim, os pioneiros

* William McKinley, republicano, foi presidente dos Estados Unidos entre março de 1897 e setembro de 1901, quando morreu assassinado. (N.E.)

** *Almanaque do Pobre Richard* – almanaque publicado por Benjamin Franklin, que adotava o pseudônimo de Pobre Richard para escrever poesias e outras informações relevantes na época. Foi publicado de 1732 a 1757. (N.T.)

de antigamente desistiram de sua segurança, conforto e, algumas vezes, de suas vidas para construir um novo mundo aqui no Oeste. Não se tratavam de prisioneiros de suas próprias dúvidas, ou de seu próprio valor. O lema deles não era "cada homem por si", mas "todos por uma causa comum". Estavam determinados a tornar este novo mundo forte e livre – a superar seus obstáculos e dificuldades, a conquistar os inimigos que os ameaçavam dentro e fora do país.

Hoje alguns diriam que essas lutas acabaram, que todos os horizontes já foram explorados, que todas as batalhas já foram vencidas, que não há mais uma fronteira norte-americana.

Mas acredito que ninguém nesta grande congregação concordará com esses sentimentos. Pois os problemas não foram todos resolvidos e nem todas as batalhas foram vencidas, e estamos hoje diante de uma nova fronteira, a fronteira dos anos 60, uma fronteira de oportunidades e perigos desconhecidos, uma fronteira de esperanças e ameaças não concretizadas.

A Nova Liberdade de Woodrow Wilson prometia a nossa nação uma nova estrutura política e econômica. O New Deal de Franklin Roosevelt prometia segurança e ajuda àqueles em necessidade. Mas a nova fronteira sobre a qual me refiro não é um conjunto de promessas – mas de desafios. Não resume o que pretendo oferecer ao povo norte-americano, mas o que pretendo pedir a ele. Apela ao orgulho dele, não ao seu bolso – exalta a promessa de mais sacrifício em vez de mais segurança.

Mas digo a vocês que a nova fronteira está aqui, quer procuremos ou não. Para além dessa fronteira estão áreas inexploradas da ciência e do espaço, problemas não revolvidos de paz e de guerra, locais não conquistados de ignorância e preconceito, questões sem resposta de pobreza e abundância. Seria mais fácil recuar dessa fronteira, olhar para a segura mediocridade do passado, tranqüilizar-se com boas intenções e uma retórica exaltada – e aqueles que preferem este percurso não deveriam votar em mim, independentemente do partido.

Mas acredito que as circunstâncias exigem invenção, inovação, imaginação e decisão. Peço a cada um de vocês para serem pioneiros nessa nova fronteira. Meu apelo é dirigido àqueles de coração jovem, sem levar em conta a idade – a todos que respondem ao clamor das escrituras: "Esforça-te, e tem bom ânimo; não temas, nem te espantes."[1]

Pois a coragem – não a complacência – é necessária hoje; a liderança – não a persuasão. E o único teste válido de liderança é a habilidade de liderar, e liderar com vigor. Uma nação cansada, disse David Lloyd George, é uma nação tóri – e os Estados Unidos atualmente não podem se permitir ser nem cansados nem tóris.

Alguns devem querer ouvir mais, mais promessas a este grupo ou aquele, uma retórica mais dura sobre os homens no Kremlin, mais garantias de um futuro dourado – onde impostos são sempre baixos e subsídios sempre altos. Mas minhas promessas estão na plataforma que vocês adotaram, nossos objetivos não serão concluídos com a retórica e podemos ter fé no futuro somente se tivermos fé em nós mesmos.

Pois as questões mais severas de fato são as que enfrentamos nesta fronteira em um momento decisivo na história. Devemos provar de novo se esta nação, ou qualquer outra nação concebida assim, pode agüentar por muito tempo; se nossa sociedade, com sua liberdade de escolha, sua vastidão de oportunidades, sua extensão de alternativas, pode competir com o avanço determinado do sistema comunista.

Um país organizado e governado como o nosso pode resistir? Esta é a verdadeira questão. Temos a coragem e a vontade? Podemos persistir no nosso objetivo? Em uma época em que testemunharemos não só inovações em armas e destruição, mas também uma corrida pelo domínio do céu, da chuva, do oceano e das marés, o lado distante do espaço e até mesmo das mentes humanas?

Somos capazes dessa tarefa – estamos prontos para o desafio? Estamos dispostos a nos igualar ao sacrifício russo do presente e do futuro – ou devemos sacrificar nosso futuro de modo a aproveitar o presente?

Esta é a questão da nova fronteira. Esta é a escolha que nosso país precisa fazer – uma escolha que não se encontra somente entre dois homens ou dois partidos, mas entre o interesse público e o conforto particular, entre a grandeza e o declínio nacional, entre o ar fresco do progresso e a atmosfera estagnada da "normalidade", entre a dedicação determinada e a mediocridade rastejante.

Toda a humanidade aguarda essa decisão. Todo o mundo quer ver o que faremos. Não podemos desapontar sua confiança, nem podemos deixar de tentar.

Tem sido um longo caminho desde aquele primeiro dia de neve em New Hampshire até esta apinhada convenção de hoje. Agora começa uma nova e longa jornada, que me leva a cidades e lares em todo o país. Conto com a ajuda, a mão, a voz e os votos de vocês. Lembrem comigo as palavras de Isaías: "Os que esperam no Senhor renovarão as suas forças; subirão com asas como águias; correrão, e não se cansarão; andarão, e não se fatigarão."[2]

Conforme enfrentamos o desafio adiante, nós também devemos nos preparar para o Senhor, e pedir que ele renove nossas forças. Assim estaremos aptos para o teste. Assim não ficaremos cansados, e assim venceremos.

Obrigado.

3. A "suposta questão religiosa"

A viagem de Kennedy a Houston em 1960 estava recheada de amplo significado político e histórico. Foi nesta cidade do Sul, 32 anos antes, que outro católico do Norte recebeu a indicação do Partido Democrata para presidente. Em 1928, quando os representantes sofriam com uma onda de calor ao estilo texano, Alfred E. Smith, de Nova York, superou a hostilidade religiosa e a intolerância para se tornar o primeiro candidato católico a presidente na história dos Estados Unidos.

Embora os defensores de Smith comemorassem sua vitória histórica na convenção em Houston, muitos democratas do Sul não estavam satisfeitos. Um representante do Texas observou os assessores de Smith que desfilavam pelos corredores: eram moradores da cidade, imigrantes e cidadãos de primeira geraçao, e muitos eram católicos. "Gostaria de saber onde estão os norte-americanos", resmungou o representante.[1]

Smith estava bem ciente de tais receios, e buscava tranqüilizar aqueles que acreditavam que ele era leal ao papa e não à República. Quando um redator da *Atlantic Monthly* o acusou de ter a obrigação de seguir as imposições do Vaticano, enquanto presidente, Smith encarregou o seu amigo padre Francis Duffy de apresentar uma resposta bem fundamentada. Mesmo tendo reafirmado sua fé católica, Smith disse acreditar na "total liberdade de consciência de todos os homens em igualdade para todas as igrejas, todas as seitas e todas as crenças...". E acrescentou que as "instituições" católicas romanas não "interfeririam no exercício da Constituição dos Estados Unidos ou no cumprimento da lei neste país". Na verdade, tais conflitos não existiram durante seus quatro mandatos como governador de Nova York, assinalou.[2]

Tudo em vão. Al Smith perdeu por uma maioria esmagadora para Herbert Hoover. A religião não foi a única razão de sua derrota – os republicanos tinham prestígio graças à fartura da época do Jazz e ao dinheiro fácil. (Em 1927, Will Rogers previu uma derrota democrata no ano seguinte, observando que "não se pode vencer a prosperidade".)[3] Ainda assim, a derrota de Smith parecia provar que a Casa Branca estava aberta apenas para os protestantes anglo-saxões. As barreiras derrubadas por Smith em nome dos católicos, dos Estados Unidos urbano e das minorias foram rapidamente reerguidas. Os candidatos à Presidência nas três décadas após a indicação de Smith foram sempre protestantes, pouco ligados aos Estados Unidos urbano e imigrante do século XX.

Embora John Kennedy estivesse longe da experiência imigrante e dificilmente pudesse ser descrito como um filho dos Estados Unidos urbano, era o sucessor de Al Smith. Não importava a riqueza e o prestígio de sua família, nem o fato de ter freqüentado uma escola particular e a universidade Harvard. Era católico e irlandês, com o sobrenome Kennedy, não Roosevelt. E conforme seguia os passos de Al Smith, aprendia que, em algumas regiões dos Estados Unidos, tudo continuava como em 1928. Obstáculos, suspeitas e preconceitos impiedosos teriam de ser confrontados de novo. Com JFK liderando a chapa eleitoral democrata em 1960, a equipe do candidato acreditava que a corrente anticatólica poderia custar ao partido 1,5 milhão de votos – mais que o suficiente para virar o jogo se a eleição estivesse parelha, como era o caso.

Com isso, Kennedy viajou a Houston, local do triunfo de Al Smith, para enfrentar a questão em um encontro com pastores protestantes. Tomou essa atitude apesar do conselho que recebeu de sua equipe e de dois texanos proeminentes – seu companheiro de candidatura Lyndon Johnson e o lendário Sam Rayburn, então presidente da Câmara dos Representantes dos Estados Unidos. "Eles são na maior parte republicanos e estão determinados a lhe derrubar", disse Rayburn.[4]

Não importava. Kennedy estava pronto para confrontar aqueles que, dizia, acreditavam que ele "substituiria o ouro de Forte Knox* por água benta".[5] Seu irmão Bobby afirmou que "a religião é a principal questão no Sul e no país".[6] O candidato acreditava que não poderia mais ignorar o problema. Após sua vitória nas primárias da Virgínia Ocidental, um estado extremamente protestante, ele acreditava que o tema da religião não importaria mais. Estava errado.

Era como se Al Smith nunca tivesse existido e nunca tivesse sido indicado à Presidência 32 anos antes.

---

* Forte Knox é o local onde está depositado boa parte da reserva de ouro dos Estados Unidos. (N.T.)

Na época de Al Smith, propagandistas anticatólicos sugeriram que o papa abriria uma filial na Casa Branca, onde destruiria a liberdade norte-americana (igualada à fé protestante, sem levar em consideração quantos católicos haviam perdido suas vidas para defendê-la). Nesse ponto, a discussão política não evoluíra muito desde aqueles dias. Dois meses antes da viagem de Kennedy a Houston, um pastor batista do Texas disse em um programa de rádio que o "catolicismo romano não é somente uma religião, mas uma tirania política".[7] Outro pregador batista no Colorado disse: "Deixe os membros da Igreja Católica irem embora dos Estados Unidos."[8] Em Little Rock, no Arkansas, um pastor declarou que o país não deveria "entregar nosso governo a um presidente católico que poderia ser influenciado pelo papa e pelo poder da hierarquia católica".[9]

Al Smith teria reconhecido essas reações.

Ironicamente, nem Smith, nem Kennedy se aprofundaram muito nos dogmas e princípios de sua fé – ao contrário de Mario Cuomo, que defendeu abertamente os católicos romanos. Como o historiador Robert Slayton

John F. Kennedy discursa, em 1960, no jantar anual Al Smith. À direita: o cardeal Spellman e o vice-presidente, Richard Nixon.

apontou, o amigo de Smith, Frances Perkins, disse certa vez que o candidato "nunca soube a teologia da Igreja Católica Romana, e acho que não se importava muito com isso".[10] Há provas que apóiam a alegação de Perkins. Em um artigo de 1928, para a revista *Atlantic Monthly*, Smith admitia que, embora fosse um "católico devoto desde a infância", nunca tinha ouvido falar das encíclicas papais citadas por seus críticos como prova de que era uma marionete do Vaticano.[11]

John Kennedy, bem mais culto e sofisticado que Smith, não conhecia quase nada sobre os princípios católicos. Portanto, da mesma forma que o antecessor era aconselhado sobre teologia pelo padre Duffy, Kennedy contratou John Cogley, um famoso redator leigo da revista católica *Commonweal*, para ajudá-lo a se preparar para sua missão em Houston.

O discurso foi uma aposta extraordinária. Kennedy falou não só para um grande grupo de pastores protestantes influentes e bastante céticos, mas também para milhões de outros norte-americanos que assistiam ao pronunciamento na televisão. Uma palavra ou frase errada poderia entregar a Presidência a Nixon,* que, incidentalmente, não era um protestante típico, mas um membro da seita quacre.[12]

Os protestantes, contudo, não eram os únicos interessados neste discurso. Os irmãos católicos de Kennedy – que chegavam a 36 milhões, aproximadamente, e constituíam 25% do eleitorado – também estariam atentos. Se ele se distanciasse de sua fé, se parecesse respeitar aqueles que tinham perseguido Al Smith e estavam tornando sua própria vida miserável, os católicos norte-americanos teriam motivos para questionar sua lealdade, enquanto os protestantes questionariam sua fidelidade ao país.

Segundo o estudo de Thomas Maier sobre a família Kennedy, JFK e seu redator de discursos, Theodore Sorensen, consultaram o principal teólogo da nação, o reverendo John Courtney Murray, em um esforço para evitar qualquer "expressão vaga ... que provocasse desnecessariamente a imprensa católica".[13] Sorensen leu o discurso para o padre Murray pelo telefone. Embora o grau da influência exercida pelo padre sobre o texto não seja preciso, Murray insistia há bastante tempo que a separação entre a Igreja e o Estado era fundamental para os católicos norte-americanos, porque estes representavam uma minoria religiosa e tal divisão era essencial em uma democracia moderna.

Claramente, Kennedy havia aprendido a ser mais reflexivo em suas observações sobre fé e política. Um ano antes, em 1959, ele irritou alguns jornais católicos quando pareceu se distanciar de sua fé. Em uma entrevista à revista *Look*, afirmou que era contra a ajuda federal a escolas católicas e se opunha à indicação de um embaixador para o Vaticano. Ele parecia se esforçar para mostrar que a Igreja não controlava suas questões políticas e sociais. Comentaristas católicos acreditavam que ele havia ido muito longe e parecia ávido demais para mostrar que, embora fosse católico, não era um religioso exemplar.

Na verdade, a questão do catolicismo de Kennedy – o quanto sua fé significava para ele, com que seriedade encarava os rituais – permanece difícil de responder. Jacqueline Kennedy observou a ironia dos ataques contra seu marido com relação à religião. "Acho tão injusto as pessoas serem contra Jack porque ele é católico", disse certa vez. "Ele nem é tão católico assim."[14]

Certamente, a história mostra que ele estava longe do ideal católico como marido; e, mais uma vez, estava longe do ideal de qualquer pessoa como marido. Não havia indícios de que tivesse um interesse especial pela história da Igreja, ou que conhecesse mais do que os rituais ensinados por sua mãe, Rose, que era muito religiosa. Todos sabiam que sua educação foi secular, e sua conduta serena e irônica sugeria pouca piedade particular.

Thomas Maier, contudo, argumenta que Kennedy era mais sério sobre sua fé do que sua imagem pública indicava. Ele, por exemplo, tinha uma amizade próxima com o arcebispo de Boston, o cardeal Richard Cushing. Maier também observou que Kennedy ia à missa regularmente. Embora naquela época, pelo menos, "regularmente" não seria o bastante para católicos ortodoxos. A presença semanal era imperativa. Outros amigos e gente próxima reconheceram o apreço de Kennedy pelo lado sacramental do catolicismo – suas tradições e rituais –, até mesmo alguns de seus dogmas.

Ainda assim, qualquer que fosse sua relação particular com a fé, ele estava destinado a ser rotulado, para sua tristeza, como o candidato católico à Presidência em 1960. E por causa desse rótulo, por causa do que via como uma postura falsa, viajou a Houston para resolver a questão da melhor forma possível.

Seu discurso foi uma obra-prima da razão, da diplomacia, e com um toque talvez de desafio. Kennedy o fez de forma vívida, e sem pausa para aplausos. Não começou com formalidades ou referências ao ambiente ou à hospitalidade que recebera. Mas, em vez disso, atacou a questão de frente desde a primeira frase. Ele estava ali para abordar a "suposta questão religiosa". A frase indicava a própria visão de JFK – não se tratava de um tema real. Era uma "suposta questão", uma distração de assuntos bem mais importantes. "Mas como sou católico ... as verdadeiras questões desta campanha têm sido obscurecidas", afirmou.

Analisando sob a perspectiva do início do século XXI, quando os católicos já obtiveram aceitação na maior parte dos Estados Unidos, embora com certa relutância, é impressionante lembrar que, em 1960, John Kennedy ainda estava na defensiva por causa de sua religião.

O discurso abordou este tema não em prol da candidatura de Kennedy, mas a favor de um país mais tolerante.

> "Pois enquanto neste ano aponta-se o dedo da suspeita contra um católico, em outros anos já foi, e pode ser de novo algum dia, um judeu, um quacre, um unitarista ou um batista. Foi a importunação da Virgínia com relação aos pregadores batistas, por exemplo, que levou ao Estatuto da Liberdade Religiosa de Jefferson. Hoje, posso ser a vítima, mas amanhã podem ser vocês, até que toda a estrutura de nossa harmoniosa sociedade seja destruída em um momento de grande perigo nacional."

JFK falou sobre a experiência que marcou a sua geração – lutar na Segunda Guerra Mundial – e observou sem sentimentalismo que, quando serviu no Pacífico Sul, ninguém "sugeriu, na época, que talvez tivéssemos uma 'lealdade dividida', que 'não acreditávamos na liberdade', ou que pertencíamos a um grupo desleal que ameaçava as 'liberdades pelas quais nossos antepassados morreram'".

> "E, na verdade, esse é o tipo de Estados Unidos pelo qual nossos antepassados morreram quando fugiram de juramentos religiosos que negavam cargos aos a membros de crenças menos favorecidas, quando lutaram pela Declaração dos Direitos da Constituição, o Estatuto da Liberdade Religiosa da Virgínia e quando lutaram no santuário que visitei hoje, o Álamo. Pois Bowie e Crockett morreram ao lado de Fuentes, McCafferty, Bailey, Bedillio e Carey – mas ninguém sabe se eles eram católicos ou não, porque não havia teste religioso naquela época."*

Ele lembrou a platéia que seu irmão Joe foi morto durante a guerra, lutando para proteger não o papa, mas a liberdade norte-americana.

"Não falo por minha Igreja com relação às questões públicas – e a Igreja não fala por mim", disse. JFK citou suas diferenças com relação aos pronunciamentos da Igreja sobre políticas públicas, mas disse enfaticamente que não tinha intenção de negar sua fé.

> "Mas, se chegar o momento – e não penso que qualquer conflito seja remotamente possível – no qual minha posição exija a violação da

* Referência à batalha pela independência do Texas, em 21 de abril de 1836. (N.E.)

minha consciência ou do interesse nacional, neste caso eu deixaria o cargo e esperaria que qualquer funcionário público consciencioso fizesse o mesmo.

Após terminar suas observações, ele passou para as perguntas de um público de homens brancos de meia-idade e aparência respeitável, vestidos de paletó, gravata e chapéu elegante. Eles não haviam interrompido o discurso nem mesmo uma vez para aplaudir. Kennedy não tinha idéia de como fora recebido e do tipo de questões que enfrentaria.

Alguém perguntou se Kennedy pediria ao seu amigo, cardeal Cushing, para fazer uma declaração ao papa com as observações do candidato sobre a separação entre a Igreja e o Estado, de modo que o Vaticano "pudesse oficialmente autorizar tal crença para todos os católicos romanos nos Estados Unidos". Com os ombros um pouco curvados e as mãos apoiadas no pódio, Kennedy respondeu que, assim como o sacerdócio não tinha o direito de dizer a ele o que fazer "na sua esfera de responsabilidade pública", ele não tinha o direito de dizer ao cardeal Cushing que pedisse ao Vaticano para "tomar

A família Kennedy no Vaticano, em 1939.

alguma atitude". Sua sinceridade e racionalidade persuadiram a maioria de seu público. "Apreciamos sua declaração franca", disse um pastor. "Posso dizer que temos grande admiração por você." Conforme se preparava para ir embora, Kennedy ironizou: "Tenho certeza que não converti ninguém aqui para a minha Igreja." Os pastores talvez não tivessem se convertido ao catolicismo, mas possivelmente tinham aderido à campanha de Kennedy. No fim, ele foi ovacionado.

Levaria mais 44 anos, no entanto, uma década a mais do que o período entre Al Smith e JFK, antes que outro católico fosse indicado para presidente. E, mesmo então, esse candidato católico, John F. Kerry, de Massachusetts, ficou na defensiva com relação à "suposta questão religiosa". Entretanto, em uma reviravolta irônica, as pessoas que colocaram Kerry na defensiva não foram pastores protestantes, mas bispos católicos romanos, e a questão não era a lealdade do candidato à Constituição, mas sua adesão à doutrina da Igreja.

Discurso à Associação Ministerial Greater Houston

12 de setembro de 1960

"Agradeço ao convite gentil para aqui expressar minhas idéias.

Embora a suposta questão religiosa seja o principal tema da noite, quero enfatizar desde o início que acredito que temos assuntos mais importantes na eleição de 1960: a difusao da influência comunista, que se espalha a 140 quilômetros da costa da Flórida; o tratamento humilhante do nosso presidente e do vice-presidente por aqueles que não respeitam mais o nosso poder; as crianças famintas que vi na Virgínia do Oeste; os idosos que não podem pagar suas contas médicas; as famílias forçadas a desistir de suas fazendas; uma nação com muitos bairros pobres, com poucas escolas e atrasada no que diz respeito à corrida à Lua e ao espaço.

Essas são as verdadeiras questões que deverão decidir esta campanha. E não são questões religiosas – porque a guerra, a fome, a ignorância e o desrespeito não possuem barreiras religiosas.

Mas como sou católico, e nenhum católico jamais fora eleito presidente [dos Estados Unidos], as verdadeiras questões desta campanha têm sido obscurecidas – talvez de modo deliberado, em alguns grupos menos responsáveis do que este. Portanto, a meu ver é aparentemente necessário declarar mais uma vez, não em qual Igreja acredito, pois isso é relevante somente para mim, mas em qual tipo de Estados Unidos acredito.

Acredito em um Estados Unidos onde a separação entre a Igreja e o Estado é absoluta, onde nenhum prelado católico diria ao presidente (se este fosse católico) como agir e nenhum ministro protestante diria a seus paroquianos em quem votar; onde nenhuma Igreja ou escola receberia financiamento público ou preferência política; e onde nenhum homem teria um cargo público negado simplesmente porque sua religião difere da do presidente que poderia nomeá-lo ou do povo que poderia elegê-lo.

Acredito em um Estados Unidos que não seja oficialmente nem católico, nem protestante, nem judeu; onde nenhum funcionário público requer ou aceita instruções sobre a política pública do papa, do Conselho Nacional das Igrejas ou de qualquer outra fonte eclesiástica; onde nenhuma corporação religiosa busca impor sua vontade direta ou indiretamente sobre a população ou sobre os atos públicos de seus funcionários; e onde a liberdade religiosa é tão indivisível que um ato contra uma Igreja é tratado como um ato contra todos.

Pois enquanto neste ano aponta-se o dedo da suspeita contra um católico, em outros anos já foi, e pode ser de novo algum dia, um judeu, um quacre, um unitarista ou um batista. Foi a importunação da Virgínia com relação aos pregadores batistas, por exemplo, que levou ao Estatuto da Liberdade Religiosa de Jefferson. Hoje, posso ser a vítima, mas amanhã podem ser vocês, até que toda a estrutura de nossa harmoniosa sociedade seja destruída em um momento de grande perigo nacional.

Finalmente, acredito em um Estados Unidos onde a intolerância religiosa um dia chegará ao fim, onde todos os homens e todas as crenças sejam tratados como iguais, onde todo o homem tenha o mesmo direito de freqüentar ou não a Igreja de sua escolha, onde não haja um voto católico, voto anticatólico, ou qualquer bloco de qualquer tipo – e onde católicos, protestantes e judeus, ambos no plano secular e pastoral, se absterão destas atitudes de desprezo e divisão que por tantas vezes arruinaram seus trabalhos no passado e, em vez disso, promoverão o ideal norte-americano de irmandade.

É nesse tipo de Estados Unidos que eu acredito. E ele representa o tipo de Presidência na qual acredito, um grande cargo que não deve ser humilhado, transformando-se em um instrumento de qualquer grupo religioso, nem maculado – ao se impedir arbitrariamente sua ocupação por membros de qualquer grupo religioso. Acredito em um presidente que mantém suas visões sobre a religião como um assunto particular, nem impostos por ele sobre a nação nem impostos pela nação a ele, como uma condição para se manter no cargo.

Não encararia com bons olhos um presidente que trabalhasse para subverter as garantias da Primeira Emenda à liberdade religiosa (nem nosso sistema de limites e controles governamentais permitiria que ele fizesse isso). E também não veria com bons olhos aqueles que subvertessem o Artigo VI da Constituição, ao exigir um teste religioso – mesmo que indiretamente –, pois se eles discordam desta garantia, devem trabalhar abertamente pela sua anulação.

Quero um chefe-executivo cujos atos públicos sejam responsáveis por todos, mas obrigados por ninguém; que possa freqüentar qualquer cerimônia ou jantar que seu cargo exija; e cuja realização de sua função presidencial não seja limitada ou condicionada por qualquer juramento, ritual ou obrigação de religião.

Esse é o tipo de Estados Unidos que acredito – e esse é o tipo de país pelo qual lutei no Pacífico Sul e meu irmão morreu na Europa. Ninguém sugeriu na época que pudéssemos ter uma "lealdade dividida", que "não acreditávamos na liberdade" ou que pertencíamos a um grupo desleal que ameaçava "as liberdades pelas quais nossos antepassados morreram".

E, na verdade, esse é o tipo de Estados Unidos pelo qual nossos antepassados morreram quando fugiram de juramentos religiosos que negavam cargos aos membros de crenças menos favorecidas, quando lutaram pela Declaração de Direitos da Constituição*, o Estatuto da Liberdade Religiosa da Virgínia, e quando lutaram no santuário que visitei hoje, o Álamo. Pois Bowie e Crockett morreram ao lado de Fuentes, McCafferty, Bailey, Bedillio e Carey – mas ninguém sabe se eles eram católicos ou não, porque não havia teste religioso naquela época.

Peço a vocês esta noite para manter essa tradição, para me julgar com base nos 14 anos que estive no Congresso, com base em minhas posições declaradas contra um embaixador no Vaticano, contra o auxílio inconstitucional a escolas paroquiais e contra qualquer boicote das escolas públicas (que eu mesmo freqüento); que não me julguem com base em textos e publicações que, sabemos, escolhem com cuidado citações fora de contexto retiradas de declarações de líderes da Igreja católica, em geral de outros países, muitas vezes de outros séculos e raramente relevantes a qualquer situação aqui – e sempre omitem, é claro, a declaração dos bispos norte-americanos de 1948, que apoiou com veemência a separação entre a Igreja e o Estado.

Não penso que essas citações restrinjam meus atos públicos – por que vocês assim as tomariam? Mas, deixe-me dizer, com relação a outros países, que sou totalmente contra o Estado ser usado por qualquer grupo religioso, católico ou protestante, para compelir, proibir ou processar o livre exercício de qualquer outra religião. E isso vale para qualquer perseguição em qualquer época, por qualquer um, em qualquer país.

Espero que nós possamos condenar com igual fervor as nações que negam sua Presidência aos protestantes e aquelas que a negam aos católicos. E em vez de citar os pecados dos que diferem, também citaria o histórico da Igreja Católica em nações como a França e a Irlanda – e a independência de estadistas como De Gaulle e Adenauer.

Mas deixe-me enfatizar novamente que estas são minhas opiniões – porque, ao contrário do que os jornais dizem, não sou o candidato católico à Presidência. Sou o candidato do Partido Democrata à Presidência, e, por coincidência, também sou católico.

Não falo por minha Igreja com relação a assuntos públicos – e a Igreja não fala por mim.

Qualquer questão com a qual eu me depare como presidente, se eu for eleito – o controle da natalidade, o divórcio, a censura, os jogos de aposta, ou qualquer outro assunto –, tomarei minhas decisões de acordo com as concepções que aqui exponho, de acordo com o que minha consciência diz

* O *Bill of Rights*. (N.E.)

ser o interesse nacional e sem considerar a pressão de qualquer ordem religiosa externa. E nenhum poder ou ameaça de punição poderão influenciar a minha posição.

Mas, se chegar o momento – e não penso que qualquer conflito seja remotamente possível – no qual minha posição exija a violação da minha consciência ou do interesse nacional, neste caso eu deixaria o cargo e esperaria que qualquer funcionário público consciencioso fizesse o mesmo.

Mas não pretendo me desculpar por estas opiniões com os meus críticos de fé católica ou protestante, nem tenho a intenção de negar meus pontos de vista ou minha Igreja para vencer esta eleição. Se eu perder por causa de questões reais, voltarei para meu cargo no Senado satisfeito por ter tentado o melhor e ter sido julgado de modo correto.

Mas se esta eleição for decidida porque 40 milhões de norte-americanos perderam sua chance de ser presidente no dia em que foram batizados, toda a nação será perdedora aos olhos de católicos e não-católicos do mundo, aos olhos da história e aos olhos de nosso próprio povo.

Se, por outro lado, eu vencer esta eleição, devo dedicar todo meu esforço de mente e espírito para cumprir o juramento da Presidência – na prática idêntico, eu diria, ao juramento que fiz há 14 anos no Congresso. Pois, certamente, posso, e "juro solenemente que cumprirei de modo dedicado as funções de presidente dos Estados Unidos e farei o melhor para preservar, proteger e defender a Constituição; que Deus me ajude".

4. O primeiro debate

A história do primeiro debate de John Kennedy com Richard Nixon faz parte da cultura norte-americana. A maioria dos norte-americanos sabe, ou pelo menos acredita que sabe o que aconteceu naquela noite notável, em 1960, quando os dois candidatos à Presidência ficaram lado a lado pela primeira vez na história dos Estados Unidos, para debater as grandes questões do dia.

O debate foi transmitido por todas as três redes de televisão, alcançando um outro marco: o início da Era Moderna da consciência da imagem, da habilidade com a mídia e das declarações políticas curtas.

Segundo consta, John Kennedy venceu o debate porque estava bronzeado e relaxado, e Richard Nixon pálido e nervoso. Muitos dos que assistiram ao evento na televisão – em torno de 80 milhões de norte-americanos – acharam que Kennedy havia superado seu adversário. Aqueles que ouviram o debate no rádio, atendo-se apenas às palavras e aos argumentos, acreditaram que Nixon fora o vencedor. E, no entanto, a forma venceu o conteúdo, e a política norte-americana nunca mais foi a mesma.

Embora a versão popular deste encontro histórico seja verdadeira, o que aconteceu na noite de 26 de setembro de 1960 – e o que não aconteceu – é um pouco mais complexo.

Talvez o fato mais importante e esquecido seja que o primeiro debate foi exatamente isto – o primeiro debate, com a intenção de focar em questões nacionais. Houve mais três, embora nenhum seja tão lembrado. Muitos observadores políticos, especialmente aqueles que apoiavam Nixon, acreditavam que o primeiro debate seria o menos assistido, e o debate final, o de maior audiência. Mas aconteceu o contrário: o segundo debate teve 20 milhões a menos de telespectadores, de 80 milhões eles passaram para 60 milhões, e permaneceram assim.

Foi preciso, literalmente, um ato do Congresso para permitir a cobertura televisiva dos debates. Uma cláusula na Lei de Comunicações de 1934 exigia que as emissoras oferecessem tempo igual a todos os candidatos, até mesmo aos de partidos independentes desconhecidos. O Congresso teve de suspender a cláusula de tempo igual antes que as redes pudessem dar continuidade a um debate somente entre Kennedy e Nixon. (Na metade dos anos 1970, reguladores federais declararam que os debates patrocinados por agências externas eram eventos jornalísticos, não vinculados a restrições legislativas.)

Outra concepção errada é dizer que os debates Kennedy-Nixon criaram um precedente. Embora fossem históricos, os debates não institucionalizaram embates diretos entre os candidatos presidenciais dos principais partidos. Na verdade, os debates entre Kennedy e Nixon não foram os primeiros entre presidenciáveis. Doze anos antes, em 1948, os rivais republicanos Thomas E. Dewey, de Nova York, e Harold Stassen, de Minnesota, fizeram um debate em Portland, Oregon, antes das primárias neste estado. E em 1956, os dois principais candidatos à indicação presidencial democrata, Adlai Stevenson, de Illinois, e Estes Kefauver, do Tennessee, fizeram um debate em Miami antes da prévia da Flórida. Ambos os debates foram transmitidos em cadeia nacional no rádio. Os debates Kennedy-Nixon foram os primeiros entre os *nomeados* dos grandes partidos.

O moderador Howard K. Smith entre Kennedy e Nixon, no primeiro debate.

E embora os debates de 1960 tenham criado grande interesse público, só 16 anos depois algo assim ocorreria novamente. Não houve debates durante as campanhas de 1964, 68 e 72, e não houve muita pressão pública para sua realização. Não foi coincidência, certamente, que Richard Nixon foi candidato em duas dessas três eleições sem debates. Em 1960, não foi bem-sucedido ao concordar em debater com o menos conhecido Kennedy, e procurou não repetir o mesmo erro tático em 1968 e 72.

Portanto, só em 1976 o debate presidencial passou realmente a fazer parte das campanhas. Toda campanha desde então incluía no mínimo um debate entre um democrata e um republicano, e, às vezes, conta também com a presença de um candidato independente. Conforme os precedentes, o realizado em 1976 certamente merece um espaço maior na memória norte-americana. Os debates de 1976 proporcionaram algo que os travados entre Kennedy e Nixon não ofereceram – o espetáculo de um incumbente ficar lado a lado com seu oponente.

Quando o presidente Gerald Ford e seu adversário Jimmy Carter dividiram o palco na Filadélfia, em 23 de setembro de 1976, foi, de fato, um momento sem precedentes na história da política norte-americana e um marco para a democracia, encaixando-se à comemoração do bicentenário da nação. Antes desse debate, presidentes em exercício sempre se recusaram a debater – ou, às vezes, até mesmo a reconhecer – com seus desafiantes. Eles não queriam ser vistos no mesmo nível de meros senadores ou governadores. Mas Gerald Ford acabou com essa tradição, e hoje é difícil imaginar que algum presidente se oponha a isso. Por essa razão, os debates Ford-Carter talvez tenham sido mais históricos e mais importantes que os tão lembrados debates de 1960.

Contudo, não há como negar que os debates Kennedy-Nixon fazem parte da memória dos Estados Unidos e se tornaram parte do legado de Kennedy. Mas a história por trás da história começa não no momento em que Kennedy olhou para a câmera, em 26 de setembro, e pareceu tão confiante e bem-disposto; ou quando Nixon, abatido, foi filmado movimentando os olhos de um lado para o outro rapidamente. A história realmente começa na metade de agosto, em Greensboro, na Carolina do Norte.

Durante uma rápida campanha nessa cidade, Nixon contundiu o joelho ao entrar no carro. O candidato não deu muita importância ao fato na época – era somente mais uma colisão no difícil caminho em direção à Casa Branca, e ele deixou o assunto de lado.

Doze dias depois, no entanto, mesmo sendo resistente, Nixon não conseguia mais suportar a dor. O joelho inflamou e o vice-presidente foi internado no Hospital Walter Reed. Seu plano de tomar à frente de Kennedy, preso em uma sessão especial no Senado, desmoronou.

Nixon permaneceu no hospital por duas semanas, tomando injeções diárias de antibióticos. No fim de julho, ele liderava a pesquisa Gallup, mas, no fim de agosto, estava impotente em seu leito de hospital e a disputa estava empatada.

Finalmente ele voltou à campanha em 9 de setembro e tentou de imediato compensar o terreno perdido. Mas ainda era cedo para retomar suas atividades e ele acabou tendo uma febre de 39 graus. Continuou, no entanto, sua programação, conforme o primeiro debate se aproximava. Visitou 25 estados em duas semanas. No dia do debate, fez um discurso para um sindicato de carpinteiros em Chicago.

Quando chegou ao estúdio para o tão esperado debate, estava exausto, abatido e não se sentia bem. Tinha perdido quase cinco quilos e diminuído pelo menos um tamanho do manequim, perceptível em função da camisa que vestia.

A lenda popular está certa: o aspecto de Nixon era horrível. Ele se recusou a usar maquiagem, preferindo, em vez disso, cobrir sua barba por fazer com um produto chamado *Lazy Shave*[*].

Kennedy, certamente, tinha a aparência melhor. E também estava mais bem preparado, com vários "cartões de informação" organizados por seus assessores. Os elogios dos pastores em Houston haviam aumentado sua confiança e, enquanto Nixon fazia campanha em Chicago no dia do debate, Kennedy relaxava no quarto do hotel, preparando-se para possíveis perguntas e revisando suas notas.

Segundo o formato do debate, cada candidato deveria fazer uma abertura com enfoque nas questões nacionais, e Kennedy sabia como essa primeira impressão seria importante. Como não estava satisfeito com a exposição preparada por seus redatores, ele mesmo ditou outra, horas antes de entrar no estúdio.

O palco estava armado para a história. O mediador do debate era Howard K. Smith, da CBS, e os debatedores eram Sander Vanocur, da NBC, Charles Warren, da Mutual Broadcasting System (uma grande rede de rádio que não existe mais), Stuart Novins, da CBS, e Bob Fleming, da ABC.

Kennedy não só parecia estar melhor que Nixon, como sua fala de abertura – a importante primeira impressão – foi de uma retórica magistral. Com poucas especificações e repleto de histórias marcantes, foi prospectivo e transmitiu a crença do candidato de que a nação poderia melhorar.

---

[*] Em português, "Barbear Preguiçoso". (N.T.)

"Nesta eleição de 1960, ... a questão deste momento é se o mundo pode ser parte escravo, parte livre; se caminhará na direção da liberdade, na direção do caminho que tomamos, ou se seguirá em direção à escravidão..."

> "Portanto, acho que a questão diante do povo norte-americano é: fazemos tudo quanto podemos? Somos tão forte quanto deveríamos? Somos tão fortes quanto deveríamos para manter nossa independência, e manter e oferecer nossa amizade àqueles que pedem nosso auxílio, àqueles que esperam nossa ajuda para sobreviver? Gostaria de deixar claro que não fazemos o suficiente, que não estou satisfeito, como um norte-americano, com o progresso que estamos fazendo.
>
> Vi casos na Virgínia do Oeste, aqui nos Estados Unidos, onde as crianças levavam para casa uma parte do almoço da escola para alimentar suas famílias...
>
> Não fico satisfeito quando muitos de nossos professores são mal pagos...
>
> Não fico satisfeito quando vejo homens como Jimmy Hoffa, no comando do maior sindicato nos Estados Unidos, ainda livre*...
>
> Não ficarei satisfeito até que todos os norte-americanos tenham totais direitos constitucionais... Acho que podemos fazer melhor que isso."

A abertura de Nixon, por outro lado, foi defensiva e cheia de estatísticas que teriam melhor uso mais tarde, durante a parte de perguntas e respostas.

Ainda assim, a história do primeiro debate é a história das aparências, uma boa, outra nem tanto. A política nunca mais seria a mesma.

Nixon escreveria um tempo depois, com tristeza: "Tenho um comentário devastador sobre a natureza da televisão como um veículo político: o que mais me entristeceu no primeiro debate não foi o conteúdo do encontro... mas o contraste desvantajoso entre nossas aparências físicas."[1]

A natureza da televisão não mudou desde então. Mas a natureza da política sim.

---

* James Riddle "Jimmy" Hoffa era suspeito de corrupção e envolvimento com a máfia. (N.E.)

Chicago
26 de setembro de 1960

"Senhor Smith*, senhor Nixon;

Na eleição de 1860, Abraham Lincoln disse que a verdadeira questão daquele momento era se esta nação poderia ser parte escrava e parte livre.

Nesta eleição de 1960, com o mundo em que vivemos, a questão deste momento é se o mundo pode ser parte escravo, parte livre; se caminhará na direção da liberdade, na direção do caminho que tomamos, ou se seguirá em direção à escravidão.

Acho que dependerá, em grande parte, do que fazemos aqui nos Estados Unidos, do tipo de sociedade que construímos, do tipo de força que mantemos.

Discutimos hoje questões internas, o que não quer dizer que estas não envolvam diretamente nossa luta com o senhor Khrushchev, que envolve a nossa própria sobrevivência.

O senhor Khrushchev está em Nova York, e ele mantém a ofensiva comunista no mundo todo à custa do poder produtivo soviético.

Os comunistas chineses sempre tiveram uma grande população, mas são perigosos e ganham relevância atualmente porque organizam um grande esforço dentro de seu próprio país; o tipo de país que temos aqui, o tipo de sociedade que temos aqui, o tipo de força que construímos nos Estados Unidos será a defesa da liberdade.

Se formos bem-sucedidos aqui [nos Estados Unidos], se cumprirmos nossas obrigações, se seguirmos em frente, acredito então que a liberdade estará garantida no mundo. Se fracassarmos, a liberdade também fracassará.

Portanto, acho que a questão diante do povo norte-americano é: fazemos tanto quanto podemos? Somos tão fortes quanto deveríamos? Somos tão fortes quanto deveríamos para manter nossa independência, e manter e oferecer nossa amizade àqueles que pedem nosso auxílio, àqueles que esperam nossa ajuda para sobreviver? Gostaria de deixar claro que não fazemos o suficiente, que não estou satisfeito como um norte-americano com o progresso que estamos fazendo.

Este é um grande país, mas acho que poderia ser mais ainda; e este é um país poderoso, mas acho que poderia ser ainda mais poderoso.

Não fico satisfeito por ter 50% de nossa capacidade de produção de aço não utilizada.

---

* Mediador do debate. (N.E.)

Não fico satisfeito quando os Estados Unidos tiveram no ano passado a menor taxa de crescimento econômico de qualquer importante sociedade industrializada no mundo – porque o crescimento econômico significa força e vitalidade. Significa que somos capazes de sustentar nossas defesas; e capazes de cumprir nossos compromissos no exterior.

Não fico satisfeito quando gastamos mais de 9 bilhões de dólares em alimentos, parte disso apodrece mesmo que o mundo passe fome e mesmo que 4 milhões de norte-americanos aguardem todo mês por uma porção de comida dada pelo governo, que custa cinco centavos por dia por indivíduo.

Vi casos na Virgínia do Oeste, aqui nos Estados Unidos, onde as crianças levavam para casa uma parte do almoço da escola para alimentar suas famílias, porque não estamos cumprindo nossas obrigações com relação a estes norte-americanos.

Não fico satisfeito quando vejo que a União Soviética produz o dobro de cientistas e engenheiros que nós.

O líder nacionalista chinês Chiang Kai-Shek.

Não fico satisfeito quando muitos dos nossos professores são mal pagos, ou quando nossos filhos freqüentam a escola somente durante meio período. Acredito que devemos ter um sistema educacional superior a todos os outros.

Não fico satisfeito quando vejo homens como Jimmy Hoffa, no comando do maior sindicato dos Estados Unidos, ainda livre.

Não fico satisfeito quando não conseguimos aproveitar ao máximo os recursos naturais do nosso país. Aqui nos Estados Unidos, nação que desenvolveu o Vale do Tennessee e construiu a Grand Coulee e outras represas no Nordeste, com a atual taxa de produção em hidrelétricas – e esta é a marca de uma sociedade industrializada –, a União Soviética em 1975 produzirá mais energia que nós.

Essas são todas questões que neste país podem fortalecer nossa sociedade ou mantê-la estagnada.

Não ficarei satisfeito até que todos os norte-americanos tenham totais direitos constitucionais. Quando uma criança negra nasce, e isso também é verdade para porto-riquenhos e mexicanos em algumas de nossas cidades, ela tem aproximadamente metade da chance de terminar o segundo grau que uma criança branca. Tem um terço da chance de acabar a faculdade do que um estudante branco. Tem um terço da oportunidade de se tornar um profissional, metade da chance de ter sua casa própria. E tem quatro vezes mais chances de se tornar desempregada. Acho que podemos fazer melhor que isso. Não quero que o talento de nenhum norte-americano seja desperdiçado.

Sei que alguns querem passar tudo para o governo. Eu não. Quero que os indivíduos cumpram suas responsabilidades e os estados também. Mas, além disso, acredito em uma responsabilidade nacional.

O argumento tem sido usado contra qualquer emenda da legislação social nos últimos 25 anos. O povo dos Estados Unidos não poderia ter desenvolvido individualmente o Vale do Tennessee; mas em conjunto sim.

Um fazendeiro de um algodoeiro na Geórgia, de uma plantação de amendoim ou de uma fábrica de laticínios no Wisconsin e em Minnesota, nenhum deles pode se proteger contra as forças de oferta e procura do mercado, mas trabalhando juntos em programas governamentais eficientes sim.

Dezessete milhões de norte-americanos, que vivem em média com um cheque da previdência social de cerca de 78 dólares, não são capazes de se sustentar sozinhos, mas podem se sustentar por meio do sistema de pensões.

Não acredito em um governo autoritário, mas na ação governamental efetiva, e acho que esta é a única forma dos Estados Unidos manterem sua liberdade; é a única forma de seguirmos adiante. Acho que podemos fazer um trabalho melhor. Acho que teremos de fazer um trabalho melhor para cumprirmos as responsabilidades impostas pelo momento e pelos eventos.

Não podemos passar o trabalho para qualquer um. Se os Estados Unidos fracassarem, toda a causa da liberdade também fracassará, e acho que isto depende, em grande medida, do que fazemos, aqui neste país.

A razão de Franklin Roosevelt ter sido um bom vizinho para a América Latina foi ter sido um bom vizinho nos Estados Unidos e acreditar que a sociedade norte-americana estava no rumo novamente. Quero que nós retomemos essa imagem. Quero que as pessoas na América Latina, na África e na Ásia comecem a olhar para os Estados Unidos para ver como fazemos as coisas por aqui, e se interessem em saber o que o presidente dos Estados Unidos faz, e não olhem para Khrushchev, ou para os comunistas chineses. Esta é a obrigação de nossa geração.

Em 1933, Franklin Roosevelt disse em seu discurso de posse que aquela geração de norte-americanos teria um "encontro com o destino". Acredito que nossa geração de norte-americanos tem o mesmo "encontro". A questão agora é: a liberdade pode ser mantida sob o ataque mais severo que já conheceu? Penso que sim. E penso, na análise final, que depende do que fazemos aqui. Está na hora dos Estados Unidos entrarem no rumo novamente. ”

Parte II

1961

Introdução

Por ter vencido somente com 49,7% do voto popular, Kennedy não se achava no direito de empreender várias ações logo nos primeiros 100 dias, tanto nas questões nacionais quanto nas internacionais. Acreditava, no entanto, que sua vitória era sinal de que o público estava pronto para um novo começo no país e no mundo. As pesquisas de opinião e os editoriais mais críticos e conscientes do dia sugeriam que os norte-americanos não tinham esperanças com relação às perspectivas do país. Tensões raciais não resolvidas; uma economia lenta; e o medo de que o Sputnik, o primeiro ato dramático da era espacial, demonstrasse uma vantagem dos soviéticos sobre os Estados Unidos na ciência, na engenharia e na tecnologia de mísseis aumentavam as preocupações sobre a capacidade de a democracia competir com uma sociedade mais controlada.

No início de seu governo, Kennedy entendeu que uma Presidência bem-sucedida dependeria da habilidade em traduzir o slogan da nova fronteira em ganhos substantivos que melhorassem o moral dos norte-americanos e dessem mais esperanças com relação ao futuro. Ele queria traçar o maior contraste possível entre seu antecessor e a promessa de uma nova liderança. Por isso, seu discurso na cerimônia de posse foi extremamente importante. Ele sabia que os primeiros discursos de Jefferson e Roosevelt haviam impulsionado seus governos e estava determinado a conseguir o mesmo.

O tema principal foi o sacrifício em prol do bem-estar nacional, um apelo aos valores nacionais comuns e à responsabilidade civil, em uma linguagem inspiradora. "Não pergunte o que o seu país pode fazer por você – mas o que você pode fazer pelo seu país", declarou. "Deixe que todas as nações saibam, quer nos queiram bem ou mal, que pagaremos qualquer preço, carregaremos qualquer fardo, enfrentaremos qualquer adversidade, apoiaremos qualquer amigo, nos oporemos a qualquer inimigo para garantir a sobrevivência e o sucesso da liberdade." Suas palavras estimularam o país. Seu discurso de posse, em conjunto com o de Roosevelt, passou a ser um dos mais citados do século XX. É verdade que o de Roosevelt tratava da crise nacional da Depressão de 1929, e o de Kennedy o desafio mundial do comunismo, mas ambos eram apelos a cidadãos comuns para renovarem sua fé nas instituições do país e em sua capacidade de triunfar sobre a adversidade.

No início de março, seis semanas após o começo de seu mandato, Kennedy deu continuidade ao seu inspirador apelo inaugural. Declarou que estabeleceria a agência de voluntários Corpo da Paz e pediu à América Latina que se unisse aos Estados Unidos na Aliança pelo Progresso. A organização Corpo da Paz representava um meio concreto por intermédio do qual jovens norte-americanos poderiam transformar seus ideais nacionais em ganhos internacionais – tanto para cidadãos de países hostis quanto para os Estados Unidos, em sua competição contra o comunismo soviético para conquistar corações e mentes em toda parte. A Aliança demonstrava a determinação de Kennedy em acabar com a imagem dos Estados Unidos de uma superpotência intimidadora e promover mais prosperidade e justiça social nos países da América Latina, que pareciam muito vulneráveis às promessas socialistas de uma vida melhor para camponeses e trabalhadores que sofriam há muito tempo.

O governo de Kennedy perdeu seu impulso em abril quando a invasão na Baía dos Porcos em Cuba fracassou e o envergonhou. Em particular, ele estava com raiva de si mesmo e de seus assessores por terem se comprometido com tal operação questionável. Dias mais tarde, perguntou: "Como pude ser tão estúpido?" Ele havia sido avisado de que o esperado levante de anticastristas talvez não se materializasse, e o antigo secretário de Estado Dean Acheson lhe dera motivos para duvidar da iniciativa. Acheson perguntou a Kennedy quantos soldados Fidel poderia colocar nas praias para resistir aos 1.500 invasores. Talvez 2.500, respondeu o presidente. "Não é preciso de uma consultoria da Price-Waterhouse para descobrir que 1.500 são bem menos que 2.500", disse Acheson. Apesar de apoiar a operação, a CIA mostrou que estava em dúvida ao chamar a invasão pelo codinome de "Estrada esburacada". Kennedy descreveu o fracasso da invasão e seu resultado como "a pior experiência de sua vida".

Em público, ele assumiu a responsabilidade total pelo fracasso e autorizou um pronunciamento da Casa Branca que dizia: "O presidente Kennedy declarou desde o início que, como presidente, assume sozinho a responsabilidade... O presidente se opõe a qualquer um dentro ou fora do governo que tente mudar o foco desta responsabilidade." Ele citou "um antigo ditado de que a vitória tem 100 pais e a derrota é órfã". Essa era a sua derrota: "Sou a autoridade responsável do governo", disse à imprensa. Quando falou à Sociedade Norte-Americana dos Editores de Jornal em 20 de abril, não escondeu sua preocupação de que a invasão de Cuba houvesse prejudicado a confiança em seu compromisso de melhores relações com a América Latina. Descreveu "uma luta implacável em todos os cantos do globo", e alertou contra a complacência e a falta de nervos para enfrentar os desafios à frente.

Para elevar os espíritos norte-americanos, Kennedy falou diante de uma sessão conjunta do Congresso no final de maio. Apresentou uma atualização sobre o atual estado da União e, em particular, sobre os desafios do país no exterior. Lembrou a constante e difícil luta enfrentada pelos Estados Unidos em sua competição com o comunismo. E listou uma série de medidas que esperava que o Congresso decretasse para fortalecer o país, como, a mais dramática delas, financiar um projeto para o homem aterrissar na Lua, no final da década. Apollo, como a missão à Lua foi chamada, refletia o slogan "a nova fronteira", dedicado a causas heróicas. "Decidimos ir à Lua nesta dé-

Um voluntário do Corpo da Paz. Desde a origem da instituição, mais de 160 mil norte-americanos já passaram por ela.

cada", disse Kennedy, "e fazer todo o resto, não porque é fácil, mas porque é difícil; porque este objetivo servirá para organizar e medir o melhor de nossas energias e habilidades."

Durante um encontro em junho com Nikita Khrushchev em Viena, Kennedy ficou na defensiva com relação a Berlim. Khrushchev disse que pretendia transferir o controle total de Berlim Oriental de Moscou para o governo da Alemanha Oriental. A frustração soviética com relação ao fluxo constante de alemães e europeus dos países do Leste para o Ocidente, passando por Berlim, motivou a ameaça de Khrushchev de oferecer aos alemães orientais a possibilidade de fechar as rotas que ligavam a cidade à Alemanha Ocidental. No verão de 1961*, pronunciamentos soviéticos sobre Berlim criaram uma crise no que diz respeito ao direito ocidental de acesso à cidade, o que ameaçava provocar um conflito soviético-norte-americano.

Para esclarecer que a ameaça soviética não intimidaria os Estados Unidos, que estavam prontos para negociar, mas não como resultado do medo, Kennedy fez um discurso admiravelmente ponderado em 25 de julho. E não deixou dúvidas de que a crise era resultado dos atos de Moscou. Ele também enfatizou que não deixaria os soviéticos derrubarem os direitos legais dos Estados Unidos em Berlim Ocidental. "Estaremos o tempo todo prontos para dialogar, se isso ajudar", declarou. "Mas também precisamos estar prontos para resistir com força, se a força for usada contra nós." Ele sintetizou sua posição ao dizer: "Procuramos a paz – mas não vamos nos render."

Em setembro, quando Kennedy falou mais uma vez sobre as relações soviético-norte-americanas, na sessão de abertura das Nações Unidas de 1961, ele sabia que Khrushchev havia retirado sua ameaça. A construção de um muro no verão anterior havia diminuído o problema de Khrushchev; o preocupante fluxo de refugiados para o Ocidente fora interrompido em grande parte. Embora o discurso de Kennedy reiterasse sua determinação de assegurar os interesses ocidentais em Berlim e em outros locais, ele exortava que a União Soviética entendesse a necessidade de negociação, em lugar da preparação para o combate. "A humanidade deve acabar com a guerra ou a guerra acabará com a humanidade", declarou em uma das frases mais memoráveis de seu discurso.

Após muitos momentos difíceis nos primeiros 12 meses de sua Presidência, Kennedy terminou o ano otimista. Ele sobreviveu a crises em Cuba e em Berlim e ansiava pela possibilidade de negociações construtivas em 1962.

---

* No hemisfério Norte. (N.E.)

5. O discurso inaugural

No século XX, antes de 1961, foram feitos 15 discursos em cerimônias de posse. Somente um – o do presidente Franklin Roosevelt, em 1933 – entrou para o legado de escrituras políticas sagradas. A frase imortal do discurso ("Portanto, antes de mais nada, deixe-me afirmar minha crença de que a única coisa que devemos temer é o próprio medo") dava a certeza de que as palavras francas e tranqüilizadoras de Roosevelt permaneceriam imortais no imaginário coletivo.

John Kennedy estava determinado a assegurar que seu próprio discurso de posse se igualasse não só ao de Roosevelt em 1933, mas ao de Thomas Jefferson em 1801, aos dois de Abraham Lincoln, e aos discursos de tempos de guerra de seu herói e modelo, Winston Churchill.

Conseguiu. Uma prova certa do seu sucesso é o debate contínuo sobre quem, afinal, realmente escreveu o discurso de posse. Como observado anteriormente, dois livros publicados em 2005 chegaram a conclusões bem diferentes, mas o próprio debate – quase meio século depois do discurso – é uma vitória da esperança que Kennedy depositava em seu primeiro discurso como presidente. O debate prossegue porque as palavras não foram esquecidas, elas fazem parte do que Lincoln chamou de "acordes místicos da memória", passando de geração à geração, lembradas hoje por avós, para serem recitadas amanhã pelos netos.

O discurso reflete as horas de trabalho em cima de vários rascunhos e a recomendações dadas a seu principal redator, Theodore Sorensen, e a outros. Ele orientou Sorensen a estudar o discurso em Gettysburg de Lincoln e a encontrar a mágica por trás daquela obra de prosa poética.[1] (Sorensen descobriu que Lincoln raramente usava três palavras quando uma só servia.) Kennedy leu e releu o discurso, primeiro analisando o conteúdo e, depois, a ênfase.

No fim, o habilidoso uso da linguagem de Kennedy e sua forma de falar garantiram um lugar para seu discurso junto a outros tão grandiosos na história norte-americana, além de estabelecer um contraste entre o novo governo (formado por pessoas "nascidas neste século") e o anterior. Kennedy, o mais novo presidente eleito, com 43 anos, prometeu fazer o país "crescer de novo", e aproveitou cada oportunidade para contrapor seu estilo – seu autoproclamado "vigor" – com o de Dwight Eisenhower, então o mais velho presidente do país. Ike não era conhecido por ter facilidade com as palavras (embora, ironicamente, seu discurso de despedida, três dias antes da posse de Kennedy, também tenha entrado nos livros escolares, graças à criação da frase "complexo militar-industrial"). Kennedy entendeu claramente o poder das palavras e a importância da eloqüência.

Ele acreditava que um discurso inspirador e bem lembrado definiria o rumo para um novo presidente, ávido por intimar seus compatriotas à grandiosidade. Mas nem só por meio das palavras Kennedy queria simbolizar a passagem da tocha da liderança. Sua cerimônia de posse – com os esplendores e a festa – também lograria seu intento. Dwight Eisenhower e seu partido presidencial usaram chapéu de feltro no dia da posse do presidente, em 1953. John Kennedy e seu partido estavam de casaca e cartola. Os gostos norte-americanos de Ike em música, cultura e até mesmo decoração foram deixados de lado. A elegância, o estilo e a sofisticação estavam, agora, na ordem do dia. Estrelas como Frank Sinatra, Ethel Merman e Gene Kelly foram selecionados para se apresentar e serem anfitriões de festas de posse brilhantes – não uma celebração sombria, mas seguindo o estilo hollywoodiano. No lugar da matrona Mamie Eisenhower estava a adorável, jovem e elegante Jacqueline Bouvier Kennedy, radiante na posse, embora tivesse tido um parto difícil há apenas dois meses. John F. Kennedy Jr. nasceu em novembro, logo após o dia da eleição.

A tocha fora passada, e o dia da posse, em 1961, refletia esse sentimento.

Era uma fria manhã em Washington naquela sexta-feira, 20 de janeiro. Vinte centímetros de neve haviam caído na noite anterior, fazendo com que um mutirão de norte-americanos fosse para as ruas da capital tirar a neve do caminho. Pela manhã, a tempestade havia passado e o céu estava claro. Mas um sol brilhante iludiu milhões de pessoas que ouviriam o discurso do novo presidente. As temperaturas estavam um pouco abaixo de zero grau apesar do sol, e era preciso usar cachecol e luvas para enfrentar o vento cortante.

Kennedy começou o dia com um café da manhã com bacon, um ato que seria uma ruptura da fé em qualquer outra manhã de sexta-feira. Naquela época, os católicos evitavam comer carne na sexta-feira, mas o arcebispo de

Washington concedeu uma dispensa aos fiéis da capital para comemorarem a posse do primeiro presidente adepto desta religião.

O discurso de posse tão ambicionado por Kennedy estava quase pronto, exceto por revisões de última hora. Uma dessas mudanças consistia de duas palavras, inseridas após apelos de seu mais novo assessor, Harris Wofford, que se tornaria um importante advogado a favor dos direitos civis no novo governo. Wofford desejava desesperadamente alguma menção à explosiva crise de direitos civis, mas ninguém o ouvia, até que Kennedy concordou em inserir duas palavras – "em casa" – em uma frase sobre violações dos direitos humanos no mundo. Wofford insistiu com o presidente eleito que havia um problema de direitos humanos nos Estados Unidos também, e seu texto deveria refletir esta realidade. Portanto, quando Kennedy fez seu discurso, afirmou que seu governo estava comprometido com os direitos humanos "em casa", assim como no mundo. As duas palavras foram inseridas em um dos parágrafos mais longos, com várias frases memoráveis:

> "Que as palavras partam deste momento e local, para comunicar a amigos e inimigos igualmente, que a tocha foi passada para uma nova geração de norte-americanos – nascidos neste século, amenizados pela guerra, disciplinados por uma paz dura e cruel, orgulhosos de nossa antiga herança e relutantes em testemunhar ou permitir a lenta destruição dos direitos humanos, com os quais esta nação sempre esteve comprometida, e com os quais estamos comprometidos hoje em casa e no mundo."

O parágrafo mais forte, de muitas formas o epicentro do discurso de posse, é melhor lembrado pelas afirmações brilhantes em suas frases de abertura: "Que as palavras partam... a tocha foi passada." As duas palavras inseridas no último minuto foram obscurecidas pelas fortes declarações antecedentes, e foram a única referência a questões nacionais no discurso. Os principais interesses de Kennedy estavam em outros lugares. Embora tivesse lidado com questões de direitos civis como senador, de muitas maneiras ele simplesmente não entendia, como nortista de uma classe privilegiada, os efeitos odiosos das leis Jim Crow sobre os negros sulistas.[2]

Outras frases foram lapidadas nos dias anteriores a 20 de janeiro, passando de declarações boas para excelentes. Segundo o livro *Kennedy*, do redator de discursos Theodore Sorensen, a primeira oração mudou de "Comemoramos hoje não uma vitória partidária, mas o sacramento da democracia" para a inesquecível: "Vivenciamos hoje não uma vitória do partido, mas uma comemoração da liberdade." Outra frase bastante lembrada, que evocava sutilmente o imaginário do serviço militar de John Kennedy no Oceano Pacífico, durante a Segunda Guerra Mundial, foi submetida a mudanças drásticas no processo de edição. No primeiro rascunho do discurso estava escrito: "E se os frutos da cooperação forem mais doces que os resíduos da suspeita, deixe que ambos os lados se juntem, por fim, para criarem uma verdadeira ordem mundial – nem a *Pax Americana*, nem a *Pax Russa*, nem mesmo uma balança de poder, mas uma comunidade de poder." Reescrita por Kennedy e outros, a frase mudou para: "E se uma cabeça-de-ponte da cooperação puder fazer a selva da suspeita recuar, que ambos os lados se unam em um novo empenho, não em uma nova balança de poder, mas um novo mundo de direito..."

Os norte-americanos conheceriam outros aspectos de seu discurso nos anos seguintes. Kennedy usou a expressão "que nós" muitas vezes na posse, como em: "Que nós comecemos novamente", e "Que nós nunca negociemos por medo. Mas que tampouco tenhamos medo de negociar." Kennedy retornaria muitas vezes a essas referências em discursos futuros.

Sua frase mais famosa, "E, portanto, povo norte-americano: não pergunte o que o seu país pode fazer por você, pergunte o que você pode fazer pelo seu país", era um apelo estrondoso a um propósito maior e ao serviço à nação, uma convocação à comunidade, ao patriotismo e à falta de egoísmo. Sua fórmula barroca (ele não disse simplesmente: "*Do not ask*..."*) acrescentou elegância à eloqüência e inspirou uma geração de jovens que entrariam na política ou no Corpo de Paz anos após a morte de Kennedy.

Em retrospecto, é quase surpreendente pensar que Kennedy temia que seu discurso pudesse ser obscurecido pelas palavras do velho poeta Robert Frost, convidado a falar antes do juramento do novo presidente. JFK não queria que Frost lesse um novo poema, com surtos de eloqüência que poderiam tornar o discurso de posse lento e chato, mas preferia a citação de uma de suas melhores obras, "The Gift Outright". Não que Kennedy considerasse este um trabalho inferior, mas ele não desejava surpresas.

Frost, na verdade, tinha outra intenção. Após a conhecida contralto afro-americana Marian Anderson cantar o hino nacional, ele se levantou para ler um novo texto composto para a ocasião. Mas o vento e o brilho do Sol nos olhos do poeta de 86 anos fizeram com que ele desistisse do esforço e recitasse de cor "The Gift Outright".

Frost não tirou o brilho de seu conterrâneo da Nova Inglaterra.

No momento do juramento, John Kennedy se posicionou do outro lado do presidente da Suprema Corte, Earl Warren, sem chapéu ou casaco para se

* O texto original é: "*Ask not what your country can do for you*..." (N.E.)

proteger do frio. O Sol não esquentava, mas iluminava o cabelo avermelhado de Kennedy, que irradiava juventude e vitalidade.

Em seguida, JFK falou, não no ritmo acelerado de seus primeiros anos como político, mas em tons controlados por uma voz treinada. Seu sotaque da Nova Inglaterra estava contido e a ênfase colocada nas palavras era perfeita.

"Deixe que todas as nações saibam, quer nos queiram bem ou mal, que pagaremos qualquer preço, carregaremos qualquer fardo, enfrentaremos qualquer adversidade, apoiaremos qualquer amigo, nos oporemos a qualquer inimigo para garantir a sobrevivência e o sucesso da liberdade." Essa afirmação demonstrava, no país e no exterior, que esta nova geração de norte-americanos estava pronta para confrontar o comunismo no mundo todo. Mas, nos anos seguintes, John Kennedy e os norte-americanos perceberiam que o preço era realmente alto, e os fardos mais pesados do que se imaginava neste dia frio em Washington, no início de 1961.

Kennedy toma posse como presidente dos Estados Unidos.

O discurso, no entanto, embora em grande parte um documento da Guerra Fria, não era, de modo algum, uma rejeição ao compromisso e à coexistência. Em um momento, Kennedy apelou ao país e ao mundo para "começar de novo – lembrando em ambos os lados que a civilidade não é um sinal de fraqueza, e a sinceridade está sempre sujeita à prova. Que nós nunca negociemos por medo. Mas que tampouco tenhamos medo de negociar."

E, após lançar seus apelos estrondosos para que os fardos sejam suportados e que o preço pela sobrevivência da liberdade seja pago, Kennedy sugeriu que seria melhor que os norte-americanos e seus adversários descobrissem o que tinham em comum, em vez de se concentrarem em suas diferenças. "Que ambos os lados explorem as questões que nos unem, em vez de buscar os temas que nos dividem", afirmou.

> "Que ambos os lados busquem invocar as maravilhas da ciência, em vez de seus terrores. Em conjunto, vamos explorar as estrelas, conquistar os desertos, erradicar as doenças, pesquisar as profundidades dos oceanos e incentivar as artes e o comércio. Que ambos os lados se unam para exaltar, em todos os cantos da terra, a ordem de Isaías: 'Desatar as cordas do jugo, mandar embora livres os oprimidos'[3]."

O discurso tinha menos de 1.400 palavras, em torno da metade do tamanho comum de um discurso de posse. Depois de encerrado, e do término das comemorações do dia da liberdade, estas palavras sobreviveram.

E sobrevivem até hoje.

Washington, D.C.
20 de janeiro de 1961

"Vice-presidente Johnson, senhor presidente da Câmara dos Representantes, senhor Eisenhower, vice-presidente Nixon, presidente Truman, reverendo, concidadãos, vivenciamos hoje não uma vitória do partido, mas uma comemoração da liberdade, um símbolo de um fim, assim como de um início, uma renovação e também uma transformação. Pois jurei diante de vocês e de Deus todo-poderoso o mesmo juramento solene prescrito por nossos antepassados há quase dois séculos.

O mundo está bem diferente agora. Pois o homem tem em suas mãos mortais o poder de abolir todas as formas de pobreza humana, bem como todas as formas de vida humana. As mesmas crenças revolucionárias pelas quais nossos antepassados lutaram ainda são questões debatidas ao redor do globo – como por exemplo a crença de que os direitos do homem não vêm da generosidade do Estado, mas das mãos de Deus.

Não ousamos esquecer hoje que somos os herdeiros da primeira revolução. Que as palavras partam deste momento e local, para comunicar a amigos e inimigos igualmente, que a tocha foi passada para uma nova geração de norte-americanos – nascidos neste século, amenizados pela guerra, disciplinados por uma paz dura e cruel, orgulhosos de nossa antiga herança e relutantes em testemunhar ou permitir a lenta destruição dos direitos humanos, com os quais esta nação sempre esteve comprometida, e com os quais estamos comprometidos hoje em casa e no mundo.

Deixe que todas as nações saibam, quer nos queiram bem ou mal, que pagaremos qualquer preço, carregaremos qualquer fardo, enfrentaremos qualquer adversidade, apoiaremos qualquer amigo, nos oporemos a qualquer inimigo para garantir a sobrevivência e o sucesso da liberdade.

Prometemos isso – e ainda mais.

Aos nossos antigos aliados cuja descendência cultural e espiritual compartilhamos, prometemos a lealdade de amigos fiéis. Unidos, podemos nos aventurar em quase todos os empreendimentos cooperativos. Divididos, não podemos quase nada – pois não ousaremos enfrentar um poderoso desafio com divergências e desunião.

Aos novos Estados que recebemos no grupo dos países livres damos nossa palavra de que o domínio colonial não deve ser extinto para ser substituído por uma tirania pior. Nem sempre devemos esperar que esses novos Estados apóiem nossos pontos de vista, mas devemos sempre esperar que eles sustentem com veemência sua própria liberdade – e lembrar que, no passado, aqueles que buscaram de forma imprudente o poder, ao montar nas costas do tigre, acabaram na barriga dele.

Àqueles em cabanas e aldeias de todo o mundo que lutam para romper os laços da miséria, prometemos que nos esforçaremos ao máximo para ajudá-los, durante o período que for necessário – não porque os comunistas talvez estejam fazendo isso, não porque buscamos o voto deles, mas porque é o certo. Se uma sociedade livre não consegue ajudar os muitos que são pobres, também não pode salvar os poucos que são ricos.

A nossas repúblicas irmãs ao Sul de nossa fronteira, fazemos uma promessa especial – transformar nossas boas palavras em boas ações, em uma nova aliança pelo progresso, auxiliar homens livres e governos livres a soltar as amarras da pobreza. Mas essa pacífica revolução da esperança não pode se tornar presa de poderes hostis. Que todos os nossos vizinhos saibam que nos uniremos a eles no combate à agressão ou à subversão, em qualquer parte das Américas. E deixe que todos os outros poderes saibam que este hemisfério pretende permanecer senhor de sua própria casa.

À assembléia mundial dos Estados soberanos, as Nações Unidas, nossa última esperança em uma época em que os instrumentos da guerra ultrapassaram de longe os da paz, renovamos nossa promessa de apoio, para prevenir contra a sua transformação em um foro meramente de injúrias, para fortalecer a sua defesa dos novos e dos fracos, e para ampliar a área sob seu regulamento.

E, finalmente, às nações que podem se tornar nossos adversários, não fazemos uma promessa, mas um pedido: que ambos os lados comecem de novo a busca pela paz, antes dos poderes sombrios da destruição desencadeados pela ciência consumirem toda a humanidade em uma autodestruição planejada ou acidental.

Não ousemos tentá-los com fraqueza. Pois somente quando nossas armas estiverem além de qualquer dúvida poderemos ter absoluta certeza de que nunca serão empregadas.

Muito menos dois grupos de nações tão grandes e poderosas podem se conformar com o nosso rumo atual. Ambos os lados estão sobrecarregados com o custo das armas modernas, ambos estão alarmados pela constante dispersão do átomo mortal, ainda que ambos concorram para alterar a incerta balança de terror, que comanda os desígnios da guerra final da humanidade.

Que possamos então começar de novo – lembrando em ambos os lados que a civilidade não é um sinal de fraqueza, e a sinceridade está sempre sujeita à prova. Que nós nunca negociemos por medo. Mas que tampouco tenhamos medo de negociar.

Que ambos os lados explorem as questões que nos unem, em vez de buscar os temas que nos dividem.

Que ambos os lados, pela primeira vez, formulem propostas sérias e precisas para a inspeção e o controle de armas – e usem o poder absoluto para destruir outras nações, sob o controle absoluto de todas as nações.

Que ambos os lados busquem invocar as maravilhas da ciência, em vez de seus terrores. Em conjunto, vamos explorar as estrelas, conquistar os desertos, erradicar as doenças, pesquisar as profundidades dos oceanos e incentivar as artes e o comércio.

Que ambos os lados se unam para exaltar, em todos os cantos da terra, a ordem de Isaías: "Desatar as cordas do jugo, mandar embora livres os oprimidos."[4]

E se uma cabeça-de-ponte da cooperação puder fazer a selva da suspeita recuar, que ambos os lados se unam em um novo empenho, não em uma nova balança de poder, mas em um novo mundo de direito, onde os fortes são justos, os fracos protegidos e a paz preservada.

Tudo isso não será atingido nos primeiros 100 dias. Nem nos primeiros mil dias, nem durante este mandato, nem mesmo talvez enquanto estivermos neste planeta. Mas que nós possamos ao menos começar.

Nas mãos de vocês, meus caros compatriotas, mais do que nas minhas, estará o sucesso ou o fracasso final de nosso percurso. Desde que este país foi fundado, cada geração de norte-americanos tem sido intimada a declarar sua lealdade nacional. As sepulturas de jovens norte-americanos que responderam ao apelo para servir à nação estão espalhadas por todo o mundo.

Hoje, as trombetas soam novamente, não como um apelo para portar armas, embora precisemos delas; não como um apelo à batalha, embora estejamos preparados para o combate; mas um apelo para assumir o encargo de uma longa luta crepuscular, ano sim ano não, "alegres na esperança, pacientes no sofrimento"; uma luta contra os inimigos comuns do homem: a tirania, o poder, a doença e a própria guerra.

Poderemos construir uma grande aliança global contra esses inimigos, Norte e Sul, Leste e Oeste, algo que possa garantir uma vida mais proveitosa para toda a humanidade? Vocês participarão deste esforço histórico?

Na longa história do mundo, somente algumas gerações receberam o papel de defender a liberdade em suas horas de perigo máximo. Não me esquivo dessa responsabilidade – mas a assumo. Não acredito que nenhum de nós trocaria de lugar com qualquer outra pessoa ou geração. A energia, a fé, a devoção que injetamos nesse empenho iluminará nosso país e a todos que servem nele – e o brilho desta chama pode realmente iluminar o mundo.

E, portanto, povo norte-americano: não pergunte o que o seu país pode fazer por você, pergunte o que você pode fazer pelo seu país.

Meus concidadãos do mundo: perguntem não o que os Estados Unidos farão por vocês, perguntem o que, em conjunto, podemos fazer pela liberdade do homem.

Por fim, se vocês são cidadãos dos Estados Unidos ou do mundo, exijam de nós os mesmos padrões de força e sacrifício que exigimos de vocês. Com nossa consciência em paz, nossa única e certa recompensa, com a história sendo o juiz final de nossos atos, vamos liderar a terra que amamos, pedindo as bênçãos e a ajuda d'Ele, mas sabendo que aqui na Terra o trabalho de Deus deve ser, na verdade, o nosso.”

6. A Aliança para o Progresso

Em seu discurso de posse, o presidente Kennedy fez uma "promessa especial" a "nossas repúblicas irmãs ao Sul de nossa fronteira". Os Estados Unidos, ele disse, finalmente transformariam "boas palavras" em "boas ações".

Menos de três meses depois, JFK convidou diplomatas latino-americanos para uma esplendorosa recepção na Casa Branca. Sentado diante dos diplomatas e suas esposas, sob a luz de um candelabro e com um retrato de Martha Washington acima do seu ombro direito, Kennedy explicou como os Estados Unidos cumpririam sua promessa. Propôs a criação de um esforço cooperativo entre o país e a América Latina para melhorar a vida das milhões de pessoas em condições de pobreza, miséria e enfermidades ao Sul do Rio Grande. O programa seria chamado de "Aliança para o Progresso".

O discurso foi marcado pelo idealismo e pelo otimismo da nova fronteira. Na verdade, Kennedy invocou a expressão ao descrever uma herança comum das Américas, originada, afirmou, da "exploração interminável de novas fronteiras". Os objetivos que almejava para o restante do hemisfério não eram diferentes das metas que alimentava para os Estados Unidos. Os padrões de vida, disse, poderiam e deveriam ser elevados na América Latina por meio de um "maior esforço nacional" – uma frase repleta do vigor da nova fronteira. Mas a nova relação pan-americana proposta por JFK seria mais que um grande programa contra a pobreza. Kennedy também enfatizou as artes e as ciências, consideradas como veículos para o progresso em ambos os lados do Rio Grande. Convidou os cientistas da América Latina a trabalhar com seus colegas nos Estados Unidos em projetos pragmáticos como a dessalinização, e também nos campos da física e da astronomia. ("Em conjunto, deixe-nos explorar as estrelas", dissera em seu discurso de posse.) E observou que os Estados Unidos tinham "muito a aprender" com a música, a arte e a filosofia latino-americana.

Em seu cerne, o discurso é surpreendentemente humilde e sério na busca por um ponto em comum entre os dois continentes americanos. A menção de Kennedy aos heróis da América do Sul, como Simon Bolívar, José de San Martin e Benito Juarez, buscava ligar a Revolução Americana do século XVIII aos movimentos de independência do século XIX no Sul, e ilustrar os ideais comuns do hemisfério. Sua linguagem era respeitosa e franca.

"Como um cidadão dos Estados Unidos", disse:

> "Deixe-me ser o primeiro a admitir que nós norte-americanos nem sempre compreendemos o significado desta missão comum, assim como também é verdade que muitos em seus próprios países não entenderam completamente a urgência necessária de fazer as pessoas saírem da pobreza, da ignorância e do desespero. Mas precisamos nos distanciar desses erros – dos fracassos e mal-entendidos do passado para um futuro cheio de desafios, mas resplandecente de esperança."

Embora esses sentimentos pareçam conciliatórios e altruístas, este discurso faz parte da narrativa da Guerra Fria do início dos anos 1960. Fidel Castro, embora não fosse mencionado, servia tanto de inspiração quanto Simon Bolívar e outros patriotas latinos citados por Kennedy.

JFK sai em visita à América Latina em 1961.

Não havia nenhuma região no mundo não atingida pela "luta crepuscular", e, embora locais como Berlim, Cuba e o Sudeste da Ásia fossem pontos críticos para o conflito "bipolar" no início da década de 1960, as Américas Central e do Sul também eram campos de batalha potenciais. O apoio soviético às chamadas "guerras de libertação nacional" e a retórica antiamericana de Fidel Castro instigavam o medo de revoltas comunistas bem mais próximas dos Estados Unidos do que o Laos ou o Congo.

A Aliança para o Progresso, com sua ênfase em valores democráticos comuns e seu apelo urgente a favor do desenvolvimento econômico e da justiça social, se tornaria um baluarte contra a difusão de movimentos comunistas apoiados por soviéticos e inspirados por Fidel. Mais tarde, Robert Kennedy definiria esse objetivo de forma sincera. "Se as reformas da Aliança – sociais, econômicas e políticas – forem executadas, então o comunismo e o castrismo entrarão em colapso na América do Sul", prognosticou. Mas, se a promessa de reforma e mudança social desmoronar diante da corrupção ou da inércia do *status quo*, acrescentou, então "teremos problemas na América do Sul", independentemente do que pode acontecer em Cuba ou com Fidel.[1]

Ainda assim, embora a política da Guerra Fria tenha certamente acrescentado uma sensação de urgência a este discurso, há poucos motivos para se questionar o compromisso de Kennedy com os pobres da região. A Aliança para o Progresso era seu meio de reagir à ameaça dos soviéticos e de Fidel Castro na América Latina, mas era também uma maneira de reconhecer que os Estados Unidos não eram vistos necessariamente como uma força a favor da justiça e do progresso na região. Kennedy declarou abertamente o erro da abordagem de seu país nas relações interamericanas do passado, mas tinha chegado o momento de colocar de lado "os fracassos e mal-entendidos", para se chegar a um futuro repleto tanto de "desafios" como de "esperança". Seus ouvintes sabiam exatamente quem, na opinião de Kennedy, representava o "desafio", e quem representava a "esperança".

Como Kennedy sabia, a relação dos Estados Unidos com seus vizinhos do Sul foi marcada por conflitos e acusações de imperialismo e exploração por mais de um século. Nos anos 1930, o próprio Franklin Roosevelt tentou melhorar essa herança com a política da Boa Vizinhança, que enfatizava a cooperação e o comércio mutuamente benéfico, em vez do poder bruto norte-americano. Mas a Guerra Fria e Fidel mudaram as atitudes de Washington com relação à região. A amizade foi substituída pelo intervencionismo, com o apoio a aliados duvidosos e o enfraquecimento de líderes hostis, durante os anos 1950. O planejamento do que se tornou o fiasco da Baía dos Porcos começou com Dwight Eisenhower, assim como a conspiração da CIA para derrubar o ditador da República Dominicana, amigo de Fidel, Rafael Trujillo, assassinado por oponentes políticos dez semanas após este discurso.

Talvez mais que em qualquer outra região, a América Latina representasse muitas das contradições do discurso norte-americano, entre a retórica sobre a liberdade e o apoio a ditaduras, contanto que fossem aliadas contra o comunismo. A República Dominicana de Trujillo era somente um dos vários exemplos. Na verdade, Trujillo era um clássico aliado de conveniência da Guerra Fria, um terrível ditador que enriqueceu (possuía 70% das indústrias de cana-de-açúcar do país) enquanto oprimia seus compatriotas. Mas foi somente quando começou a se aliar a Fidel Castro – gerando a possibilidade de um caribe comunista – que Trujillo perdeu sua utilidade para os Estados Unidos. A CIA encorajou várias conspirações para assassiná-lo no final da década de 1950.

Neste discurso, Kennedy refletiu a nova opinião dos Estados Unidos sobre seu antigo aliado, associando-o claramente a Fidel. "Nossa Aliança para o Progresso é uma aliança de governos livres", afirmou JFK:

> "E deve eliminar a tirania em um hemisfério onde a tirania não tem um lugar legítimo. Portanto, vamos expressar nossa amizade especial ao povo de Cuba e da República Dominicana – e a esperança de que logo se juntarão à sociedade de homens livres neste nosso esforço comum."

Um "esforço comum", mas para qual finalidade? Kennedy acreditava que a Aliança para o Progresso poderia ser o catalisador para a mudança social em um continente marcado pela pobreza e explorado por forças locais e estrangeiras, que apoiavam uma oligarquia quase feudal. Os Estados Unidos estavam entre as forças estrangeiras que permitiam a perpetuação das elites empresariais e políticas da América Latina ao passo que uma população cada vez maior se tornava mais desesperada por necessidades humanas básicas, como abrigo, comida e cuidados médicos. Mas agora Kennedy propunha que os Estados Unidos ajudassem a América Latina a "completar a revolução das Américas, construir um hemisfério onde todos os homens pudessem ter esperança de um padrão de vida adequado, e onde todos possam viver suas vidas com dignidade e liberdade".

Embora a visão obstinada de Kennedy considerasse a reforma social liderada pelos Estados Unidos como uma tática da Guerra Fria, seu discurso sugeria que tais medidas estavam de acordo com a advertência apresentada no discurso de posse. A Aliança para o Progresso era, na opinião de Kennedy, um exemplo de ajuda para as pessoas "romperem os laços da miséria em massa", não porque os comunistas estavam tentando fazer o mesmo, mas porque "é o certo".

Críticos da proposta de Kennedy disseram que a Aliança disfarçava interesses empresariais dos Estados Unidos, ávidos em proteger seus investimentos da ameaça de nacionalização, isto é, do confisco de capital privado. Sua sugestão de que "devemos apoiar toda integração econômica que seja um passo genuíno em direção a mercados maiores" pareceu, aos da esquerda, que os Estados Unidos imperial estavam ditando um sistema econômico a seus vizinhos pobres do Sul. Mas a retórica de Kennedy estava longe de ser um instrumento capitalista. Enquanto buscava claramente fortalecer a ligação entre a América Latina e os Estados Unidos – no comércio, na cultura e na tradição –, o discurso enfatizava a necessidade de justiça social, uma frase sempre capciosa aos ouvidos de Wall Street.

Para enfatizar seu desejo de que a América Latina rompesse com o passado que a atrasava econômica e politicamente, Kennedy apresentou seu tema referindo-se às revoluções que uniram o continente. "Nossas nações são o produto de uma luta comum, a revolta contra o governo colonial", disse. "Nossos povos têm uma herança comum, a busca pela dignidade e a liberdade do homem." Aqui, Kennedy colocava a si mesmo e a seu país ao lado do povo latino-americano, embora não fizesse necessariamente o mesmo com relação aos governos. Milhões de latino-americanos, disse, "sofrem as degradações diárias da pobreza e da fome. Eles não têm moradias decentes ou proteção contra doenças. Seus filhos estão desprovidos de educação ou de trabalho, que são a condição para uma vida melhor". Estas não são necessariamente as palavras de quem faz apologia a um capital opressor, como os críticos de Kennedy sugeriram depois. Na verdade, essas posições, vindas do jovem líder de uma nação que tendia a aliar-se aos governos contra os cidadãos na América Latina, eram revolucionárias em seu próprio modo.

Os detalhes do discurso demonstravam o compromisso por trás das palavras. Kennedy pediu ao Congresso 500 milhões de dólares como um "primeiro passo" para combater o analfabetismo, melhorar o aproveitamento da terra, realizar a reforma agrária e tributária e garantir que os "benefícios de uma crescente abundância" estivessem "disponíveis a todos".

Tão impressionante quanto seu apelo por mudanças sociais de grandes efeitos, subsidiadas pelos contribuintes norte-americanos, foi o uso das palavras "América" e "americano" por Kennedy. Quando falou em "criar uma civilização americana onde valores espirituais e culturais são fortalecidos por uma base cada vez mais ampla de avanços materiais", ele não se referia simplesmente aos Estados Unidos. Na verdade, com a idéia de uma "civilização americana", JFK unia as culturas do Norte e do Sul em uma única civilização, diferente na língua e nos costumes, mas unida por ideais e valores. Esse também era um ato retórico de generosidade de sua parte. A América – a palavra, a idéia – não era, no discurso de John Kennedy, meramente outra forma de se referir aos Estados Unidos. América significava também o Chile, a Nicarágua, o Brasil e o México.

A conquista da simpatia de seu público e dos que ouviriam seu discurso traduzido e transmitido em espanhol, português e francês no programa de rádio Voz da América alcançou seu auge, ou talvez seu ponto mais baixo, no final do discurso. Kennedy não foi um bom aluno de línguas estrangeiras, como seus biógrafos apontaram. Sua dificuldade, talvez fruto do desinteresse, se estendia a simples fonética. Por qualquer razão que seja, não conseguia produzir a ênfase e o sotaque corretos.

Conforme se aproximava do clímax do discurso, aumentava o seu incômodo com as várias palavras estrangeiras no texto.

> “E, portanto, digo aos homens e mulheres das Américas – ao *campesino* nos campos, ao *obrero* nas cidades e ao *estudiante* nas escolas –, preparem corações e mentes para a tarefa à frente – tragam à tona sua força e deixem que cada um dedique suas energias à melhoria de todos, de modo que seus filhos e nossos filhos neste hemisfério possam ter uma vida mais rica e livre.”

Após concluir o discurso, perguntou ao redator de discurso Richard Goodwin: “Como estava o meu espanhol?”[2]

“Perfeito”, Goodwin disse. Era a única resposta que um redator de discursos do presidente dos Estados Unidos poderia dar.

“Imaginei que você diria isso”, Kennedy disse.

Sem levar em consideração a inabilidade de Kennedy com a pronúncia do espanhol, o discurso foi bem recebido ao Sul da fronteira. Em dezembro de 1961, Kennedy viajou à Venezuela e à Colômbia em uma missão de boas relações, e a população reagiu com simpatia – um contraste espantoso com a violência que marcou a visita do vice-presidente Nixon em 1958. Como fizera em março, JFK mais uma vez admitiu as falhas do passado na política dos Estados Unidos para a América Latina. Mas também pediu às elites políticas e econômicas da região que admitissem seus erros.

Viajando com o presidente da Colômbia, Alberto Lleras Camargo, Kennedy ficou satisfeito com os aplausos do público. Lleras Camargo observou a reação e revelou a Kennedy o porquê de ele ser tão bem recebido. “Eles acreditam que você está do lado deles”, disse.[3]

Ironicamente, outro líder latino-americano impressionado com a Aliança para o Progresso era ninguém menos que Fidel Castro, cuja presença na região inspirou a idéia em primeiro lugar.

Fidel disse a um jornalista, em 1963, que considerava a Aliança e as idéias por trás dela "boas", demonstravam "algum tipo de progresso".[4] Fidel entendeu quais eram as metas de Kennedy, mesmo que futuros críticos não tenham entendido. "O objetivo da Aliança era efetivar a reforma social, que melhoraria as condições da população na América Latina."

Em 18 de novembro de 1963, John Kennedy chamou a implementação da Aliança de "uma tarefa muito maior do que qualquer uma que tenhamos realizado em nossa história".[5]

Washington, D.C.
13 de março de 1961

"Eu e a senhora Kennedy, o vice-presidente e a senhora Johnson e os membros do Congresso temos o grande prazer de receber os embaixadores de nosso hemisfério, nossos amigos de longa data, hoje na Casa Branca. Há 139 anos, os Estados Unidos, nesta mesma semana, incentivados pela luta heróica de seus compatriotas americanos, encorajaram a independência e o reconhecimento das novas Repúblicas latino-americanas. Nesta época então, no despertar da liberdade por todo o hemisfério, Bolívar falou sobre seu desejo de ver as Américas como parte da maior região do mundo, "maior", ele disse, "nem tanto em virtude de seu tamanho e riqueza, mas de sua liberdade e glória".

Nunca na longa história de nosso hemisfério este sonho esteve mais próximo de ser realizado, e nunca correu risco mais grave.

O talento de nossos cientistas nos deu as ferramentas para conseguirmos abundância em nossa terra, força em nossa indústria e conhecimento ao nosso povo. Pela primeira vez temos a capacidade de acabar com os laços remanescentes da pobreza e da ignorância – de libertar nosso povo para a realização espiritual e intelectual que sempre foi o objetivo de nossa civilização.

Neste mesmo momento de grande oportunidade, no entanto, confrontamos as mesmas forças que colocaram a América em perigo durante toda a sua história – as forças externas, que mais uma vez buscam impor os despotismos do Antigo Mundo sobre o Novo.

Pedi a vocês que viessem aqui hoje para debatermos estes desafios e perigos.

Nos reunimos como amigos antigos e próximos, unidos pela história e pela experiência e por nossa determinação de promover os valores da civilização americana. Pois este nosso Novo Mundo não é um mero acidente geográfico. Nossos continentes estão ligados por uma história comum, a exploração interminável de novas fronteiras. Nossas nações são o produto de uma luta comum, a revolta contra o governo colonial. Nossos povos têm uma herança comum, a busca pela dignidade e pela liberdade do homem.

As revoluções que nos originaram também acenderam, nas palavras de Thomas Paine, "uma fagulha que nunca seria extinta". E por vastos e turbulentos continentes, estes ideais norte-americanos ainda provocam a luta pela independência nacional e a liberdade individual. Mas, na medida em que congratulamos a difusão da revolução americana em outras terras, também precisamos lembrar que nossa própria luta – a revolução iniciada na Filadélfia em 1776, e em Caracas em 1811 – ainda não terminou. A missão de nosso hemisfério ainda não está completa. Pois nossa tarefa, que ainda não foi realizada, é a de demonstrar a todo o mundo que a aspiração insatisfeita do homem pelo progresso econômico e pela justiça social pode ser melhor alcançada por homens livres trabalhando dentro de uma estrutura de instituições democráticas. Se pudermos fazer isso em nosso próprio hemisfério, e para nosso próprio povo, podemos ainda concretizar a profecia do grande compatriota mexicano Benito Juarez, de que "a democracia é o destino do futuro da humanidade".

Como um cidadão dos Estados Unidos, deixe-me ser o primeiro a admitir que nós norte-americanos nem sempre compreendemos o significado desta missão comum, assim como também é verdade que muitos em seus próprios países não entenderam completamente a urgência necessária de fazer as pessoas saírem da pobreza, da ignorância e do desespero. Mas precisamos nos distanciar desses erros – dos fracassos e mal-entendidos do passado para um futuro cheio de desafios, mas resplandecente de esperança.

Por toda a América Latina, um continente rico em recursos materiais e nas realizações espirituais e culturais de seus povos, milhões de homens e mulheres sofreram as degradações diárias da pobreza e da fome. Eles não têm moradias decentes ou proteção contra doenças. Seus filhos estão desprovidos de educação ou de trabalho, que são a condição para uma vida melhor. E cada dia, os problemas se tornam mais urgentes. O crescimento populacional ultrapassa o econômico – baixos padrões de vida são piorados – e o descontentamento de um povo que sabe que a abundância e os instrumentos do progresso estão, pelo menos, a seu alcance – este descontentamento cresce. Nas palavras de José Figueres*: "Povos antes adormecidos se esforçam para conseguir um lugar ao sol, uma vida melhor."

Se formos enfrentar um problema com dimensões tão assombrosas, nossa conduta deve ser igualmente ousada – uma conduta consistente com o majestoso conceito da Operação Pan-Americana. Apelei, portanto, a todos os povos do hemisfério para se unirem em uma Aliança para o Progresso – *Alianza para Progreso* –, um grande esforço cooperativo, inigualável em magnitude e nobreza de intenção, para satisfazer as necessidades básicas da população americana por moradia, trabalho e terra, saúde e escolas.

Em primeiro lugar, proponho que as Repúblicas americanas comecem com um novo Plano de Dez Anos para a América, um plano para transformar os anos 60 em uma década histórica de progresso democrático.

---

* Ex-presidente da Costa Rica por três momentos: 1948-49, 1953-58 e 1970-74. (N.E.)

Esses dez anos serão os anos de esforço e progresso máximo, os anos nos quais os maiores obstáculos devem ser superados, os anos nos quais a necessidade de ajuda será maior.

E se formos bem-sucedidos, se nosso esforço for corajoso e determinado o suficiente, o final desta década então marcará o início de uma nova era para a experiência americana. Os padrões de vida de toda família americana aumentarão, a educação básica estará disponível para todos, a fome será esquecida, a necessidade de uma grande ajuda externa terá passado, a maioria das nações terá entrado em um período de crescimento auto-sustentável e, embora muito ainda precise ser feito, toda República americana comandará sua própria revolução, sua própria esperança e seu próprio progresso.

Deixe-me enfatizar que somente os esforços mais determinados das próprias nações americanas poderão tornar este esforço bem-sucedido. Só elas podem mobilizar seus recursos, recrutar seu povo e modificar seus padrões sociais de modo que todos, e não só poucos privilegiados, compartilhem os frutos do crescimento. Se este esforço for implementado, então a ajuda externa dará um impulso vital ao progresso; sem ele, nenhuma ajuda conseguirá promover o bem-estar do povo.

Desta forma, se os países da América Latina estiverem prontos para fazer a parte deles, e tenho certeza de que estão, acredito então que os Estados Unidos, de sua parte, deverão ajudar a fornecer recursos de escopo e magnitude suficientes para tornar este destemido plano de desenvolvimento um sucesso – assim como ajudamos a proporcionar, contra probabilidades quase semelhantes, os recursos adequados para ajudar a reconstruir as economias da Europa Ocidental. Pois somente um esforço de dimensões elevadas pode assegurar a realização de nosso plano para uma década de progresso.

Em segundo lugar, solicitarei em breve uma reunião ministerial no Conselho Interamericano Econômico e Social, um encontro em que possamos dar início ao maciço esforço de planejamento que será o cerne da Aliança para o Progresso.

Pois se nossa Aliança tiver de ser bem-sucedida, cada nação latina deve formular planos de longo alcance para seu próprio desenvolvimento, planos que estabelecerão alvos e prioridades, garantirão estabilidade monetária, construirão os mecanismos para uma mudança social vital, estimularão a atividade e a iniciativa privada e proverão um esforço nacional máximo. Estes planos serão a fundação de nosso esforço de desenvolvimento, e a base para a distribuição de recursos externos.

Um Cies[*] bastante fortalecido, trabalhando com a Comissão Econômica para a América Latina e o Banco Interamericano de Desenvolvimento, pode reunir os principais economistas e especialistas do hemisfério para ajudar cada país a desenvolver seu próprio plano de desenvolvimento – e proporcionar uma revisão contínua do progresso econômico na região.

Em terceiro lugar, assinei esta noite um pedido ao Congresso por 500 milhões de dólares como uma primeira medida para concretizar o Ato de Bogotá. Este é o primeiro esforço Interamericano em grande escala, instituído pelo meu antecessor, o presidente Eisenhower, para atacar as barreiras sociais que bloqueiam o progresso econômico. O dinheiro será usado para combater o analfabetismo, melhorar a produtividade e o uso da terra, exterminar a doença, atacar arcaicas estruturas de impostos e direito de propriedade, proporcionar oportunidades educacionais e oferecer uma ampla extensão de projetos destinados a conseguir os benefícios da crescente abundância disponível a todos. Começaremos a repassar estes fundos assim que for possível.

Em quarto lugar, devemos apoiar toda a integração econômica, uma medida autêntica em direção a mercados mais amplos e oportunidades melhores de competitividade. A fragmentação das economias latino-americanas é uma séria barreira ao crescimento industrial. Projetos como o mercado comum da América Central e as áreas de livre comércio na América do Sul podem ajudar a remover esses obstáculos.

Em quinto lugar, os Estados Unidos estão prontos para cooperar com análises sérias, produzidas caso a caso, sobre os problemas no mercado das *commodities*. Mudanças violentas freqüentes nos preços das mercadorias prejudicam as economias de muitos países latino-americanos, exaurindo seus recursos e desumanizando seu crescimento. Em conjunto, devemos encontrar métodos práticos de acabar com esse padrão.

Em sexto lugar, vamos intensificar imediatamente nosso programa de emergência de Alimentos pela Paz, vamos ajudar a criar reservas de comida em áreas de seca recorrente, ajudar a oferecer merendas para as crianças e grãos para o desenvolvimento rural. Pois homens e mulheres famintos não podem esperar discussões e encontros diplomáticos – a necessidade deles é urgente – e a fome deles pesa sobre a consciência de seus compatriotas.

Em sétimo lugar, todos os povos do hemisfério devem ter a permissão de participar dos crescentes prodígios da ciência – prodígios que conquistaram a imaginação do homem, desafiaram os poderes de sua mente e deram a

[*] Sigla para: Conselho Interamericano Econômico e Social. (N.E.)

ele os instrumentos para o progresso rápido. Convido cientistas da América Latina a trabalhar conosco em novos projetos, em campos como a medicina e a agricultura, a física, a astronomia e a dessalinização, a ajudar a planejar laboratórios de pesquisa regionais nestes e em outros campos, e fortalecer a cooperação entre universidades e laboratórios americanos.

Também pretendemos expandir nossos programas de treinamento de professores para que incluam instrutores latino-americanos, auxiliem no estabelecimento de tais programas em outros países americanos, e traduzam e disponibilizem novos e revolucionários materiais de ensino em física, química, biologia e matemática, para que jovens de todas as nações possam contribuir com suas habilidades para o avanço da ciência.

Em oitavo lugar, devemos expandir o treinamento dos que são necessários para guarnecer as economias de países em rápido desenvolvimento. Isso significa expandir programas de treinamento técnico, e quanto a isso, o Corpo da Paz, por exemplo, estará disponível quando for preciso. Também significa prover assistência a universidades, colégios e institutos de pesquisa latino-americanos.

Somos favoráveis a propostas de uma cooperação mais próxima com relação ao ensino superior na América Central – cooperação que pode gerar um esforço regional ou crescente eficiência e excelência. Estamos prontos para ajudar a investir em uma força de trabalho treinada, tendo em visto que nosso objetivo fundamental deve ser prover educação básica para todos que querem aprender.

Em nono lugar, reafirmamos nossa promessa de defender qualquer nação americana cuja independência for ameaçada. Conforme a confiança no sistema de segurança coletiva da OEA aumenta, será possível dedicar a um uso construtivo grande parcela destes recursos agora gastos em instrumentos de guerra. Mesmo agora, conforme o governo do Chile já afirmou, chegou o momento de dar os primeiros passos em direção a limites razoáveis aos armamentos. E a nova geração de líderes militares tem demonstrado a consciência de que os exércitos não somente podem defender seus países – eles podem, assim como aprendemos por meio de nosso próprio Corpo de Engenheiros, ajudar a construí-los.

Em décimo lugar, convidamos nossos amigos na América Latina a contribuírem com o enriquecimento da vida e da cultura nos Estados Unidos. Precisamos de professores familiares com a literatura, a história e a tradição de vocês, oportunidades para nossos jovens em suas universidades, acesso a sua música, arte, e ao pensamento de seus grandes filósofos. Pois sabemos que temos muito a aprender.

Neste sentido, vocês podem trazer uma vida espiritual e intelectual mais plena ao povo dos Estados Unidos – e contribuir para o entendimento e o respeito mútuo entre as nações do hemisfério.

Com medidas assim, propomos completar a revolução das Américas, construir um hemisfério onde todos os homens possam ter a esperança de um padrão de vida adequado, e todos possam viver suas vidas com dignidade e liberdade.

Para alcançar este objetivo político, a liberdade deve acompanhar o progresso material. Nossa Aliança para o Progresso é uma aliança de governos livres, e deve eliminar a tirania de um hemisfério onde a tirania não tem um lugar legítimo. Portanto, vamos expressar nossa amizade especial ao povo de Cuba e da República Dominicana – e a esperança de que logo se juntarão à sociedade de homens livres neste nosso esforço comum.

A liberdade política deve ser acompanhada da mudança social. Pois, a não ser que reformas sociais necessárias, como as tributária e agrária, sejam feitas com liberdade – a não ser que aumentemos a oportunidade para todo o nosso povo – a não ser que a grande quantidade de americanos compartilhe a prosperidade crescente – nossa aliança, nossa revolução, nosso sonho e nossa liberdade fracassarão. Mas exigimos uma mudança social feita por homens livres com o espírito de Washington e Jefferson, Bolívar, San Martin e Juarez – não uma mudança que busque impor aos homens tiranias que eliminamos há um século e meio. Nosso lema é o que sempre foi – o progresso sim, a tirania não – *progreso sí, tiranía no*!

Mas nosso maior desafio vem de dentro – a tarefa de criar uma civilização americana onde valores espirituais e culturais são fortalecidos por uma base cada vez mais ampla de avanços materiais – onde, dentro da rica diversidade de suas próprias tradições, cada nação está livre para seguir seu próprio caminho em direção ao progresso.

A finalização de nossa tarefa exigirá, certamente, os esforços de todos os governos de nosso hemisfério. Mas os esforços só dos governos nunca serão o suficiente. No final, o povo deve decidir e o povo deve ajudar a si mesmo.

E, portanto, digo aos homens e mulheres das Américas – ao *campesino* nos campos, ao *obrero* nas cidades e ao *estudiante* nas escolas – preparem corações e mentes para a tarefa à frente – tragam à tona sua força e deixem que cada um dedique suas energias à melhoria de todos, de modo que seus filhos e nossos filhos neste hemisfério possam ter uma vida mais rica e livre.

Que nós mais uma vez transformemos o continente americano em um local que origine idéias e esforços revolucionários – um tributo ao poder das energias criativas de homens e mulheres livres –, um exemplo para todo o mundo de que a liberdade e o progresso andam de mãos dadas. Que nós mais uma vez despertemos nossa revolução americana até que ela oriente a luta de povos de todo o lugar – não com o imperialismo da força ou do medo – mas com a coragem, a liberdade e a esperança no futuro do homem."

7. A Baía dos Porcos

O plano secreto de treinar um exército de exilados cubanos anticastristas atingiu seu apogeu na manhã de segunda-feira, 17 de abril, em um local chamado a Baía dos Porcos. Planejada durante meses, a trama foi herança do governo Eisenhower, e de Richard Nixon, que lutou por sua implementação e, depois, acabou criticando o projeto durante a campanha de 1960. A CIA bolou o plano, e os chefes do Estado-Maior o aprovaram.

Em última medida, no entanto, John F. Kennedy o pôs em prática e, após sua realização, não teve muita opção a não ser aceitar a culpa pelo seu fracasso.

Kennedy era presidente há somente três meses. Os norte-americanos que o consideraram muito jovem e inexperiente durante a campanha passaram a acreditar que tinham razão. JFK parecia indeciso, incapaz de barrar uma idéia ruim, relutante em exercer o discernimento, incerto quanto a "pagar qualquer preço" e "suportar qualquer fardo" em nome da liberdade. Se estava tão disposto, por que não ajudou aqueles homens emboscados em uma praia? E se não queria ajudar, por que permitiu que a operação procedesse?

A invasão é, em geral, conhecida como um fiasco, mas foi muito pior. Foi, literalmente, um desastre sangrento e mortal. Poderia ser mais conhecida como uma farsa, com exceção de que tal descrição pareceria menosprezar a coragem genuína de exilados entusiasmados, que deixaram seus campos de treinamento cheios de esperança, para perderem suas vidas nas areias do desespero e da inutilidade.

A Baía dos Porcos foi a primeira de muitas crises notáveis durante a curta Presidência de John Kennedy. Por terminar de modo tão terrível, e por ter tido um efeito tão prejudicial sobre o novo governo, as lições aprendidas nunca foram esquecidas e os erros nunca mais seriam repetidos.

Antes da Baía dos Porcos, Kennedy desfrutava de uma lua-de-mel política prolongada. Embora a maioria dos novos presidentes tenha uma boa relação com os eleitores, a de Kennedy era marcante porque ele não conseguira mais de 50% dos votos, e, de fato, ganhou por muito pouco neste terreno.* Em meados de abril, as pesquisas de opinião pública o mostravam com uma taxa de aprovação de 73%. A Casa Branca era bombardeada com cartões e telefonemas desejando o melhor para o novo presidente – na verdade, Kennedy teve de pedir a seus concidadãos para conter suas manifestações escritas de entusiasmo.

Neste mesmo momento, o desastre estava se preparando para ocorrer.

No final de março, Arthur Schlesinger perguntou a JFK o que ele achava da "maldita invasão", referindo-se ao estágio final da tentativa de golpe anticastrista.[1]

"Penso nisso o menos possível", respondeu o presidente.

Nos dias seguintes, contudo, ele não teve escolha a não ser pensar sobre o assunto. Embora a operação fosse secreta, a notícia vazou, pelo menos em Washington, Miami... e Havana. O poderoso presidente do Comitê de Relações Exteriores do Senado, William Fulbright, do Arkansas, aconselhou Kennedy a não realizar o plano, mas foi o único. A invasão estava sob intensa discussão durante encontros do alto escalão da Casa Branca, no início de abril. Relatórios do serviço secreto indicavam que os cubanos oprimidos se rebelariam e receberiam bem os invasores.

A imprensa soube dos planos de invasão entre o final de março e o início de abril. Um repórter do *New York Times*, Tad Szulc, se preparava para dar o furo de que a invasão era iminente. Kennedy chamou o editor do jornal, Orville Dryfoos, e tentou persuadi-lo a impedir a publicação da matéria de Szulc. Embora acredite-se que Kennedy conseguiu bloquear a divulgação da matéria, o fato não é de todo verdadeiro. O *Times* relatou que forças anticastristas estavam sendo treinadas na Flórida, mas não disse que estas entrariam em ação. Outras agências de notícias, como a CBS e a Associated Press, escreveram que os planos de invasão estavam quase prontos.

Em uma entrevista coletiva no início de abril, um jornalista perguntou a Kennedy até que ponto os Estados Unidos iriam para ajudar forças anticastristas. "Quero dizer que não haverá, sob quaisquer condições, uma intervenção em Cuba pelas Forças Armadas dos Estados Unidos", afirmou, acrescentando que seu governo garantia que "os norte-americanos não se envolveriam em quaisquer ações dentro de Cuba".[2]

---

* Em última instância, a eleição presidencial nos Estados Unidos é decidida no Colégio Eleitoral. (N.E.)

No sábado, 15 de abril, vários aviões bombardeiros decolaram da Nicarágua para realizar os ataques, em três espaços aéreos de Cuba. O governo de Fidel acusou os Estados Unidos de estarem por trás do ataque, fazendo com que Adlai Stevenson, o embaixador de Kennedy nas Nações Unidas, negasse o fato de forma irritada. Ele não estava mentindo, pois não sabia da verdade. Kennedy e seus assistentes tinham ocultado deliberadamente a verdade a Stevenson, e deixaram que ele fizesse negações falsas.

Kennedy deu sua aprovação final para a invasão no domingo, 16 de abril.

Na manhã seguinte, pouco antes das cinco da manhã, uma brigada de 1.400 exilados cubanos chegou à praia da Baía dos Porcos. Kennedy foi informado sobre o fato às 5h15, e soube que a CIA pedia a cobertura aérea dos aviões de guerra que estavam a bordo do navio *Essex*, que patrulhava por perto. JFK, no entanto, recusou o pedido da CIA – a operação teria que proceder sem o apoio aéreo dos Estados Unidos. Esse tipo de ajuda aos rebeldes teria constituído uma "intervenção armada", e ele havia prometido ao povo norte-americano que isso não aconteceria.

Os exilados nem tiveram chance. O Exército cubano reagiu rapidamente à ameaça – 20 mil soldados, com a ajuda de tanques construídos pelos soviéticos, atacaram os invasores. A Força Aérea de Fidel Castro afundou dois navios de apoio, deixando os rebeldes sem munição extra. A revolta esperada no interior do país nunca ocorreu – Fidel havia ordenado prisões em massa de dissidentes suspeitos nos dias que antecederam a invasão.

Cercados na praia, sem suprimentos e qualquer sistema de comunicação, que estavam nos navios naufragados pelos cubanos, os rebeldes começaram a se entregar. Kennedy, desesperado, voltou atrás e autorizou o posicionamento de alguns aviões de guerra norte-americanos sem sinalização, mas eles chegaram muito tarde. Cerca de 1.200 rebeldes haviam se rendido. Os demais foram mortos ou feridos.

Deu tudo errado. John Kennedy não parecia mais tão confiante e no controle da situação do mundo livre. Pelo contrário, parecia ser tudo aquilo que seus oponentes o acusavam: inexperiente, imaturo e imprudente.

As repercussões políticas estavam fadadas a ser imensas, como Kennedy entendeu de imediato. "Como pude ser tão estúpido", disse várias vezes, durante os encontros após a invasão. Além de a invasão ter sido um fracasso, o governo também deixou Stevenson fazer papel de bobo na ONU. Para consertar o estrago e infundir um sentimento de unidade nacional, o presidente consultou seu antecessor, Eisenhower, e seu recente oponente, Nixon, assim como líderes do Congresso. Quando Kennedy ligou para Nixon para convidá-lo a ir à Casa Branca, sua filha, Tricia, atendeu a ligação. Ela deixou um recado para o pai, perto do telefone: "JFK ligou. Eu sabia! Ele não demoraria a arrumar problemas e pedir sua ajuda!"[3]

Embora tivesse sido mal aconselhado e recebido informações secretas erradas, Kennedy percebeu que não poderia culpar ninguém a não ser a si mesmo. E foi o que fez publicamente. A Casa Branca emitiu um pronunciamento que dizia: "O presidente Kennedy declarou desde o início que, como presidente, assumiria toda a responsabilidade" pelas ações do seu governo. A curta declaração ainda informava que Kennedy era "totalmente contra" qualquer tentativa de "responsabilizar outros" pelo desastre.[4]

Kennedy tinha um discurso programado para fazer na Sociedade Norte-Americana de Editores de Jornais no dia 20 de abril, no hotel Statler Hilton, em Washington. Apesar do desastre em Cuba em 16 de abril, prosseguiu com o compromisso, embora o discurso não tenha sido como fora planejado. Começou admitindo o óbvio: as notícias de Cuba, disse, "pioraram, ao invés de melhorarem". Mas se a imprensa, a nação, Fidel ou Moscou esperavam um pedido de desculpas ou uma justificativa, enganaram-se. O discurso tinha um tom desafiador, não admitindo a derrota a Havana ou a Moscou, mesmo quando JFK reiterou sua crença de que a "intervenção unilateral norte-americana" teria "contrariado nossas tradições e obrigações internacionais". Mas, preveniu, "nossas restrições não são inexauríveis".

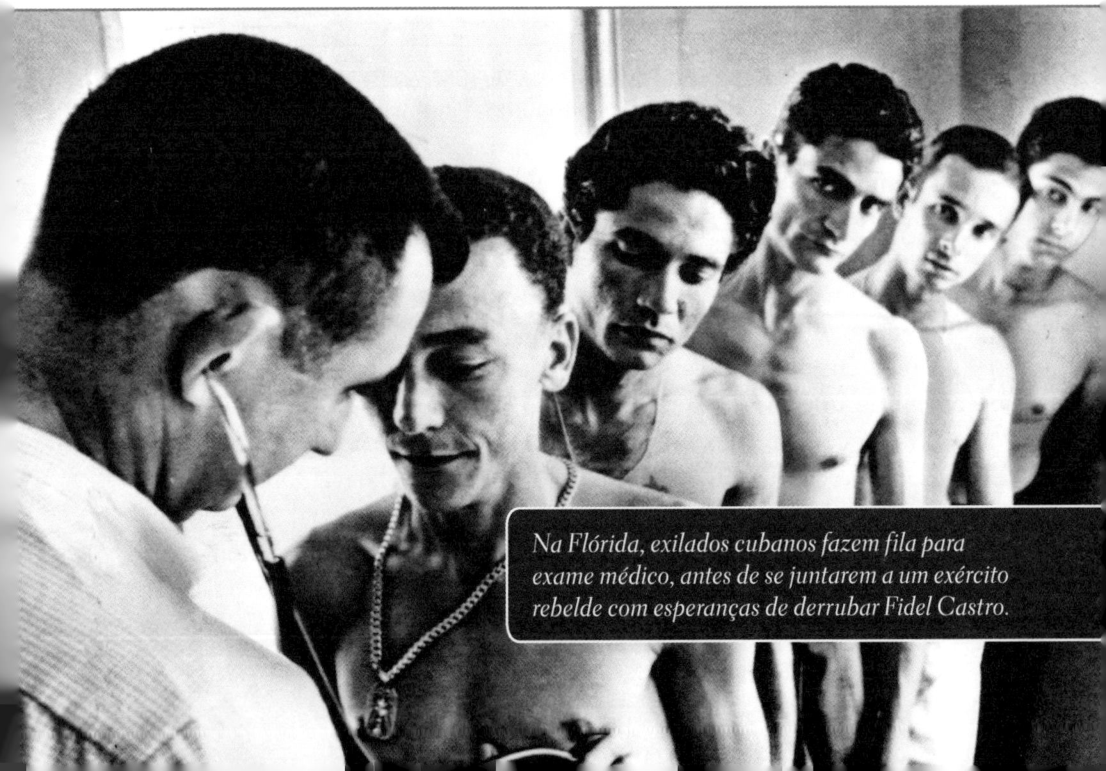

Na Flórida, exilados cubanos fazem fila para exame médico, antes de se juntarem a um exército rebelde com esperanças de derrubar Fidel Castro.

> "Se, de algum modo, a doutrina interamericana de não-interferência representar simplesmente uma apatia ou justificativa para a falta de ação – se as nações deste hemisfério não conseguirem cumprir seus compromissos contra a penetração comunista vinda de fora –, então quero deixar bem claro que este governo não hesitará em cumprir com suas principais obrigações em prol da segurança desta nação.
>
> Se esse momento chegar, não pretendemos receber lições sobre a 'intervenção' daqueles que demonstraram seu caráter o tempo todo nas ruas sangrentas de Budapeste!"

A referência mencionava a sanguinária repressão soviética a uma rebelião amadora contra o governo russo na Hungria, em 1956. Sua intenção era lembrar ao público que o inimigo não era um pequeno país latino perto da costa da Flórida, mas os soviéticos.

Os Estados Unidos, prometeu Kennedy, "se beneficiariam desta lição" e intensificariam "esforços por uma luta em muitas formas mais difícil que a guerra, onde o desapontamento sempre nos acompanhará".

Nos bastidores, John Kennedy afirmou que o desastre em Cuba era a "pior experiência da minha vida".[5] Sua esposa, Jacqueline, disse à sogra, Rose, que o presidente tinha lágrimas nos olhos quando pensou nas vidas perdidas naquela praia. Mas, assim como disfarçava seus problemas de saúde, John Kennedy escondeu sua amarga decepção durante o incisivo discurso aos principais editores do país.

No dia seguinte, JFK enfrentou a imprensa novamente, embora em circunstâncias bem diferentes. Dessa vez, os jornalistas não estavam lá como simples platéia, mas para fazer perguntas, na entrevista coletiva em um auditório na Casa Branca. Por trás de um pódio e na frente de um fundo que exibia um grande selo da Presidência, Kennedy parecia o homem mais solitário do país. O local estava cheio de repórteres sentados em cadeiras escuras. Todos os olhares se concentravam no presidente, iluminado pelas luzes quentes da televisão, sem um assessor sequer ao seu lado para ajudá-lo.

JFK não tinha a intenção de dar aos jornalistas o que eles queriam. Após assumir a responsabilidade pelo acontecimento, não queria falar mais nada, e disse a sua equipe que a controvérsia seria esquecida se o governo simplesmente se recusasse a levar a discussão adiante.

Kennedy abriu a entrevista coletiva estabelecendo uma regra. "Sei que muitos de vocês têm mais perguntas sobre Cuba", disse. "Não acredito que serviremos a nenhum propósito nacional se continuarmos com a questão cubana nesta manhã." O grande selo da Presidência na parede quase ofuscava o próprio presidente – era como se a Casa Branca, em seu esforço de evitar o prolongamento da discussão sobre o desastre em Cuba, buscasse intimidar os repórteres lá reunidos com este símbolo de magnificência e poder.

JFK tentou desviar a atenção à questão cubana com outras notícias: disse que doaria 40 milhões de dólares às Nações Unidas para criar uma reserva global de alimentos para reduzir a fome. Anunciou também que a Organização dos Veteranos pagaria um "seguro especial de dividendo" de 250 milhões de dólares a cinco milhões de ex-soldados.

Os repórteres não estavam interessados nos anúncios do presidente. A primeira questão envolvia a conversa, na noite anterior, entre Kennedy e Nixon sobre Cuba. Kennedy disse simplesmente que "o vice-presidente veio à Casa Branca a meu convite, e o informei e atualizei sobre os eventos dos últimos dias". Um repórter insistiu no assunto ao perguntar a Kennedy se ele havia apoiado o armamento e o treinamento de exilados cubanos, apesar do conselho de vários de seus principais assessores. "Acho que a verdade sobre Cuba virá à tona no seu devido tempo", disse com uma impaciência óbvia.

Um terceiro jornalista tentou quebrar a tensão. "Senhor presidente", disse, "esta não é uma questão sobre Cuba, é uma questão sobre Fidel Castro." Os outros repórteres riram, mas Kennedy permaneceu firme. Ele não estava se divertindo. O jornalista perguntou se era verdade que Fidel ficara "incapacitado" – tal boato circulava em Washington naquela manhã. "Acho que vi algumas informações no teletipo hoje de que o senhor Fidel Castro estava reunido com alguns membros da imprensa, portanto suponho que teremos uma idéia melhor sobre isso mais tarde."

JFK não cedia nem um pouco, e os repórteres pararam de sondá-lo. Em vez disso, limitaram suas perguntas a assuntos mais rotineiros – o efeito da mecanização sobre a agricultura, o programa espacial, a saúde pública e outros itens da agenda nacional do presidente.

Mas o jornalista Sander Vanocur, da NBC, rompeu a trégua não-declarada, e voltou à questão que todos queriam discutir, com exceção de Kennedy: Cuba. Talvez para abrandar sua conduta, Vanocur não se referiu explicitamente ao país. Em vez disso, comentou "uma determinada situação de política externa" que "originou várias histórias conflitantes." Vanocur disse que autoridades ligadas ao governo estavam "sem palavras", e, nesta mesma manhã, o presidente havia dito: "Não estamos autorizados a fazer mais perguntas sobre esta situação de política externa". Era um desafio direto à maneira como Kennedy administraria a crise após a invasão. Vanocur perguntou:

"Uma vez que a propaganda política está sendo reprimida pelo mundo, por que não seria proveitoso analisar, junto com o senhor, os verdadeiros fatos por trás... de nossas motivações?"

Kennedy, na defensiva, replicou que "temos de discernir sobre o quanto podemos dizer para ajudar o interesse dos Estados Unidos". Era um argumento que ele elaboraria nas semanas seguintes. "Um dos problemas de uma sociedade livre, um problema não enfrentado pelas ditaduras, é o problema da informação."

Essa reflexão levou a uma das clássicas citações de Kennedy: "Há um antigo ditado que diz que a vitória tem cem pais e a derrota é órfã, e não me surpreenderia se algumas informações sobre todas as atividades recentes fossem despejadas em vocês." Em outras palavras, aqueles com interesses pessoais em se proteger diante de um desastre certamente fornecerão informações para implicar os outros. É uma avaliação perspicaz de como Washington funciona, especialmente após um desastre.

O tratamento de Kennedy à crise da Baía dos Porcos – isto é, suas conseqüências – construía as primeiras impressões sobre um presidente novo e ainda não testado. Suas taxas de aprovação pública cresciam ainda mais conforme o país se mobilizava em torno de seu presidente. Uma pesquisa do Instituto Gallup uma semana antes do desastre mostrou o presidente com uma aprovação surpreendente de 83%; e 61% aprovaram o tratamento de Kennedy dado à crise. Até mais do que isso, 65% concordaram com a avaliação de Kennedy de que as Forças Armadas norte-americanas não deveriam ser usadas para derrubar Fidel.

O presidente ficou confuso, e talvez até mesmo perplexo, com sua popularidade. Afinal, ele não acreditava tanto em seu desempenho, ou no de seu governo como um todo. "É como disse Eisenhower", afirmou. "Quanto mais eu erro, mais popular eu fico."[6]

Discurso à Sociedade Norte-Americana de Editores de Jornal

20 de abril de 1961

"Senhor Catledge[*], membros da Sociedade Norte-Americana de Editores de Jornal, senhoras e senhores:

O presidente de uma grande democracia como a nossa, e os editores de grandes jornais como vocês, têm uma obrigação comum com o povo: uma obrigação de apresentar os fatos, de apresentá-los com sinceridade. É com esta obrigação em mente que decidi nas últimas 24 horas debater resumidamente, neste momento, sobre os recentes eventos em Cuba.

Nesta triste ilha, assim como em outras arenas da disputa pela liberdade, as notícias pioraram em vez de melhorarem. Enfatizei antes que esta era uma luta de patriotas cubanos contra um ditador cubano. Embora não se pudesse esperar que esconderíamos nossa compaixão, deixamos muito claro que as Forças Armadas deste país não interviriam de maneira alguma.

Qualquer intervenção unilateral norte-americana, na ausência de um ataque externo contra nós mesmos ou um aliado, teria contrariado nossas tradições e obrigações internacionais. Que a história mostre, no entanto, que as nossas restrições não são inexauríveis. Se, de algum modo, a doutrina interamericana de não-interferência representar simplesmente uma apatia ou justificativa para a falta de ação – se as nações deste hemisfério não conseguirem cumprir seus compromissos contra a penetração comunista vinda de fora –, então quero deixar bem claro que este governo não hesitará em cumprir com suas principais obrigações em prol da segurança desta nação!

Se esse momento chegar, não pretendemos receber lições sobre "intervenção" daqueles que demonstraram seu caráter o tempo todo nas ruas sangrentas de Budapeste! Também não nos conformaríamos ou aceitaríamos o mesmo resultado contra o qual este pequeno grupo de corajosos refugiados conscientemente estava se arriscando, determinado como estava, contra as baixas probabilidades de sucesso, a uma tentativa ousada de reconquistar a liberdade de sua ilha.

Mas Cuba não é uma ilha em si; e nossa preocupação não foi encerrada com simples expressões de não-intervenção ou arrependimento. Não é a primeira vez, na história antiga ou recente, que um pequeno grupo de combatentes pela liberdade se engaja na luta contra o totalitarismo.

---

[*] Turner Catledge, presidente da Sociedade Norte-Americana de Editores de Jornal e então editor do *New York Times*.

Nem é a primeira vez que tanques comunistas derrubam pessoas corajosas que lutam para conquistar a independência de suas pátrias. Nem é de modo algum o episódio final da eterna luta da liberdade contra a tirania, em lugar algum, inclusive em Cuba.

O senhor Castro disse que eles eram mercenários. De acordo com reportagens na imprensa, a mensagem final emitida pelas forças refugiadas na praia veio do comandante rebelde, quando perguntado se queria se retirar. Sua resposta foi: "Nunca deixarei este país." Esta não é a resposta de um mercenário. Ele agora se juntou nas montanhas a inúmeros outros guerrilheiros, igualmente determinados a não esquecer aqueles que deram suas vidas, e que Cuba não deve ser abandonada aos comunistas. E não pretendemos abandoná-la também!

O povo cubano ainda não deu sua última palavra. E não tenho dúvidas de que eles e o Conselho Revolucionário, liderado pelo doutor Cardona* – e familiares dos membros do Conselho Revolucionário, me informou ontem doutor Cardona, ainda estão na Ilha –, continuarão a apoiar uma Cuba livre e independente.

Enquanto isso, não aceitaremos as tentativas do senhor Fidel Castro de culpar esta nação pelo ódio que seus antigos defensores agora consideram como repressão. Mas podemos tirar lições úteis deste sério episódio. Algumas podem ainda ser obscuras, e é necessário aguardar mais informações. Outras já nos são claras hoje.

Em primeiro lugar, está claro que as forças do comunismo não devem ser subestimadas, em Cuba ou em qualquer outra parte do mundo. As vantagens de um Estado policial – seu uso do terror em massa e de prisões para impedir a difusão de divergências – não podem ser negligenciadas por aqueles que esperam a queda de todo tirano fanático. Se a autodisciplina dos livres não pode ser suficiente contra o poder brutal, na competição econômica, política e científica, então a ameaça à liberdade continuará a florescer.

Em segundo lugar, está claro que esta nação, em conjunto com outros países livres deste hemisfério, deve adotar um olhar mais minucioso e realista com relação à ameaça da intervenção e do domínio comunista em Cuba. O povo norte-americano não está satisfeito com a presença de tanques e aviões da Cortina de Ferro a 145 quilômetros de sua costa. Mas uma nação do tamanho de Cuba é muito mais uma base para a subversão de outras nações livres do hemisfério do que uma ameaça à nossa sobrevivência. Não é nosso

---

* José Miró Cardona, ex-primeiro-ministro de Cuba. Cardona renunciou em fevereiro de 1959, sendo substituído por Fidel Castro.

interesse primordial e nem nossa segurança, mas a deles, que está agora, hoje, em grande perigo. É pelo bem deles assim como pelo nosso bem que devemos mostrar a nossa determinação.

As provas são claras e o momento é tarde. Nós e nossos amigos latinos precisaremos enfrentar o fato de que não podemos mais adiar a verdadeira questão sobre a sobrevivência da liberdade neste nosso próprio hemisfério. Quanto a este assunto, ao contrário talvez de outros, não pode existir um meio-termo. Em conjunto, devemos construir um hemisfério onde a liberdade possa florescer; e onde qualquer nação livre sob um ataque externo de qualquer tipo pode ter garantias de que todos os nossos recursos estarão prontos para serem usados em qualquer pedido de ajuda.

Em terceiro lugar, e finalmente, é cada vez mais claro que enfrentamos uma luta cruel em cada canto do mundo que vai além do confronto de exércitos ou de armamentos nucleares. Os exércitos estão presentes, e em grande número. Os armamentos nucleares estão presentes, mas servem principalmente como uma proteção por trás da qual a subversão, a infiltração e uma série de outras táticas avançam constantemente, destruindo áreas vulneráveis uma por uma, em situações que não permitem nossa própria intervenção armada.

O poder é a marca registrada da agressividade, disciplina e fraude. O descontentamento legítimo de pessoas piedosas é explorado. As armadilhas legitimadoras da autodeterminação são empregadas. Mas, uma vez no poder, toda a conversa sobre descontentamento é reprimida; toda a autodeterminação desaparece e a promessa de uma revolução da esperança é traída, como em Cuba, por um reinado de terror. Aqueles que, instruídos, encenaram "tumultos" nas ruas de nações livres, contra os esforços de um pequeno grupo de jovens cubanos para reconquistar sua liberdade, deveriam se lembrar da longa lista de refugiados que não pode voltar para a Hungria, a Coréia do Norte, o Vietnã do Norte, a Alemanha Oriental ou a Polônia, ou para qualquer outro lugar onde o fluxo de refugiados é constante, como um expressivo testemunho da cruel opressão que agora toma conta de suas pátrias.

Não ousemos deixar de ver a natureza insidiosa deste novo e profundo conflito. Não ousemos deixar de compreender os novos conceitos, os novos instrumentos, a nova sensação de urgência que precisaremos combater, seja em Cuba ou no Vietnã do Sul. E não ousemos deixar de perceber que este confronto ocorre todos os dias, sem alarde, em milhões de vilas e mercados dia e noite, e em salas de aula ao redor do mundo.

A mensagem de Cuba, do Laos, o ruído crescente de vozes comunistas na Ásia e na América Latina – estas mensagens são todas as mesmas. As sociedades complacentes e auto-indulgentes estão prestes a serem suprimidas pelos escombros da história. Somente os fortes, somente os trabalhadores, somente os determinados, somente os corajosos, somente os visionários que enxergam a verdadeira natureza da nossa luta conseguem possivelmente sobreviver.

Esta é a maior tarefa deste país e deste governo. Nenhum outro desafio merece mais nosso esforço e energia. Fixamos nossos olhos por muito tempo em necessidades militares tradicionais, em exércitos preparados para cruzar fronteiras, em mísseis aprumados para o lançamento. Agora está claro que tudo isso não é mais suficiente, que nossa segurança pode estar sendo minada, pouco a pouco, em qualquer parte, em qualquer país, sem que um único míssil seja disparado, ou qualquer fronteira, cruzada.

A nossa intenção é nos beneficiarmos desta lição. A nossa intenção é reexaminar e reorientar todas as nossas forças – todas as nossas táticas e instituições aqui nesta comunidade. Pretendemos intensificar nossos esforços por uma luta em muitas formas mais difícil que a guerra, onde o desapontamento sempre nos acompanhará.

Pois estou convencido de que nós neste país e no mundo livre possuímos os recursos necessários, a habilidade e a força a mais proveniente da crença na liberdade do homem. E estou igualmente convencido de que a história

O líder cubano Fidel Castro.

registrará o fato de que esta luta cruel atingiu seu clímax no final dos anos 50 e no início dos 60. Deixe-me então esclarecer, como presidente dos Estados Unidos, que estou determinado a conseguir a sobrevivência e o sucesso do nosso sistema, seja qual for o custo, seja qual for a ameaça.

8. O homem na Lua

Menos de quatro meses após John Kennedy apresentar seu primeiro pronunciamento sobre o estado da União, em uma sessão conjunta do Congresso, ele convocou os senadores e representantes da nação ao Capitólio para outro discurso. Posicionado no mesmo local de onde discursou da outra vez – no palanque do Orador, na Câmara dos Representantes –, disse aos legisladores que tinha a eles uma mensagem especial.

> “A Constituição me impõe a obrigação de ‘informar ao Congresso o estado da União’. Em momentos extraordinários, este evento anual teve sua tradição rompida.
>
> Este é um momento extraordinário. E nós enfrentamos, hoje, desafios extraordinários. Nossa força assim como nossas convicções impuseram sobre esta nação o papel de líder na causa da liberdade.
>
> Nenhum papel na história poderia ser mais difícil ou mais importante. Nós defenderemos a liberdade.”

A urgência do discurso mantinha a retórica usada por Kennedy em seus discursos de campanha e na cerimônia de posse. Em 1961, os Estados Unidos, afirmou várias vezes, enfrentavam desafios históricos externa e internamente, desafios que exigiam uma liderança forte, políticas visionárias e o espírito de cooperação que ajudou o país a superar o fascismo na Segunda Guerra Mundial. Em um momento igualmente crítico em sua história, os britânicos ignoraram o desafio do hitlerismo na Alemanha – uma época que Kennedy testemunhou enquanto vivia na Grã-Bretanha com seu pai, embaixador neste país. JFK escreveu sobre isso em *Why England Slept*. Como presidente, John Kennedy não permitiria que os Estados Unidos cometessem um erro semelhante enquanto a União Soviética expandia sua influência pelo mundo.

Esta mensagem especial, uma das mais longas, com cerca de 6 mil palavras, estabeleceu as prioridades do novo governo com mais detalhes que seu discurso sobre o estado da União, no início do ano. O texto reafirmava a declaração do presidente de que, após a letargia dos anos 1950, os Estados Unidos progrediam novamente, assumindo com confiança o papel de campeão da liberdade em um momento de perigo extraordinário.

Mas o discurso tinha outro tipo de urgência. Feito um mês após o fiasco da Baía dos Porcos, tinha a intenção de reafirmar a liderança e a credibilidade de Kennedy, e mostrar a Moscou e aos aliados dos Estados Unidos que o jovem presidente se recuperaria de um desastre fruto da inexperiência e da insensatez.

O discurso é um típico documento da Guerra Fria, repleto de planos detalhados para aumentar os gastos de defesa e com uma declaração de que o presidente se encontraria com Nikita Khrushchev em uma reunião de cúpula, em Viena, durante a primavera. Atualmente, no entanto, o texto é lembrado mais por sua proposta histórica. No final da mensagem, Kennedy colocou de lado suas dúvidas anteriores sobre a importância da viagem espacial e associou, inextricavelmente, o prestígio da nação ao programa espacial. Em uma frase que a história não se esqueceria, afirmou: "Acredito que esta nação deva se comprometer a alcançar a meta, antes do final desta década, de aterrissar o homem na Lua e fazer com que ele consiga voltar com segurança à Terra."

Os senadores e representantes no local aplaudiram entusiasmadamente. Kennedy havia identificado uma meta que não era nem republicana nem democrata, a qual poucos na abarrotada Câmara dos Representantes se oporiam. Eis o grande desafio nacional que faltou durante os anos Eisenhower. Eis a personificação da nova fronteira.

Em 1961, a surpreendente ambição de Kennedy era literalmente fantástica – uma fantasia que, com audácia, ignorava a enorme vantagem inicial da União Soviética na corrida espacial e a aparente incapacidade dos Estados Unidos de a acompanhar. Os soviéticos já haviam colocado um cosmonauta em órbita, enquanto o máximo feito pelos norte-americanos havia sido o vôo suborbital de Alan Shepard em 5 de maio.

Mesmo assim, Kennedy apressou o Congresso e a nação a se comprometerem com esse objetivo improvável e bastante ambicioso. Isso custaria, disse, entre 7 e 9 bilhões de dólares, uma quantia extraordinária em 1961, e o equivalente a atuais 80 bilhões de dólares. E não seria suficiente apenas se engajar na corrida espacial de forma apática. "Se formos somente até a metadade do caminho", disse, "ou se reduzirmos nossas perspectivas diante da dificuldade, na minha opinião seria melhor nem começarmos."

As ambições de Kennedy para o programa espacial norte-americano são tratadas em outro discurso, pronunciado na Universidade Rice, em 12 de setembro de 1962. Dedicado inteiramente ao programa espacial, Kennedy explicou nesse pronunciamento posterior por que comprometeu a nação em um objetivo tão ambicioso, e por que acreditava que a viagem ao espaço era uma parte integral do novo encontro do país com o destino.

Nesta mensagem especial de 25 de maio de 1961, a corrida espacial era somente uma das inúmeras questões urgentes que o presidente queria apresentar ao Congresso e ao povo, e não era sua principal prioridade. A ênfase mais fundamental de Kennedy neste discurso era um assunto muito mais próximo do país – o que ele chamava de a grande batalha "pela defesa da liberdade". Era uma batalha que precisava ser vencida completamente, não poderia se manter empatada.

Com estas palavras, as frases corajosas de seu discurso de posse foram transformadas em política, e em uma política bem cara. Afirmar que uma nação "pagará qualquer preço" para "garantir a sobrevivência e o sucesso da liberdade" é bem diferente de apresentar a conta a esta nação. Tal era a tarefa de John Kennedy nesta mensagem especial.

Ele disse ao Congresso que a assistência militar para os aliados que combatiam o comunismo custaria mais 1,88 bilhão de dólares naquele ano, e não o 1,6 bilhão adicional exigidos várias semanas antes. Novos helicópteros, carregadores de tropas blindadas, e canhões para as Forças Armadas norte-americanas custariam mais 100 milhões de dólares. Os fuzileiros navais precisariam de mais 60 milhões de dólares para pagar os novos recrutados. A despesa para a defesa civil triplicaria no novo ano fiscal. Um novo foguete com armas nucleares exigiria mais 23 milhões de dólares, enquanto mais 50 milhões eram necessários para comunicações de satélite e 75 milhões para a observação do clima. E o programa espacial precisaria de 531 milhões de dólares extras no próximo ano fiscal para progredir em direção ao novo objetivo de colocar o homem na Lua, em 1969.

O presidente disse ao Congresso, órgão responsável pela aprovação desses novos gastos, que "não previa" o quanto este programa ambicioso custaria quando fez sua solicitação três meses antes. "Agora está claro", disse, que o seu desenvolvimento militar custaria mais do que tinha calculado. As ameaças identificadas antes eram mais complexas do que havia percebido, inclusive uma penosa rebelião comunista no Sul do Vietnã:

> “A atual crise no Sudeste da Ásia... a crescente ameaça do comunismo na América Latina; o aumento do tráfico de armas na África e todas as novas pressões sobre cada nação do mundo através das fronteira do bloco comunista na Ásia e no Oriente Médio, tudo isso ressalta a dimensão de nossas necessidades.”

Kennedy reconheceu que os gastos extras teriam conseqüências, e não só políticas. “Não é agradável para nenhum presidente dos Estados Unidos... ficar diante do Congresso e pedir novas reservas que impõem fardos sobre nosso povo”, disse. Mas ele acreditava que seus concidadãos norte-americanos, mobilizados pela luta contra a difusão do comunismo e da tirania, reagiriam a um apelo pelo sacrifício em nome da liberdade.

A declaração de Kennedy sobre um propósito nacional urgente foi expressa por meio de uma linguagem de mobilização. Os norte-americanos, disse, deveriam evitar “interrupções de trabalho prejudiciais” – greves. Não deveriam “produzir colheitas em excesso” ou “divulgar segredos militares”. Também disse que esperava que seus compatriotas, em um ato de abnegação nacional, “exercessem o autocontrole em vez de aumentarem salários ou preços” – uma afirmação incomum e talvez até mesmo ingênua. Durante a Segunda Guerra Mundial, quando milhões de norte-americanos lutavam em campos de batalha distantes, salários e preços eram regulados não pelo autocontrole, mas pelo Departamento de Administração de Preços. Mas, para Kennedy, a luta crepuscular suplantava preocupações mais prosaicas de norte-americanos que, ao contrário dele e da maioria das pessoas que conhecia, dependiam do salário para financiar seus sonhos do pós-guerra. Algumas semanas antes, durante a crise da Baía dos Porcos, ele disse a Richard Nixon que não importava se “o salário mínimo era de 1,15 ou 1,25 dólares” quando grandes questões de guerra e paz estavam em jogo.[1]

Entre suas exortações, também apelou para que as pessoas “servissem no Corpo da Paz” ou em outros departamentos do serviço público, participassem da “defesa civil... pagassem taxas de correio mais caras, folhas de pagamento mais caras, salários mais altos para os professores, com o intuito de fortalecer nossa sociedade”. JFK estimulou os norte-americanos a prestarem, até mesmo, mais atenção à forma física, de acordo com sua própria imagem dúbia de saúde e juventude.

O apelo direto de Kennedy ao sacrifício era incomum na época, quando, afinal, a Guerra Fria era tão... fria. Continua sendo surpreendente hoje, mesmo após o primeiro ataque em solo norte-americano depois de Pearl Harbor. Poucos líderes nacionais desde Kennedy pediram tão diretamente aos norte-americanos tais sacrifícios específicos, mesmo após os ataques terroristas de 11 de setembro de 2001.

Kennedy, no entanto, insistia que uma grande luta nacional exigia grande participação nacional, por meio de mais impostos – até mesmo das taxas de correio – e de um engajamento no serviço público. "Não solicitei um único programa que não causasse inconveniências a um ou a todos os norte-americanos, ou alguma dificuldade ou sacrifício", disse JFK. Mas ele acreditava que seus compatriotas responderiam de forma positiva "a estas novas e maiores demandas".

Outro contraste entre a crise do início de 1960 e a do início do século XXI é a ênfase que Kennedy deu aos aliados da nação, inclusive a França. Pouco antes de visitar o lendário líder francês Charles de Gaulle, Kennedy citou a França como um símbolo da "amizade tradicional e efetiva". Suas conversas com De Gaulle, disse, não precisariam "resultar em uma unanimidade – a confiança e o entendimento são frutos de um longo caminho."

Não quer dizer que a retórica de Kennedy parecesse inadequada ao debate atual, sobre um tipo bem diferente de crise. "Estou aqui para promover a doutrina da liberdade", disse JFK em seu discurso, usando palavras que poderiam ser pronunciadas por George W. Bush 40 anos depois.

A Doutrina Kennedy – "não estamos contra ... nenhuma nação ou nenhum sistema, a não ser aqueles hostis à liberdade" – seria testada não em Berlim ou qualquer outro local na Europa dividida, mas no chamado Terceiro Mundo. A palavra "pós-colonial" ainda não havia entrado no mundo acadêmico em 1961, mas, neste discurso, Kennedy tinha em mente as lutas das nações emergentes, que se desvencilhavam das algemas do colonialismo. Esta, disse, era a maior revolução na história humana. Os Estados Unidos, nascidos de uma rebelião contra a opressão, foram obrigados a apoiar esta revolução em toda a "parte Sul do globo".

Esse era, certamente, um cálculo da Guerra Fria na promessa de Kennedy de solidariedade com os países em desenvolvimento na América do Sul e na Ásia e com as novas nações independentes da África. Nikita Khrushchev retratou os Estados Unidos como sucessores dos imperialistas europeus, afirmando que os soviéticos eram os verdadeiros líderes dos países revolucionários. Ele prometeu apoio na luta das chamadas "guerras de libertação" em lugares como o Sudeste da Ásia.

Essas guerras já estavam em andamento, afirmou Kennedy. Eram guerras não-convencionais em que os "adversários da liberdade" procuravam enfraquecer a influência norte-americana ao enviar "armas, agitadores, ajuda, técnicos e propaganda em todas as áreas problemáticas. Mas quando o combate é preciso, é em geral feito por outros – por guerrilhas que atacam à noite, por assassinos agindo sozinhos". Na verdade, JFK observou que, durante o último ano, cerca de 4 mil funcionários públicos foram assassinados no Sul do Vietnã.

Os soviéticos e seus aliados, contudo, não eram os únicos defensores dos assassinatos. Na noite anterior ao discurso de Kennedy, o Departamento de Estado notificou a Casa Branca sobre uma trama para matar o general Rafael Trujillo, antigo ditador pró-americano da República Dominicana, que começava a se aliar a Fidel. Mas a aversão dos Estados Unidos contra Trujillo era anterior ao governo Kennedy – Dwight Eisenhower, em um de seus últimos atos como presidente, aprovou um plano da CIA para armar dominicanos anti-Trujillo, com a intenção de assassinar o ditador.

Em 31 de maio, os oponentes de Trujillo, equipados com armas fornecidas pelos norte-americanos, assassinaram o ditador enquanto ele dirigia seu Chevrolet fabricado nos Estados Unidos. A conspiração foi executada pelos dominicanos, mas auxiliada por funcionários norte-americanos na região.

Dificilmente esperava-se que Kennedy abordasse a questão das próprias atividades clandestinas dos Estados Unidos na Guerra Fria em seu discurso à nação. Mas outro tema não mencionado neste documento extraordinário sobre as necessidades urgentes do país foi o problema dos afro-americanos que tentavam livrar a nação da segregação e das leis Jim Crow*. Os Cavaleiros da Liberdade desafiavam o *status quo* no Sul, e quatro dias antes do discurso, em 21 de maio, segregacionistas brancos tentaram atacar uma igreja no Alabama durante uma palestra de Martin Luther King Jr.

Não houve menção aos direitos civis na longa lista de Kennedy de necessidades nacionais. Ele resistiu a apelos de Harris Wofford, um de seus assessores mais novos, de defender um argumento moral contra a segregação e a discriminação racial.

Esse assunto viria mais tarde. Neste momento, em 1961, contudo, Kennedy tinha outras prioridades em mente: a luta crepuscular, priorizada acima de tudo, inclusive acima da luta pela liberdade nacional.

---

* Sobre isso, ver nota 2, do capítulo 1: "O poder da Presidência".

Mensagem especial ao Congresso sobre necessidades urgentes da nação

25 de maio de 1961

Senhor porta-voz*, senhor vice-presidente, meus companheiros de governo, senhoras e senhores:

A Constituição me impõe a obrigação de "informar ao Congresso o estado da União". Em momentos extraordinários, este evento anual teve sua tradição rompida.

Este é um momento extraordinário. E nós enfrentamos, hoje, desafios extraordinários. Nossa força assim como nossas convicções impuseram sobre esta nação o papel de líder na causa da liberdade.

Nenhum papel na história poderia ser mais difícil ou mais importante. Nós defenderemos a liberdade.

Esta é a nossa convicção – o nosso único compromisso com os outros. Nenhum aliado, ninguém que seja imparcial ou nenhum adversário deve pensar o contrário. Não somos contra nenhum homem – ou nenhuma nação – ou nenhum sistema – com exceção daqueles que são hostis à liberdade. Nem estou aqui para apresentar uma nova doutrina militar, tendo o nome de alguém ou dirigida a uma determinada área. Estou aqui para promover a doutrina da liberdade.

I

O principal campo de batalha para a defesa e a expansão da liberdade hoje é toda a parte Sul do mundo – a Ásia, a América Latina, a África e o Oriente Médio –, terras de povos em ascensão. A revolução deles é a maior na história humana. Eles buscam acabar com a injustiça, a tirania e a exploração. Mais que acabar, eles buscam começar.

E devemos apoiar a revolução deles independentemente da Guerra Fria, e independentemente de qual caminho político ou econômico eles escolherem para a liberdade.

Pois os adversários da liberdade não criaram a revolução; nem as condições que a obrigam. Mas eles procuram se beneficiar desta onda – conquistá-la para si mesmos.

* O termo "porta-voz", que vem do original *speaker*, refere-se ao porta-voz da Câmara dos Representantes e equivale, no sistema político brasileiro, ao presidente da Câmara dos Deputados. (N.E.)

No entanto, a ofensiva deles é mais oculta que aberta. Eles não lançaram mísseis; e suas tropas são raramente vistas. Eles mandam armas, agitadores, ajuda, técnicos e propaganda, em todas as áreas problemáticas. Mas quando o combate é preciso, é em geral feito por outros – por guerrilhas que atacam à noite, por assassinos agindo sozinhos –, como os que tiraram a vida de quatro mil funcionários públicos nos últimos 12 meses só no Vietnã – indivíduos subversivos, sabotadores e rebeldes, que em alguns casos controlam áreas dentro de nações independentes.

Eles possuem uma poderosa força de combate intercontinental, grandes forças para a guerra convencional, um movimento subversivo bem treinado em quase todos os países, o poder de recrutar talento e força de trabalho para qualquer objetivo, a capacidade de decisões rápidas, uma sociedade fechada sem divergências ou informações livres, e uma longa experiência nas técnicas de violência e subversão. Eles aproveitam ao máximo seus sucessos científicos, seu progresso econômico e têm a postura de inimigos do colonialismo e amigos da revolução popular. Eles exploram governos instáveis ou não populares, fronteiras abertas e desconhecidas, esperanças frustradas, mudanças involuntárias, a pobreza massiva, o analfabetismo, a agitação e a frustração.*

Com essas armas poderosas, os adversários da liberdade planejam consolidar seu território – explorar, controlar e finalmente destruir as esperanças das nações mais recentes do mundo; e ambicionam fazer isso antes do final desta década. É uma disputa de vontade e objetivo, assim como de força e violência – uma batalha para mentes e espíritos, por vida e território. E, nesta disputa, não podemos ficar de fora.

Defendemos, como sempre fizemos desde o início, a independência e a igualdade de todos os países. Esta nação nasceu da revolução e se desenvolveu na liberdade. E não pretendemos deixar a porta aberta para o despotismo.

Não há uma política única e simples para enfrentar esse desafio. A experiência nos ensinou que nação alguma tem o poder ou a sabedoria para resolver todos os problemas do mundo ou controlar suas tendências revolucionárias; que ampliar nosso comprometimento nem sempre aumenta nossa segurança; que qualquer iniciativa também implica no risco de uma derrota temporária; que armas nucleares não podem impedir a subversão; que nenhum povo livre pode ser mantido livre sem vontade e energia próprias; e que dois países ou situações nunca são iguais.

Ainda assim, podemos fazer muito mais – e devemos fazer. As propostas que apresento a vocês são numerosas e variadas. Elas foram criadas a partir

---

* Este parágrafo aparece no texto enviado ao Senado e à Câmara dos Representantes dos Estados Unidos, mas foi omitido na leitura do discurso no Capitólio. (N.E.)

da soma de oportunidades e desafios especiais que se tornaram cada vez mais claros nos últimos meses. Em conjunto, acredito que elas podem representar um passo a mais em nosso empenho como um povo. Estou aqui para pedir a ajuda deste Congresso e da nação para aprovar essas medidas necessárias.

II. O progresso econômico e social interno

A primeira e fundamental tarefa confrontada por esta nação neste ano foi se recuperar da recessão. Um programa afirmativo de anti-recessão, introduzido com a cooperação de vocês, apoiou as forças naturais do setor privado; e nossa economia agora desfruta de confiança e energia renovadas. A recessão foi interrompida. A recuperação está em andamento.

Mas a tarefa de diminuir o desemprego e atingir o uso total de nossos recursos permanece um sério desafio para todos nós. O desemprego em grande escala durante uma recessão é ruim o suficiente, mas durante um período de prosperidade seria intolerável.

Estou, neste sentido, mandando ao Congresso um novo programa de Treinamento e Desenvolvimento de Mão-de-Obra, para treinar ou reciclar centenas de milhares de trabalhadores, em particular naquelas áreas onde te-

O astronauta Alan Shepard é transportado de sua cápsula para um helicóptero após um vôo espacial bem-sucedido em 1961.

mos percebido um índice de desemprego crônico gerado pela tecnologia em novas especializações ocupacionais durante um período de quatro anos, para substituir as habilidades tornadas obsoletas pela automação e pelas transformações da indústria por novas habilidades exigidas pelos novos processos.

Deveria ser uma satisfação para todos nós termos realizado grandes avanços para restaurar a confiança mundial no dólar, interrompendo o fluxo de saída do ouro e aprimorando nosso balanço de pagamentos. Durante os últimos dois meses, nossos estoques de ouro aumentaram de fato em 17 milhões de dólares, em comparação a uma perda de 636 milhões de dólares durante os últimos dois meses de 1960. Precisamos manter este progresso – e isso exigirá a cooperação e a contenção de todos. Na medida em que a recuperação progride, alguns poderão ficar tentados a buscar aumentos injustificados de salários e preços. Não podemos permitir isso, pois só atrapalharão nossos esforços de competir no exterior e atingir uma recuperação total aqui em nosso país. Trabalhadores e empresários devem – tenho confiança de que conseguirão – perseverar em políticas responsáveis de salários e preços nesta época crucial. Espero que o Comitê Consultor do Presidente para a Política de Administração Trabalhista seja uma forte liderança nesta direção.

Além disso, para que o déficit orçamentário, hoje maior por causa das nossas necessidades de segurança, seja mantido em proporções controláveis, será preciso firmeza e prudência com relação aos padrões fiscais; e peço a cooperação do Congresso neste aspecto, de se abster de adicionar fundos ou programas, por mais desejáveis que sejam, ao Orçamento; para acabar com o déficit postal, como meu antecessor também recomendou, por meio de impostos mais altos, um déficit que incidentalmente, neste ano, excede o custo fiscal de 1962 em todas as medidas de defesa e relativas ao programa espacial, que apresento hoje; para fornecer o financiamento de auto-estradas e acabar com as reduções de impostos antes especificadas. Nossa segurança e nosso progresso não podem ser comprados por tão pouco; e o preço deles deve estar de acordo com o que todos devemos pagar.

III. O progresso econômico e social no exterior

Enfatizo a força de nossa economia por ser essencial à força de nossa nação. E o que é verdade em nosso caso é verdade no caso de outros países. A força deles na luta pela liberdade depende da força de seu progresso econômico e social.

Estaríamos gravemente equivocados em considerar os problemas deles somente em termos militares. Pois nenhuma quantidade de armas ou exércitos pode ajudar a estabilizar os governos que são incapazes ou relutantes em alcançar reformas sociais e econômicas, e o desenvolvimento. Pactos militares não podem auxiliar nações cuja injustiça social e o caos econômico incentivam a revolta, a infiltração e a subversão. Os esforços mais hábeis de combater a guerrilha não podem ser bem-sucedidos quando a população local está tão aflita com a sua própria miséria para se preocupar com os avanços do comunismo.

Mas para aqueles que compartilham desta visão, estamos prontos agora, como estivemos no passado, a contribuir de forma generosa com nossas habilidades, nosso capital, e nossos alimentos no auxílio dos povos das nações menos desenvolvidas a alcançarem seus objetivos na liberdade – a ajudá-los antes que sejam consumidos pela crise.

Esta também é nossa grande oportunidade em 1961. Se a aproveitarmos, a subversão para impedir seu sucesso será exposta como uma tentativa injustificada de impedir estas nações de serem livres ou iguais. Mas se não a aproveitarmos, e se essas nações não a aproveitarem, a ruína de governos instáveis, um por um, e de esperanças frustradas levará certamente a uma série de administrações totalitárias.

No começo do ano, esbocei para o Congresso um novo programa para ajudar as nações emergentes; e é minha intenção enviar, em pouco tempo, o esboço de uma legislação com o intuito de implementar este programa, de estabelecer um novo Ato pelo Desenvolvimento Internacional, e adicionar as estimativas exigidas anteriormente, em vista do rápido ritmo de eventos críticos, um adicional de 250 milhões de dólares para o Fundo de Contingência Presidencial, a ser usado somente de acordo com uma determinação do presidente em cada caso, com relatórios regulares e completos para o Congresso em cada caso, como quando ocorre um escoamento súbito e fora do comum que não podemos prever – como ilustrado por recentes eventos no Sudeste da Ásia – e torna-se necessário o uso desta reserva de emergência. A quantia total requerida – agora aumentada para 2,65 bilhões de dólares – é tanto mínima como crucial. Não vejo como alguém que esteja preocupado, como todos nós estamos, com as crescentes ameaças à liberdade no mundo, e que pergunte o que mais podemos fazer como um povo, possa enfraquecer ou se opor ao único programa importante disponível para construir as fronteiras da liberdade.

IV

Tudo o que falei deixa claro que estamos engajados em uma luta mundial na qual temos a grande responsabilidade de preservar e promover ideais que compartilhamos com toda a humanidade, ou ver outros ideais impostos a todos. Essa luta acentuou o papel da nossa Agência de Informações. É essencial que os fundos anteriormente requeridos para este esforço não só sejam integralmente aprovados, mas elevados em 2,4 milhões de dólares, para um total de 121 milhões de dólares.

Esta nova exigência será utilizada no aumento do número de rádios e televisões na América Latina e no Sudeste da Ásia, instrumentos particularmente efetivos e essenciais nas cidades e povoados destes grandes continentes, como um meio de alcançar milhões de pessoas em dúvida, para falar a eles sobre nosso interesse em sua luta pela liberdade. Na América Latina, propomos aumentar nossas transmissões em espanhol e português para um total de 154 horas por semana, em comparação a 42 horas por dia, sendo que nenhuma é em português, a língua de cerca de um terço das pessoas da América do Sul. Os soviéticos, os chineses comunistas e outros países satélites já fazem transmissões na América Latina por mais de 134 horas semanais em espanhol e português. A China comunista sozinha transmite mais informações públicas em seu próprio hemisfério do que nós. Além do mais, por toda a América Latina pode-se ter contato com poderosas transmissões de propaganda vindas de Havana, encorajando novas revoluções em vários países.

De modo similar, no Laos, no Vietnã, no Cambodja e na Tailândia, devemos comunicar nossa determinação e apoio a todos os que esperamos que resistam ao avanço comunista naquele continente. Nosso interesse está na verdade.

V. Nossa parceria para a autodefesa

Mas enquanto falamos de idéias comuns, em construção e em competição, outros falam de armas e ameaçam com a guerra. Aprendemos então a manter nossas defesas firmes – e a cooperar com outros em uma parceria de autodefesa. Os eventos das últimas semanas nos fizeram ter um olhar renovado sobre esses esforços.

O núcleo de defesa da liberdade é nossa rede de alianças mundiais, que vai da Otan, recomendada por um presidente democrata e aprovada por um Congresso republicano, a Otase*, recomendada por um presidente republicano e aprovada por um Congresso democrata. Essas alianças foram construídas nos anos 40 e 50. É nossa tarefa e responsabilidade fortalecê-las nos anos 60.

---

* Organização do Tratado para a Defesa Coletiva do Sudeste Asiático. No original em inglês: Seato, *Southeast Asia Treaty Organization*. (N.E.)

Para enfrentar as condições em transformação do poder – e as relações de poder mudaram –, endossamos uma ênfase cada vez maior na força convencional da Otan. Ao mesmo tempo, afirmamos nossa convicção de que a dissuasão nuclear da Otan também deve ser fortalecida. Deixei claro nossa intenção de passar para o comando da Otan, para este propósito, os cinco submarinos Polaris sugeridos a princípio pelo presidente Eisenhower, com a possibilidade, se necessário, de outros mais.

Em segundo lugar, uma importante parte de nossa parceria para a autodefesa é o Programa de Assistência Militar. O principal encargo da defesa contra ataques, subversão, rebeliões ou guerrilhas deve ser das forças locais. Onde estas forças têm a vontade necessária e a capacidade de enfrentar tais ameaças, nossa intervenção é raramente necessária ou útil. Onde a vontade estiver presente e faltar só a capacidade, nosso Programa de Assistência Militar pode ajudar.

Mas esse programa, tanto quanto a ajuda econômica, precisa de uma nova atenção. Ele não pode ser ampliado sem se considerar as reformas sociais, políticas e militares essenciais à estabilidade e ao respeito interno. O equipamento e o treinamento fornecidos devem ser adaptados às legítimas necessidades locais e às nossas próprias políticas externa e militar, não ao nosso estoque militar ou ao desejo de exibição de um líder local. E a ajuda militar pode, além de seus propósitos específicos, levar uma contribuição ao progresso econômico, como os nossos engenheiros das Forças Armadas nos trazem.

Em uma mensagem anterior, solicitei 1,6 bilhão de dólares para o Programa de Assistência Militar, declarando que isso manteria os níveis atuais de força, mas não consegui prever o quanto mais poderia ser necessário. Agora está claro que tal quantia não é suficiente. A atual crise no Sudeste da Ásia, sobre a qual o vice-presidente fez um valioso relatório; a crescente ameaça do comunismo na América Latina; o aumento do tráfico de armas na África e todas as novas pressões sobre cada nação do mundo através das fronteiras do bloco comunista na Ásia e no Oriente Médio, tudo isso ressalta a dimensão de nossas necessidades.

Solicito, portanto, ao Congresso que forneça um total de 1,885 bilhão de dólares para o Programa de Assistência Militar no próximo ano fiscal – uma quantia maior que a do ano passado –, mas um mínimo que deve ser garantido se quisermos ajudar as nações emergentes a garantirem sua independência. Tal quantia deve ser gasta de forma prudente e sábia – e este será nosso esforço comum. A assistência militar e econômica tem sido um encargo pesado para nossos cidadãos por muito tempo, e reconheço as pressões contra isso; mas esta batalha está longe de ser vencida, e chegou a uma etapa crucial, e acredito que devemos tomar parte nela. Não podemos meramente declarar nossa oposição ao avanço totalitário sem pagar o preço de ajudar aqueles que agora sofrem as pressões mais intensas.

VI. Nossa própria proteção militar e secreta

Em sintonia com esses desenvolvimentos, direcionei um reforço a nossa própria capacidade de deter ou resistir à agressão convencional. No campo convencional, com uma exceção, não encontro hoje qualquer necessidade de cobrar novos impostos. O que é preciso, na verdade, é uma mudança de posição, para nos dar ainda mais flexibilidade.

Portanto, instruí o Ministério da Defesa que assumisse a reorganização e a modernização da estrutura divisória das Forças Armadas, para aumentar seu poder de fogo convencional, aprimorar sua mobilidade tática em qualquer ambiente, garantir sua flexibilidade para enfrentar qualquer ameaça direta ou indireta, facilitar sua coordenação com nossos principais aliados, e prover a Europa de mais divisões mecanizadas modernas, atualizando seus equipamentos, e novas brigadas aéreas tanto no Pacífico como na Europa.

E, em segundo lugar, peço ao Congresso um adicional de 100 milhões de dólares para começar a tarefa necessária de reequipar esta nova estrutura do Exército com o material mais moderno. Novos helicópteros, novos transportadores blindados para soldados e novos canhões, por exemplo, devem ser obtidos agora.

Em terceiro lugar, ordenei a Secretaria de Defesa para que expandisse rápida e substancialmente, em cooperação com nossos aliados, a orientação das forças existentes na condução de uma guerra convencional, operações paramilitares e combates limitados e não-convencionais.

Além disso, nossas forças especiais e nossas unidades de conflito armado não-convencional serão aumentadas e reorientadas. Deve-se dar uma nova ênfase às línguas e às habilidades especiais exigidas para o trabalho com populações locais.

Em quarto lugar, o Exército está, neste momento, desenvolvendo planos para tornar possível um posicionamento estratégico mais rápido de uma grande porção de suas forças de reserva altamente treinadas. Quando estes planos estiverem completos e a reserva for reforçada, duas divisões de combate equipadas, somadas às suas forças de apoio, em um total de 89 mil homens, poderão estar preparados para operações de emergência em três semanas, mais duas divisões adicionais em cinco semanas e outras seis divisões adicionais, com suas forças de apoio, resultando em um total de dez divisões, poderiam estar prontas para serem posicionadas em menos de oito semanas. Em resumo, estes novos planos nos permitirão quase dobrar o poder de combate do Exército em menos de dois meses, em comparação aos cerca de nove meses até agora requeridos.

Em quinto lugar, para intensificar a habilidade já excepcional dos fuzileiros navais de reagir a emergências de guerra, peço ao Congresso mais 60 milhões de dólares para ampliar a força dos fuzileiros para 190 mil homens. Isso aumentará o impacto inicial e o poder de resistência de três divisões da Marinha e três unidades de aviação, além de fornecer um núcleo treinado para outras expansões, se necessárias para a autodefesa.

Finalmente, para citar uma área de atividades legítima e necessária como um meio de autodefesa em uma época de perigos ocultos, todo o nosso esforço de inteligência deve ser revisto, e sua coordenação com outros elementos da política garantida. O Congresso e o povo norte-americano devem saber que nós vamos instituir quaisquer novas organizações, ações e controles necessários.

VII. Defesa civil

Um importante elemento do programa de segurança nacional que esta nação nunca confrontou diretamente é a defesa civil. O problema não surge de tendências atuais, mas da inércia nacional na qual todos temos uma participação. Na última década, consideramos ocasionalmente uma variedade de programas, mas nunca adotamos uma política consistente. A atenção pública tem sido em grande medida caracterizada pela apatia, a indiferença e o ceticismo; enquanto, ao mesmo tempo, muitos dos planos de defesa civil têm sido exagerados e não-realistas, o que os tornam desprovidos do apoio essencial.

Este governo tem analisado com atenção o que exatamente a defesa civil pode e não pode fazer. A defesa civil não pode ser constituída sem um custo. Não pode dar garantias de proteção total contra um ataque surpresa, contra a obsolescência ou a destruição. E não pode deter um ataque nuclear.

Vamos impedir um inimigo de um ataque nuclear somente se nosso poder retaliatório for tão forte e invulnerável de modo que ele saiba que nossa reação o destruirá. Se tivermos esta força, a defesa civil não é necessária para impedir uma ofensiva desse tipo. Se não a tivermos, a defesa civil não seria um substituto adequado.

Mas este conceito de dissuasão supõe um cálculo racional feito por homens racionais. E a história deste planeta, e, em particular, a história do século XX, é o suficiente para nos lembrar das possibilidades de um ataque irracional, de um erro de cálculo, uma guerra acidental, ou uma escalada da guerra na qual os riscos em ambos os lados aumentam gradualmente até o ponto de perigo máximo, o que não pode ser nem previsto nem interrompido. É neste momento que a defesa civil pode ser justificada de imediato – uma segurança para a população civil no caso de um erro de cálculo do inimigo. É uma segurança que esperamos nunca ser necessária – mas uma segurança que nunca nos perdoaríamos de abrir mão se uma catástrofe ocorresse.

Uma vez que a validade desse conceito é reconhecida, não há por que atrasar o início de um programa nacional de longo alcance para identificar a atual capacidade dos abrigos atômicos e fornecer outros abrigos em novas e existentes estruturas. Tal programa protegeria milhões de pessoas contra os riscos de partículas radioativas no caso de um ataque nuclear de grande escala. O desempenho efetivo de todo o programa não só requer uma nova autoridade legislativa e mais financiamento, mas também novas estruturas organizacionais sólidas.

Desta forma, por meio da autoridade que me foi concedida pelo Plano de Reorganização Nº 1 de 1958, transfiro a responsabilidade por este programa à mais alta autoridade civil já responsável pela defesa continental, a Secretaria de Defesa. É importante que esta função permaneça civil, em natureza e liderança; e isso não será modificado.

O Departamento de Mobilização Civil e de Defesa será reconstituído como uma pequena agência para auxiliar na coordenação dessas funções. Para descrever seu papel de forma mais precisa, seu nome deveria mudar para Departamento de Planejamento Emergencial.

Assim que os novos encarregados dessas responsabilidades tenham preparado novas solicitações de autorização e de apropriação, tais solicitações serão transmitidas ao Congresso para um programa de defesa civil mais consolidado. Tal programa fornecerá financiamento federal para a identificação da capacidade de abrigos nucleares em estruturas existentes, e incluirá, quando apropriado, o estabelecimento de abrigos em prédios federais, novas condições para abrigos em edifícios construídos com assistência federal e capital compatível, além de incentivos, com a construção de abrigos em prédios locais e particulares.

As apropriações federais para a defesa civil nos termos fiscais de 1962 sob este programa serão com toda a probabilidade mais que o triplo do que o orçamento pendente requer; e elas aumentarão bastante nos anos subseqüentes. A participação financeira também será exigida dos governos estaduais e locais, bem como de cidadãos particulares. Mas nenhuma garantia é livre de custos; e todo cidadão norte-americano e sua comunidade devem decidir por si mesmos se esta forma de garantia de sobrevivência justifica o tempo e o dinheiro gasto com esse esforço. Eu estou convencido de que sim.

VIII. Desarmamento

Não posso terminar esta discussão sobre a defesa e as armas sem enfatizar nossa maior esperança: a criação de um mundo em ordem, onde o desarmamento seja possível. Nossos objetivos não nos preparam para a guerra – eles são esforços para desencorajar e resistir às aventuras de outros que podem terminar em guerra.

Para ser consistente com esses esforços, continuamos a fazer pressão por medidas de desarmamento devidamente garantidas. Em Genebra, em coope-

Kennedy, o vice-presidente e a primeira-dama assistem na TV a viagem de Shepard, em 5 de maio de 1961.

ração com o Reino Unido, fizemos propostas concretas para deixar clara nossa vontade de nos encontrar com os soviéticos para buscar um efetivo tratado de proibição dos testes nucleares – a primeira medida significativa, mas essencial em direção ao desarmamento. Até o momento, a resposta deles não tem sido o que esperávamos, mas o senhor Dean* voltou a Genebra na noite passada, e pretendemos ir até o fim, se pudermos, para conseguirmos este benefício.

Enquanto isso estamos determinados a manter o desarmamento em alto destaque na nossa agenda e a fazer um grande esforço para desenvolver alternativas políticas e técnicas aceitáveis à atual corrida armamentista. Com essa finalidade, enviarei ao Congresso uma medida para estabelecer uma Agência do Desarmamento maior e com mais poder.

IX. O espaço

Finalmente, se queremos vencer a batalha que divide agora o mundo entre a liberdade e a tirania, as dramáticas realizações no espaço ocorridas nas últimas semanas deveriam ter deixado claro para todos nós, como o Sputnik em 1957, o impacto desta aventura nas mentes dos homens em toda a parte, que tentam escolher qual caminho devem tomar. Desde o início do meu mandato, nossos planos para o espaço têm sido revistos. Em conjunto com o vice-presidente, que é também presidente do Conselho Nacional Espacial, examinamos onde somos fortes e onde não somos, onde poderemos ter sucesso e onde não. Agora é o momento de dar passos mais longos, de um novo grande empreendimento norte-americano, desta nação assumir uma liderança indiscutível nas realizações espaciais, o que de muitas maneiras pode ser a chave para o nosso futuro na terra.

Acredito que possuímos todos os recursos e talentos necessários. Mas os fatos da questão mostram que nunca tomamos as decisões nacionais ou orientamos os recursos nacionais requeridos para tal liderança. Nunca especificamos objetivos de longo alcance em uma programação de tempo urgente, ou administramos nossos recursos e nosso tempo de modo a garantir sua realização.

Mesmo reconhecendo a dianteira obtida pelos soviéticos com seus foguetes enormes, que deu a eles muitos meses de liderança, e mesmo reconhecendo a probabilidade de que eles explorarão esta liderança por algum tempo ainda

* Dean Acheson, secretário de Estado de Kennedy, o equivalente no Brasil ao ministro das Relações Exteriores.

com um sucesso mais impressionante, ainda precisamos fazer novas tentativas. Por enquanto, não podemos garantir que, um dia, seremos os primeiros; podemos garantir que o fracasso na tentativa de fazermos este esforço nos fará os últimos. Temos um risco adicional de tentar diante dos olhos do mundo, mas como mostrado na façanha do astronauta Shepard*, este próprio risco aumenta nosso feito quando somos bem-sucedidos. Mas isso não é simplesmente uma corrida. O espaço está agora aberto para nós; e nossa ânsia de compartilhar seu significado não é governada pelos esforços de outros. Vamos ao espaço porque homens livres devem compartilhar de todo empreendimento humano.

Peço, portanto, ao Congresso, além dos aumentos já solicitados antes para as atividades espaciais, que forneça o financiamento necessário para alcançar as seguintes metas nacionais.

Em primeiro lugar, acredito que esta nação deva se comprometer em alcançar a meta, antes do final desta década, de aterrissar o homem na Lua e fazer com que ele consiga voltar com segurança à Terra. Nenhum único projeto espacial neste período será mais magnificente para a humanidade, ou mais importante para a exploração de longo alcance do espaço; e nenhum será tão difícil ou custoso de se realizar. Estamos propondo uma aceleração no desenvolvimento de uma nave espacial lunar apropriada. Estamos sugerindo o desenvolvimento de propulsores que utilizem alternadamente combustíveis líquidos e sólidos, propulsores bem maiores que qualquer um já desenvolvido, até termos certeza de qual é superior. Estamos propondo um financiamento adicional para o desenvolvimento de outros motores e de outras explorações não-tripuladas – explorações particularmente importantes para o propósito nunca negligenciado por esta nação: a sobrevivência do homem que primeiro fará esse ousado vôo. E, de fato, não será um homem indo à Lua, será toda uma nação, se julgarmos tudo isso de forma positiva. Pois todos nós devemos trabalhar para colocá-lo lá.

Em segundo lugar, um acréscimo de 23 milhões de dólares, em conjunto aos 7 milhões de dólares já disponíveis, acelerará o desenvolvimento do foguete nuclear Rover. Tal artefato promete algum dia proporcionar um meio para uma exploração espacial mais empolgante e ambiciosa, talvez para além da Lua, talvez para a própria fronteira do sistema solar.

Em terceiro lugar, um adicional de 50 milhões de dólares levará ao máximo a nossa atual liderança, acelerando o uso de satélites espaciais para a comunicação mundial.

---

* Alan Bartlett Shepard Jr. foi a segunda pessoa e o primeiro astronauta norte-americano no espaço. (N.E.)

Em quarto lugar, um adicional de 75 milhões de dólares – dos quais 53 milhões são para a Agência da Meteorologia – ajudarão a nos fornecer o mais cedo possível um sistema de satélites para a observação das condições climáticas mundiais.

Que fique claro – e esta é uma decisão que os membros do Congresso devem finalmente fazer –, que fique claro que estou pedindo ao Congresso e ao país para aceitar um firme compromisso com um novo curso de ação, um curso que durará por muitos anos e terá custos bem altos: 531 milhões de dólares no ano fiscal de 62 – com um adicional estimado entre 7 e 9 bilhões de dólares durante os próximos cinco anos. Se formos somente até a metade do caminho, ou reduzirmos nossas perspectivas diante da dificuldade, na minha opinião seria melhor nem começarmos.

Esta é uma escolha que este país deve fazer, e tenho confiança de que sob a liderança do Comitê para o Espaço do Congresso, e do Comitê do Orçamento, vocês analisarão a questão com cuidado.

É a decisão mais importante que tomamos como uma nação. Mas todos vocês viveram nos últimos quatro anos e viram o significado do espaço e das aventuras no espaço, e ninguém pode prever com certeza qual o significado definitivo do domínio espacial.

Acredito que devemos ir à Lua. Mas acho que todo cidadão deste país e os membros do Congresso deveriam considerar a questão com cautela ao tomarem sua decisão, à qual demos atenção durante muitas semanas e meses, porque é um encargo pesado, e não há razão em concordar ou desejar que os Estados Unidos assumam uma posição de destaque no espaço a não ser que estejamos preparados para fazer o trabalho e assumir a responsabilidade de torná-lo bem-sucedido. Se não estamos, devemos decidir isso hoje e este ano.

Esta decisão requer um importante compromisso nacional, bem como mão-de-obra técnica, equipamentos, instalações e a possibilidade de desviar tudo isso de outras atividades importantes. Significa um grau de dedicação, organização e disciplina que nem sempre caracterizaram nossos empenhos em termos de pesquisa e desenvolvimento. Significa que não poderemos permitir interrupções de trabalho indevidas, custos inflacionados de material ou talento, rivalidades dispendiosas entre agências ou a alta rotação de funcionários essenciais.

Novos objetivos e dinheiro não podem resolver o problema. Eles poderiam, na verdade, agravá-los ainda mais – a não ser que todo cientista, todo engenheiro, todo segurança, todo técnico, empreiteiro e funcionário público dessem sua própria palavra de que este país avançará, com a rapidez da liberdade, na empolgante aventura do espaço.

X. Conclusão

Para concluir, gostaria de enfatizar algo. Não é agradável para nenhum presidente dos Estados Unidos, como tenho certeza de que não foi agradável para meus antecessores, vir diante do Congresso e pedir mais recursos públicos que sobrecarregam nosso povo. Cheguei a esta conclusão com alguma relutância. Mas na minha opinião, esta é uma época séria para o nosso país e para a liberdade no mundo, como também é obrigação, acredito, do presidente dos Estados Unidos, de fazer, pelo menos, estas recomendações aos membros do Congresso, para que tirem suas próprias conclusões com os fatos diante de si. Vocês devem decidir sozinhos, como eu decidi, e estou confiante de que se vocês decidirem como eu ou não, a escolha de vocês – como a minha – será feita de acordo com o que é melhor para este país.

Para concluir, gostaria de enfatizar algo: estamos determinados, como uma nação, em 1961, de que a liberdade deve sobreviver e ser bem-sucedida – e quaisquer que sejam as ameaças e os contratempos, nós temos muitas vantagens.

A primeira é o simples fato de que estamos do lado da liberdade – e desde o início da história, e em particular desde o fim da Segunda Guerra Mundial, a liberdade tem sido bem-sucedida em todo o mundo.

Uma segunda vantagem real é não estarmos sozinhos. Temos amigos e aliados por todo o mundo também dedicados à liberdade. Como símbolo de uma amizade efetiva e tradicional, cito o grande aliado que estou para visitar: a França. Aguardo ansiosamente minha visita à França, e minha conversa com o grande capitão do mundo ocidental, o presidente Charles de Gaulle, como uma reunião de importância particular, permitindo o tipo de encontro que fortalecerá nossos países e servirá ao propósito comum da paz e da liberdade mundiais. Tais encontros sérios não precisam resultar em uma unanimidade – a confiança e o entendimento são frutos de um longo caminho.

Uma terceira vantagem é nosso desejo de paz. É sincero, e acredito que o mundo sabe disso. Provamos isso com nossa paciência na conferência sobre a proibição dos testes nucleares, e provamos isso na ONU, onde nossos esforços se voltam para manter a utilidade desta organização como protetora da independência de pequenas nações. Neste e em outros casos, a reação de nossos oponentes não tem sido encorajadora.

Mesmo assim, é importante notar que nossa paciência na mesa de negociações é quase inesgotável; que embora nossa credulidade seja limitada, nossas esperanças pela paz são incessantes, enquanto nossa determinação para proteger a nossa segurança seja resoluta. Por essas razões, há muito tempo, acho que seria sensato me encontrar com o primeiro-ministro soviético para um intercâmbio de visões. Um encontro em Viena seria conveniente para nós dois; e o governo austríaco nos receberia de bom grado. Nenhuma agenda formal está planejada e nenhuma negociação será empreendida; mas deixaremos claro que a prolongada preocupação dos Estados Unidos é com a paz e a liberdade, que estamos ansiosos para viver em harmonia com o povo russo, que não buscamos conquistas, nações-satélites, riquezas, mas somente o dia em que "uma nação não levantará espada contra outra nação, nem aprenderão mais a guerrear"[2].

Finalmente, nossa grande vantagem nesta luta é o povo norte-americano, a vontade deste povo de pagar o preço por estes programas, de entender e aceitar uma luta duradoura, de compartilhar seus recursos com povos menos afortunados, por pagar direito seus impostos, como requisitei, por exercer o autocontrole em vez de forçar para cima salários ou preços, ou mesmo em vez de produzir colheitas em excesso; disseminar segredos militares; pressionar por despesas não-essenciais, por monopólios impróprios ou greves trabalhistas prejudiciais; de servir no Corpo da Paz, nas Forças Armadas, no serviço público federal ou no Congresso; de aspirar a excelência nas suas escolas, nas suas cidades, na sua forma física e na de seus filhos; de tomar parte da defesa civil; de pagar taxas postais mais caras, folhas de pagamento mais caras, salários mais altos para os professores; de fortalecer nossa sociedade; de demonstrar amizade aos estudantes e visitantes de outros países que vêm para a nossa nação e depois voltam as suas nações para serem futuros líderes, com uma imagem dos Estados Unidos, e quero que esta imagem, e sei que vocês também querem, seja forte e positiva; e, finalmente, de praticar a democracia em casa, em todos os estados, com todas as raças, de respeitar uns aos outros e proteger os direitos constitucionais de todos os cidadãos.

Não solicitei um único programa que não cause inconveniências a um ou a todos os norte-americanos, ou alguma dificuldade ou sacrifício. Mas o povo tem respondido e vocês no Congresso têm respondido ao seu dever. E tenho confiança de pedir hoje uma resposta semelhante a estas novas e maiores exigências. É encorajador saber, quando viajo para o exterior, que nosso país está unido em seu compromisso com a liberdade e está pronto para assumir sua responsabilidade.

9. Preparação para a guerra

De todos os discursos de John Kennedy durante seus primeiros mil dias como presidente, poucos foram tão duros e assustadores quanto este, feito em cadeia nacional de rádio e televisão. É intimidador lê-lo ou ouvi-lo, até mesmo décadas depois dos temores do presidente e da nação, que as tensões sobre uma cidade dividida, Berlim, sobre um país dividido, a Alemanha, pudessem levar a um conflito nuclear entre os Estados Unidos e a União Soviética.

Enquanto a crise dos mísseis cubanos de outubro de 1962 é lembrada como o confronto mais quente da Guerra Fria, a Crise de Berlim de 1961 também foi bastante perigosa. John Kennedy estava preparado para se opor com todos os meios possíveis às tentativas soviéticas de cortar o acesso norte-americano a Berlim Ocidental, bem no centro da Alemanha Oriental comunista.

"Não podemos permitir isso", afirmou.

> "Sabemos o que precisa ser feito – e pretendemos fazê-lo. Quero falar francamente com vocês esta noite sobre as primeiras medidas que devemos tomar. Estas ações exigirão sacrifícios por parte de muitos de nossos cidadãos. Mais será necesário no futuro. As medidas exigirão, de todos nós, coragem e perseverança nos próximos anos. Mas se nós e nossos aliados agirmos com força, unidade e propósito, com uma determinação controlada e nervos de aço, sendo moderados em nossas palavras e no uso de nossas armas, tenho esperança de que tanto a paz como a liberdade serão mantidas."

A conduta e o tom do presidente, entretanto, não pareciam esperançosos. Pronunciando-se de trás de sua escrivaninha na Casa Branca, com um rosto sério e tenso, JFK disse a seus compatriotas que se preparassem para a guerra.

Entre as preparações estava o aviso de que as famílias norte-americanas deveriam construir abrigos atômicos com comida e bebida armazenados. "Nos próximos meses", disse, em 25 de julho, "espero comunicar a todos os cidadãos que medidas tomar para proteger sua família no caso de um ataque."

Em um momento, durante os tensos meses do verão* de 1961, Kennedy perguntou a um de seus assessores, Red Fay, se ele já havia construído seu próprio abrigo.[1]

Fay riu, pensando que o presidente não falava realmente a sério. "Construí uma piscina", disse.[2]

O presidente não achou graça. "Você cometeu um erro", respondeu.

No verão de 1961, 60% dos norte-americanos acreditavam que os Estados Unidos iriam à guerra se os soviéticos continuassem a ameaçar o acesso à Berlim Ocidental. E, em 1961, a guerra entre os Estados Unidos e a União Soviética significava guerra total, o que quer dizer guerra nuclear.

Por trás dos panos, longe dos olhares do público, Kennedy sofria de problemas de saúde, mesmo enquanto deliberava a possibilidade de uma catástrofe nuclear e a morte de dezenas de milhões de pessoas. Com uma crise crônica de dor nas costas, não conseguia subir a escada na pista de decolagem do aeroporto para entrar no avião presidencial Força Aérea Um, sendo erguido até a porta da aeronave.

Em meados de junho, ficou de cama quando sua temperatura chegou a 40 graus, resultado de uma infecção viral, segundo seu biógrafo Richard Reeves. Ao conseguir se levantar, andava com a ajuda de muletas – mas somente quando não estava na frente da imprensa ou de qualquer visitante da Casa Branca.

O tempo todo, especulou como os Estados Unidos reagiriam se os soviéticos tentassem algo em Berlim Ocidental.

O conflito sobre Berlim se formava há décadas e era resultado imediato do encontro desastroso de Kennedy com Khrushchev em Viena, em junho de 1961.

O modo como Berlim foi dividida e como foi transformada de uma arruinada capital do Estado nazista em um símbolo da Guerra Fria explica-se pelas controvérsias que datam da primavera de 1945.

Em 12 de abril daquele ano, algumas equipes do 9º Exército norte-americano, sob o comando do general William Simpson, cruzaram o rio Elbe na Alemanha. Era a última barreira topográfica entre as forças anglo-americanas e Berlim, então a 80 quilômetros de distância.

---

* No hemisfério Norte. (N.E.)

O Exército Vermelho, sob o comando do grande general russo Georgi Zukhov, estava no rio Oder, a 54 quilômetros de Berlim, em outra direção, ao Leste. Mas, enquanto a posição norte-americana no Elbe era simplesmente uma ponta de lança de 50 mil soldados, o Exército Vermelho tinha 1,2 milhão no Oder, no momento em que se preparava para a batalha principal.

Como a queda de Berlim era uma questão de tempo e como ninguém mais questionava o resultado da guerra, especulava-se qual Exército – o anglo-americano ou o russo – capturaria a capital alemã. Stephen Ambrose observou que, no final de março, o comandante supremo aliado Dwight Eisenhower desistiu de prever se ele ou Zhukov entrariam primeiro em Berlim, mas percebeu que os russos estavam próximos.

Semanas depois da declaração de Ike, os norte-americanos estavam bem mais próximos, percorrendo mais de 320 quilômetros em duas semanas. De repente, parecia possível que, junto com os britânicos, eles pudessem reivindicar a capital antes dos russos.

Kennedy com Khrushchev, em 3 de junho de 1961.

Em 14 de abril, contudo, o comandante norte-americano no Elbe, Simpson, recebeu ordens para recuar suas tropas do lado ocidental do rio. O ataque final norte-americano, Eisenhower decidiu, não seria em direção a Berlim. Como Ambrose escreveu, Ike disse ao general George Patton que Berlim não tinha nenhum valor tático ou estratégico. Patton discordou, assim como Simpson e o marechal britânico Bernard Montgomery. Mesmo assim, os Exércitos dos Estados Unidos e da Grã-Bretanha voltaram suas atenções para o Norte, interceptando reservas alemães situadas na Noruega, e um pouco ao Sul, para impedir uma retirada germânica para uma fortificação nos Alpes.

Quando o general Simpson recebeu ordens para recuar, ele e seus homens estavam a 80 quilômetros de Berlim. Mas Eisenhower explicou ao general George Marshall, chefe de Estado-Maior das Forças Armadas, que as tropas de Simpson eram simplesmente as equipes mais avançadas do ataque norte-americano. A maior parte do Exército estava bem atrás, e suas linhas de fornecimento foram ampliadas ao limite máximo após as forças norte-americanas se deslocarem 400 quilômetros em duas semanas. Os russos, por outro lado, a 54 quilômetros da cidade, se prepararam durante dois meses para marchar em direção a Berlim e estavam prontos para deslocar mais de um milhão de homens. Simpson só tinha 50 mil soldados no Elbe.

A ofensiva russa começou em 16 de abril. Berlim caiu em 2 de maio após uma batalha terrível. Segundo os críticos de Eisenhower, se os norte-americanos, e não os russos, tivessem conquistado a cidade, a divisão pós-guerra de Berlim e, na verdade, da própria Alemanha poderia ter sido evitada de alguma forma. De acordo com o argumento, a crise de Berlim, que levou John Kennedy a discursar para a nação em 25 de julho de 1961, foi o resultado da ordem de Dwight Eisenhower de recuar do Elbe em 12 de abril de 1945.

Ambrose, contudo, argumenta de modo convincente que Eisenhower tomou a decisão adequada, tanto política quanto estrategicamente. Os soviéticos, observou, estavam mais preparados que os norte-americanos para lançar um ataque de escala total contra Berlim. Além disso, os britânicos, norte-americanos e russos já haviam concordado em separar a Alemanha em zonas de ocupação. E, em Berlim, o Exército Vermelho revogou o acordo de ocupação feito com os norte-americanos e britânicos, dois meses depois da rendição da cidade. Portanto, Ambrose afirma que britânicos e norte-americanos (e, mais tarde, franceses) ocuparam mais da metade da capital nazista sem lutar por ela, como os russos haviam feito.

Na época em que JFK assumiu, o arranjo pós-guerra estava desmoronando. Os aliados soviéticos na Alemanha Oriental dirigiam um governo comunista repressivo com uma ilha inimiga de influência e poder em Berlim Ocidental. Khrushchev repetia que considerava Berlim Ocidental como uma espinha em sua garganta e parecia ter a intenção de romper com o *status quo*.

Em 3 de junho de 1961, John Kennedy e Nikita Khrushchev se encontraram face a face em Viena, na Áustria. Após um momento inicial tenso, os dois líderes pareciam mais relaxados durante o almoço. Kennedy perguntou ao líder soviético sobre as duas medalhas que usava. Elas foram, Khrushchev respondeu, Congratulações Lênin da Paz. "Espero que você possa mantê-las", disse Kennedy, provocando uma gargalhada do russo.[3]

O momento de descontração não durou muito. Após o almoço, Kennedy e Khrushchev foram passear em um jardim próximo (isso foi dois meses antes dos problemas de coluna tornarem uma simples caminhada muito dolorosa para JFK, senão impossível), e os observadores podiam ver o líder soviético gesticulando e retrucando Kennedy. Eles discutiam sobre Berlim. E Kennedy descobriu que seu charme e sabedoria não poderiam vencer as defesas de seu antagonista. "A apresentação de Khrushchev foi brutal", recorda-se John C. Ausland, membro da força-tarefa especial de Berlim, designada para formular uma política norte-americana na cidade. "Ele deixou claro desde o início que ainda queria os aliados fora de Berlim."[4]

Na cúpula de Viena, não se chegou a um acordo com relação a inúmeras questões, desde propostas para um tratado com o intuito de acabar com os testes nucleares até uma revolta comunista no Laos. Mas Berlim foi o tema mais dramático.

Khrushchev, sempre atento aos 20 milhões de russos mortos na Segunda Guerra Mundial, disse estar determinado a garantir que a Alemanha continuasse dividida. Os soviéticos estavam preparados para assinar tratados tanto com a Alemanha Oriental quanto com a Ocidental para assegurar a partilha, e, se a Alemanha Ocidental não assinasse, os soviéticos e os alemães orientais fariam isso do seu próprio modo. Tal tratado, disse Khrushchev, exterminaria o acordo pós-guerra que permitia o acesso dos Estados Unidos e de seus aliados a Berlim Ocidental, a 180 quilômetros da Cortina de Ferro, fincada na Alemanha Oriental. Kennedy estava despreparado para a hostilidade russa. Mais tarde, disse ao jornalista James Reston: "Khrushchev acha que sou inexperiente por causa da Baía dos Porcos. Provavelmente pensa que sou estúpido. Pior de tudo", disse o presidente, "o líder soviético acredita que não tenho coragem".[*][5]

[*] Do original: "... I have no guts". (N.E.)

Em um encontro final organizado às pressas, em Viena, JFK reiterou que os Estados Unidos estavam preparados para fazer tudo em seu poder para garantir o acesso à Berlim Ocidental. Khrushchev reafirmou sua intenção de assinar um tratado em dezembro.

"Portanto, senhor presidente", Kennedy respondeu, "haverá guerra. Será um inverno frio."[6]

Durante o restante da primavera e do verão, Kennedy se preparou para o frio que se aproximava. Berlim se tornou uma obsessão, bem mais do que Cuba nos primeiros meses do governo, quando o fiasco da Baía dos Porcos estava sendo planejado.

No país e no exterior, políticos, jornalistas e cidadãos se questionavam se o jovem presidente poderia cumprir a ousada promessa feita em janeiro. Desde então, fizera um trabalho ruim no que diz respeito à Baía dos Porcos e fora humilhado pelo líder soviético supremo. Se falasse besteiras sobre o compromisso dos Estados Unidos com Berlim Ocidental, sua recente Presidência seria completamente desacreditada. "A posição geral dos Estados Unidos está na balança", escreveu Dean Acheson, secretário de Estado de Eisenhower e agora um importante conselheiro de Kennedy, embora confiasse pouco no seu novo chefe.[7]

Kennedy passou algum tempo na Flórida após seu retorno, onde falou com o jornalista Joseph Alsop sobre o próximo confronto com relação à Berlim. Não era segredo que os Estados Unidos e seus aliados tinham grande desvantagem em forças convencionais. A guarnição de 15 mil soldados franceses, britânicos e norte-americanos em Berlim Ocidental poderia ser facilmente devastada no caso de um ataque soviético. As forças combinadas da Otan na Europa Central também eram inferiores em número.

O plano de emergência era usar armas nucleares pela primeira vez. O fantasma assombrava Kennedy. A matéria seguinte de Alsop, na revista *Saturday Review*, sobre sua entrevista com o presidente tinha um título que poucos na época considerariam excessivamente dramático: "A decisão mais importante na história dos Estados Unidos – E como o presidente a enfrenta".[8]

Enquanto Kennedy planejava seu próximo movimento, milhares de alemães fugiam de Berlim Oriental, controlada pelos soviéticos, com a população de 1,3 milhão, para a segurança e liberdade de Berlim Ocidental, com uma população de 2,3 milhões de pessoas. Os soviéticos certamente não permaneceriam passivos quanto a isso por muito tempo.

O presidente revelou seus planos à nação, aos soviéticos, e ao mundo em 25 de julho, durante um discurso no Salão Oval. A gravidade do momento, o conteúdo do próprio discurso, e as fortes luzes da televisão que brilhavam sobre ele eram mais que suficientes para deixar Kennedy desconfortável. Seu desconforto também era físico, pois suas costas lhe causavam tanta dor que ele precisou usar muletas mais cedo, sem que os jornalistas e assessores de imprensa o vissem. Ele havia tomado esteróides durante anos para sua coluna e outras enfermidades, mas agora aumentara a dosagem em um esforço para ganhar um certo alívio. O público, certamente, não sabia disso.

Kennedy havia preparado uma apresentação multimídia para a nação. Ele usava um mapa para mostrar o quanto Berlim Ocidental estava vulnerável a um bloqueio da União Soviética e da Alemanha Oriental. Os Estados Unidos, disse, nunca deixariam que seus adversários tentassem isolar Berlim Ocidental. Isolar o acesso ocidental à cidade, afirmou, arruinaria os 2,3 milhões da população local.

Falando para um público com memórias vivas da Segunda Guerra Mundial, lembrou aos norte-americanos por que eles estavam em Berlim antes de mais nada. "Estamos lá como resultado de nossa vitória sobre a Alemanha nazista", disse. Mas agora, no rápido curso da história do século XX, as próprias pessoas – pelo menos algumas delas – que haviam lutado contra os Estados Unidos na guerra, agora esperavam que o povo norte-americano "defendesse" sua capacidade de "determinar seu próprio futuro e escolher seu próprio estilo de vida".

Memórias da antiga guerra ajudaram a defender a preparação para a nova. JFK observou que os céticos se queixavam de que Berlim Ocidental não poderia ser defendida, caso fosse atacada. Este certamente era o caso, mas Kennedy preferiu ignorar a realidade, invocando uma lembrança que teria repercussão entre seus colegas, que viveram e serviram na Segunda Guerra Mundial. "Já ouvi dizer que Berlim Ocidental é inatingível", disse. "Assim como Bastogne." O presidente referia-se a um momento central durante a Batalha de Bulge, quando o general Anthony McAuliffe se recusou a entregar sua guarnição em menor número aos alemães que avançavam. (Sua resposta à exigência alemã ficou famosa: "Bobagem".)

Ao lembrar o espírito de Bastogne, Kennedy procurou animar a geração de alistados para a defesa de uma cidade que foi reduzida a escombros, havia menos de 20 anos, por aviões norte-americanos.

Não foi a retórica de Kennedy que tornou este discurso tão sombrio e assustador. Na verdade, suas palavras foram calculadas, carregando inclusive uma advertência aos soviéticos. "Não queremos lutar", insistiu, "mas já lutamos antes... Aqueles que ameaçam desencadear as forças da guerra em uma disputa sobre Berlim Ocidental deveriam relembrar as palavras do antigo filósofo: 'Aquele que inspira medo aos outros não está, ele próprio, livre desse medo'"*.

* Epicuro de Samos, filósofo grego. (N.E.)

As preparações e os alertas específicos de Kennedy com relação ao povo norte-americano eram bem mais ameaçadores.

JFK pediu ao Congresso um adicional de 3,2 bilhões de dólares no gasto com a defesa, aumentando o Exército em 125 mil soldados – para um milhão –, a Marinha em 29 mil e a Força Aérea em 63 mil. Reservistas seriam convocados e navios reativados. "E deixe-me acrescentar que estou ciente do fato de que muitas famílias norte-americanas carregarão o encargo dessas solicitações", disse.

> "Estudos ou carreiras serão interrompidos; maridos e filhos, convocados; em alguns casos, a renda será reduzida. Mas estes são encargos que devem ser suportados se a liberdade tiver de ser defendida – os norte-americanos já os toleraram antes de bom grado – e não hesitarão em assumir esta tarefa agora."

A parte mais assustadora do discurso, contudo, foi dedicada à defesa civil. Falar sobre o movimento de tropas era bem diferente de falar ao povo norte-americano diretamente sobre a possibilidade de que suas cidades talvez pudessem sofrer um ataque terrível – porque defendiam a capital de seu antigo inimigo.

Kennedy disse que pediria ao Congresso para destinar uma verba de 200 milhões de dólares para identificar, fortalecer e armazenar o sistema nacional de abrigos atômicos. "No caso de um ataque, a vida das famílias que não forem atingidas por uma explosão nuclear pode ser salva – se estas famílias puderem ser alertadas para se protegerem e se os abrigos estiverem disponíveis", disse. "Devemos esse tipo de garantia às nossas famílias – e ao nosso país. Ao contrário dos nossos aliados na Europa, a necessidade desse tipo de proteção é nova para nós. Mas o momento de começar é agora."

Nenhum presidente jamais falou ao público norte-americano sobre tal catástrofe. Nenhum presidente desde James Madison teve de confrontar a possibilidade de uma invasão (com exceção de Abraham Lincoln, quando os invasores eram norte-americanos do Sul). E nenhum presidente voltaria a falar de forma tão grave sobre ataques em solo norte-americano até o 11 de Setembro.

Não surpreende, portanto, que Kennedy se permitisse outro momento franco no final de seu discurso. "Gostaria de terminar com palavras pessoais", afirmou.

> "Quando concorri à Presidência dos Estados Unidos, sabia que este país enfrentava sérios desafios, mas não pude perceber – nem homem algum poderia perceber – o quanto estes seriam duros e constantes.

Por três vezes na minha vida, o nosso país e a Europa estiveram envolvidos em grandes guerras. Em cada caso, sérios julgamentos errados foram feitos em ambos os lados sobre as intenções dos outros, que resultaram em uma enorme devastação.

Agora, na era termonuclear, qualquer julgamento errado, em ambos os lados, sobre as intenções do outro, pode espalhar mais devastação em algumas poucas horas que aquela gerada em todas as guerras da história humana.”

Ele prometeu somente “longos dias à frente”, e pediu que o país rezasse.

Menos de três semanas depois, em 13 de agosto, oficiais de segurança da Alemanha Oriental começaram a colocar arame farpado por toda a fronteira de Berlim Ocidental e Oriental. Era o início do Muro de Berlim.

A própria visão do Muro inspiraria, um dia, um dos discursos mais memoráveis de John Kennedy. No verão de 1961, no entanto, essa brutal imposição da Guerra Fria de dividir a cidade ajudou a acalmar as tensões e talvez tenha adiado o inverno previsto por Kennedy em Viena. O êxodo de refugiados do Oriente para o Ocidente foi interrompido e ambos os lados recuaram do que parecia um confronto inevitável e catastrófico.

Discurso nacional sobre a Crise de Berlim

25 de julho de 1961

"Boa noite.

Há sete semanas voltei da Europa para relatar meu encontro com o primeiro-ministro Khrushchev e outros. Seus terríveis alertas sobre o futuro do mundo, suas lembranças da ajuda em Berlim, seus subseqüentes discursos e ameaças lançados por ele e seus agentes e o aumento anunciado por ele do orçamento militar soviético, tudo isso estimulou uma série de decisões deste governo e uma série de reuniões com membros da Otan. Em Berlim, como vocês se lembram, ele pretende dar um fim, com uma assinatura, primeiro aos nossos direitos legítimos de estar em Berlim Ocidental, e segundo em nossa habilidade de contemplar o nosso compromisso com os 2 milhões de habitantes livres desta cidade. Isso, nós não podemos permitir.

Sabemos o que precisa ser feito – e pretendemos fazê-lo. Quero falar francamente com vocês esta noite sobre as primeiras medidas que devemos tomar. Estas ações exigirão sacrifícios por parte de muitos de nossos cidadãos. Mais será necessário no futuro. As medidas exigirão, de todos nós, coragem e perseverança nos próximos anos. Mas se nós e nossos aliados agirmos com força, unidade e propósito, com uma determinação controlada e nervos de aço, sendo moderados em nossas palavras e no uso de nossas armas, tenho esperança de que tanto a paz como a liberdade serão mantidas.

A ameaça imediata aos homens livres está em Berlim Ocidental. Mas este único bastião não é um problema isolado. A ameaça é mundial. Nosso esforço deve ser igualmente amplo e forte, e não devemos ficar obcecados com uma única crise fabricada. Enfrentamos um desafio em Berlim, mas também há um desafio no Sudeste asiático, onde as fronteiras são menos protegidas, o inimigo mais difícil de ser encontrado e os perigos do comunismo menos aparentes àqueles que possuem tão pouco. Enfrentamos o desafio em nosso próprio hemisfério e, na verdade, em qualquer outra parte onde a liberdade dos seres humanos esteja em risco.

Lembro a vocês que a guerra e a diplomacia conseguiram libertar a população de Berlim Ocidental, em 1945, 177 quilômetros atrás da Cortina de Ferro.

Este mapa deixa claro os problemas enfrentados. Em branco está a Alemanha Ocidental – o Leste é a área controlada pela União Soviética, e como vocês podem ver no mapa, Berlim Ocidental está 177 quilômetros adentro da área dominada pelos soviéticos –, completamente controlada pelo chamado regime alemão oriental.

Estamos lá como resultado de nossa vitória contra a Alemanha nazista, e nossos direitos básicos de estar lá, originados por esta vitória, incluem tanto a nossa presença em Berlim Ocidental como a autorização para ter acesso a Alemanha Oriental. Esses direitos foram muitas vezes confirmados e reconhecidos em acordos especiais com a União Soviética. Berlim não é parte da Alemanha Oriental, mas um território separado sob o controle das potências aliadas. Deste modo, nossos direitos no local são claros e bem fundamentados. Mas além desses direitos está o nosso compromisso de apoiar – e defender, se necessário – a oportunidade para mais de 2 milhões de pessoas de determinar seu próprio futuro e escolher seu próprio modo de vida.

II

Desta forma, nossa presença em Berlim Ocidental e nosso acesso à área não podem ser rechaçados por meio de qualquer ato do governo soviético. A proteção da Otan foi ampliada há muito tempo a ponto de cobrir Berlim Ocidental – e demos nossa palavra de que um ataque contra esta cidade seria visto como um ataque contra todos nós.

Há muitas rotas para Berlim Ocidental – exposta 177 quilômetros adentro da Alemanha Oriental, cercada por tropas soviéticas e próxima das linhas de suprimento soviéticas. A cidade é mais que uma vitrine da liberdade, é um símbolo, uma ilha de liberdade em um mar comunista. É mais que um elo com o mundo livre, é um chamariz de liberdade por trás da Cortina de Ferro, um ponto de escape para os refugiados.

Berlim Ocidental é tudo isso. Mas acima de tudo a cidade se tornou – como nunca antes – o grande local de teste da coragem e da vontade do Ocidente, um ponto onde nossos solenes compromissos datam de 1945, e sobre o qual as ambições soviéticas nos confrontam.

Seria um erro que outros considerassem Berlim, por sua localização, como um alvo tentador. Os Estados Unidos estão lá; o Reino Unido e a França estão lá; a garantia da Otan está lá – e o povo de Berlim está lá. Eles estão tão seguros, neste aspecto, quanto o resto de nós – pois não podemos separar a segurança deles da nossa.

Já ouvi dizer que Berlim Ocidental é inatingível. Assim como Bastogne. E, na verdade, como Stalingrado. Qualquer local perigoso é defensável se homens – homens corajosos – assim o tornarem.

Não queremos lutar – mas já lutamos antes. E outros antes já cometeram o mesmo erro perigoso de assumir que o Ocidente fosse egoísta, sem vigor e dividido em demasia, para resistir a invasões da liberdade em outras terras. Aqueles que ameaçam desencadear as forças da guerra em uma disputa sobre Berlim Ocidental deveriam se lembrar das palavras do antigo filósofo: "Aquele que inspira medo aos outros não está, ele próprio, livre desse medo."

Não podemos e não permitiremos que os comunistas nos expulsem de Berlim, aos poucos ou pela força. Pois o cumprimento de nossa promessa para esta cidade é essencial à moral e à segurança da Alemanha Ocidental, à unidade da Europa Ocidental, e à fé de todo o Mundo Livre. A estratégia soviética vem sendo planejada há muito tempo, não simplesmente em Berlim, mas com o intuito de dividir e neutralizar toda a Europa, nos forçando de volta a nossa própria terra. Devemos cumprir nossa promessa muitas vezes declarada às pessoas livres de Berlim Ocidental – e manter nossos direitos e a segurança deles, mesmo diante da força – para sustentar a confiança de outros indivíduos livres no mundo e que estão ao nosso lado. A força da aliança sobre a qual nossa segurança depende está sujeita por sua vez a nossa vontade de cumprir nossos compromissos.

III

Enquanto os comunistas insistirem nos preparativos para acabar unilateralmente com nossos direitos em Berlim Ocidental e nossos compromissos com o povo desta cidade, devemos estar preparados a defender estes mesmos direitos e compromissos. Estaremos sempre prontos para dialogar, se o diálogo ajudar. Mas também precisamos estar prontos para resistir com força, se a força for usada contra nós. Um dos dois caminhos, sozinhos, não ajudarão. Juntos, eles podem servir à causa da liberdade e da paz.

As novas medidas que devemos tomar para defender a paz fazem parte do longo reforço em nosso efetivo empreendido desde janeiro. Baseiam-se em nossas necessidades para enfrentar uma ameaça mundial, e vão além da Crise de Berlim. Nosso principal propósito não é nem a propaganda, nem a provocação – mas a preparação.

Uma primeira necessidade é acelerar o progresso em direção aos objetivos militares estabelecidos pela Otan. Hoje, na Europa, nada menos que o estabelecido será suficiente. Vamos empreender ainda mais recursos com o intuito de realizar esses objetivos, e esperamos que nossos aliados façam o mesmo.

As medidas suplementares de defesa que pedi ao Congresso em março e maio já começaram a nos impulsionar em direção a estes e outros objetivos.

Essas medidas incluem um aumento do corpo de fuzileiros navais, uma melhor disponibilidade de nossos reservistas, a expansão de nossas rotas aéreas e marítimas, e uma intensificação na aquisição de armas, munições e outros itens necessários. Para assegurar uma capacidade invulnerável contínua para deter ou destruir qualquer agressor, as ações tomadas proveram o fortalecimento de nosso poder balístico e colocaram 50% de nossos aviões de bombardeio B-52 e B-47 em alerta de prontidão para decolar em 15 minutos.

Essas medidas precisam ser aceleradas, e outras ainda devem ser tomadas. Precisamos de rotas aéreas e marítimas capazes de transportar nossas forças rapidamente e em grande número para qualquer parte do mundo.

E, ainda mais importante, precisamos da capacidade de colocar em cada área crítica e no momento apropriado uma força que, associada a de nossos aliados, seja grande o suficiente para tornar clara a nossa determinação e habilidade de defender nossos direitos a todo o custo – e para enfrentar todos os níveis de pressão do agressor com quaisquer graus de força necessários. Pretendemos ter uma escolha mais ampla que a humilhação ou a ação nuclear total.

Embora não seja inteligente convocar ou enviar para o exterior um número excessivo dessas tropas antes que sejam necessárias, deixo claro que pretendo tomar, com o passar do tempo, quaisquer medidas necessárias para garantir que tais forças possam ser posicionadas no momento oportuno sem diminuir nossa habilidade de cumprir nossos compromissos em outros locais.

Desta forma, nos dias e meses adiante, não hesitarei em pedir ao Congresso medidas adicionais ou em exercer qualquer um dos poderes executivos que possuo para enfrentar esta ameaça à paz. Tudo o que for essencial para assegurar a liberdade deve ser feito; e se isso exigir mais homens, ou mais impostos, ou mais controles, ou novos poderes, não hesitarei em pedir. As medidas propostas hoje serão constantemente estudadas, e alteradas conforme necessário. Mas não deixaremos o pânico formular nossa política, nem permitiremos que nossos programas sejam dirigidos com timidez.

Nesse sentido, tomo agora as seguintes medidas:

(1) Amanhã solicitarei ao Congresso, para o atual ano fiscal, um adicional de 3,247 bilhões de dólares para as Forças Armadas;

(2) Para complementar nossas atuais divisões de Exército, e fazer uma reserva para um posicionamento imediato, solicito um aumento no efetivo autorizado total de 875 mil para aproximadamente 1 milhão de homens.

(3) Solicito um aumento de 29 mil e 63 mil homens respectivamente ao atual efetivo da Marinha e da Força Aérea;

(4) Para contemplar tais necessidades, ordeno que nosso alistamento seja dobrado ou triplicado nos próximos meses; peço ao Congresso a autori-

dade para mandar ao dever ativo indivíduos reservistas e certas unidades de reserva disponíveis, e para aumentar os turnos de trabalho; e, com esta autoridade, planejo enviar ao dever ativo uma série de esquadrões de transporte e esquadrões aéreos táticos da Guarda Nacional Aérea, para nos fornecer a capacidade logística no ar e proteção necessárias. Outras forças de reserva serão convocadas quando for preciso;

(5) Muitos navios e aviões prestes a serem aposentados serão retidos ou reativados, ampliando taticamente nosso poder aéreo, nossas rotas marítimas e aéreas e nossa capacidade de conflito armado anti-submarino. Além disso, nosso poder aéreo estratégico será aumentado com o atraso da desativação de aviões bombardeiros B-47;

(6) Finalmente, cerca de 1,8 bilhão de dólares – em torno da metade da quantia total – será necessário para a aquisição de armas convencionais, munição e equipamento.

Os detalhes de todas essas solicitações serão apresentados ao Congresso amanhã. Medidas subseqüentes serão tomadas para satisfazer às necessidades subseqüentes. Esforços comparáveis para a defesa comum estão sendo discutidos com nossos aliados da Otan. Pois o compromisso e o interesse deles são tão meticulosos quanto os nossos.

E deixem-me acrescentar que estou ciente do fato de que muitas famílias norte-americanas carregarão o encargo dessas solicitações. Estudos ou carreiras serão interrompidos; maridos e filhos, convocados; em alguns casos, a renda será reduzida. Mas estes são encargos que devem ser suportados se a liberdade tiver de ser defendida – os norte-americanos já os toleraram antes de bom grado – e não hesitarão em assumir esta tarefa agora.

IV

Temos outra séria responsabilidade. Reconhecer as possibilidades de uma guerra nuclear na era dos mísseis, sem que nossos cidadãos saibam o que fazer e para onde ir se bombas começarem a cair, seria uma falha de responsabilidade. Em maio, prometi um novo impulso à Defesa Civil. Na semana passada, determinei, com a recomendação do diretor da Defesa Civil, a responsabilidade básica por este programa à Secretaria de Defesa, para garantir que seja administrado e coordenado em conjunto aos nossos esforços de defesa continental. Amanhã, peço ao Congresso mais fundos para os seguintes objetivos imediatos: identificar e marcar o espaço em estruturas existentes

– públicas e privadas – que poderiam ser usadas para abrigos atômicos no caso de um ataque; estocar estes abrigos com alimentos, água, estojos de primeiros socorros e outras necessidades mínimas para a sobrevivência; para aumentar a capacidade destes abrigos; para aprimorar nossos alertas de ataque aéreo e sistemas de detecção de radioatividade, inclusive um novo sistema de alerta doméstico agora em produção; e para tomar outras medidas que estarão logo prontas para salvar milhões de vidas se necessário.

No caso de um ataque, a vida das famílias que não forem atingidas por uma explosão nuclear pode ser salva – se estas famílias puderem ser alertadas para se protegerem e se os abrigos estiverem disponíveis. Devemos este tipo de garantia às nossas famílias – e ao nosso país. Ao contrário dos nossos aliados na Europa, a necessidade desse tipo de proteção é nova para nós. Mas o momento de começar é agora. Nos próximos meses, espero deixar todo cidadão a par de quais medidas deve tomar de imediato para proteger sua família em caso de ataque. Sei que vocês desejarão fazer não menos que isso.

V

Além dos 207 milhões de dólares destinados à Defesa Civil, nosso novo orçamento total para a defesa requer 3,454 bilhões, e um total de 47,5 bilhões para este ano. Isso significa um aumento no orçamento da defesa de 6 bilhões de dólares desde janeiro, e resulta, com base em estimativas oficiais, em um déficit orçamentário de mais de 5 bilhões de dólares. A Secretaria do Tesouro e outros assessores para a economia me garantiram, contudo, que nossa economia tem a capacidade de suportar essa nova solicitação.

Estamos nos recuperando muito bem da recessão deste ano. O acréscimo da produção nacional total, na última quinzena de nosso ano fiscal*, foi maior que a de qualquer período de recuperação inicial no pós-guerra. E, no entanto, os preços no atacado estão realmente mais baixos que durante a recessão, e os preços dos consumidores estão somente ¼ de 1% mais altos do que em outubro passado. Na verdade, essa última quinzena foi a primeira em oito anos na qual a nossa produção aumentou sem um acréscimo no índice de preços geral. E pela primeira vez desde o outono de 1959, nossa reserva de ouro melhorou e o dólar é mais respeitado no exterior. Esses ganhos estão sendo conquistados com os déficits orçamentários bem menores que os da recessão de 1958.

---

* O ano fiscal começa em outubro, nos Estados Unidos. (N.E.)

Esta perspectiva melhor para os negócios significa rendimentos melhores; e pretendo submeter ao Congresso, em janeiro, um orçamento para o próximo ano fiscal que será estritamente equilibrado. Apesar disso, se um aumento dos impostos for necessário – por causa dos eventos nos próximos meses – para atingir este equilíbrio, ou por causa de subseqüentes aumentos da defesa, estes impostos elevados serão requeridos em janeiro.

Enquanto isso, para reforçar a certeza de que o déficit atual seja mantido em um nível seguro, devemos conter todas as despesas não-justificadas completamente nas solicitações orçamentárias. O luxo do nosso atual déficit da agência de correios deve acabar. Os custos nas aquisições militares serão minuciosamente analisados – e, para isso, incentivo a cooperação com o Congresso. A evasão de impostos que especifiquei – nas contas de despesa, nos rendimentos produzidos no exterior, nos dividendos, juros, nas cooperativas e em outras formas – deve acabar.

Sei que nenhuma medida de renda pública é bem recebida por todos. Mas estou certo de que os norte-americanos querem contribuir, e não deixar o encargo de defender a liberdade somente para aqueles que portam armas. Pois a defesa da liberdade põe em jogo o nosso próprio bem-estar – e não podemos deixar de cumprir nossas responsabilidades.

VI

Mas enfatizo uma vez mais que a escolha não é simplesmente entre a resistência e a retirada, entre o holocausto atômico e a rendição. Nossa postura militar em tempos de paz é tradicionalmente defensiva; mas nossa atitude diplomática não precisa ser. Nossa reação à Crise de Berlim não será meramente militar ou negativa. Será mais do que uma resistência firme. Pois não pretendemos deixar que outros escolham e monopolizem os fóruns e a forma do debate. Não pretendemos abandonar nossa obrigação com a humanidade de buscar uma solução pacífica. Como signatários da Carta da ONU, devemos estar sempre preparados para discutir os problemas internacionais com qualquer ou todas as nações dispostas a dialogar – e ouvir – racionalmente. Se estas tiverem propostas – e não exigências – vamos ouvi-las. Se buscarem um entendimento genuíno – não a concessão de nossos direitos – devemos nos reunir com elas. Já demonstramos antes nossa disposição a remover qualquer provocação de Berlim Ocidental, mas a liberdade desta cidade não é negociável. Não podemos negociar com aqueles que dizem: "O que é meu, é meu; e o que é seu, é negociável." Mas estamos dispostos a considerar qualquer arranjo ou tratado na Alemanha consistente com a manutenção da paz e da liberdade, e com os legítimos interesses de segurança de todas as nações.

Reconhecemos a preocupação histórica da União Soviética com sua segurança na Europa central e do Leste, após uma série de invasões devastadoras, e acreditamos que alguns mecanismos podem ajudar na resolução dessas preocupações e tornar possível a existência da segurança e da liberdade nesta área problemática.

Pois não é a liberdade de Berlim Ocidental que é "anormal" na Alemanha hoje, mas a situação em todo esse país dividido. Se alguém duvidar da legalidade de nossos direitos em Berlim, estamos prontos para submetê-los à adjudicação internacional. Se alguém duvidar do quanto o povo de Berlim Ocidental deseja nossa presença, em comparação ao que pensam os alemães orientais sobre o regime deles, estamos prontos para submeter esta questão a uma votação livre em Berlim e, se possível, a todo o povo alemão. E que nós possamos ouvir, assim, os 2,5 milhões de refugiados que fugiram do regime comunista na Alemanha Oriental, escolhendo o tipo ocidental de liberdade com convicção.

O mundo não está iludido pela tentativa comunista de classificar Berlim como um foco de guerra. Hoje, há paz em Berlim. A fonte dos problemas e da tensão mundial está em Moscou, não em Berlim. E se a guerra começar, terá começado em Moscou, e não em Berlim.

Pois a escolha da guerra ou da paz é em grande medida deles, não nossa. Os soviéticos provocaram esta crise. São eles que tentam forçar uma mudança. São eles que se opõem às eleições livres. São eles que rejeitaram um tratado de paz para toda a Alemanha, e a regra do direito internacional. E, como os norte-americanos sabem de sua própria história e de sua própria antiga fronteira, batalhas são causadas por criminosos e não por oficiais da paz.

Em suma, enquanto estamos prontos para defender nossos interesses, também devemos estar prontos para buscar a paz – em diálogos a serem explorados de forma contida – em encontros formais ou informais. Não queremos que considerações militares dominem o pensamento do Ocidente ou do Oriente. E o senhor Khrushchev pode achar que seu convite a outras nações para se unirem em um tratado irrelevante pode fazer com que ele seja convidado a se juntar à comunidade de homens pacíficos, abandonar o uso da força, e respeitar a inviolabilidade dos acordos.

Enquanto continuamos com todos esses esforços, não devemos nos desviar de nossas amplas responsabilidades, de outros perigos, de outras tarefas. Se novas ameaças em Berlim ou em outros locais causarem o enfraquecimento de nosso programa de assistência às nações em desenvolvimento sob extrema pressão vindas desta mesma fonte, ou interromperem nossos esforços por um desarmamento realista, ou atrapalharem ou desacelerarem nossa economia, ou negligenciarem a educação de nossos filhos, estas ameaças certamente serão a mais bem-sucedida e menos custosa manobra da história comunista. Pois podemos arcar com todos esses esforços, e mais – mas não podemos nos permitir não enfrentar este desafio.

E o desafio não é só nosso. É um desafio a todas as nações que declaram sua soberania sob um sistema de liberdade. É um desafio a todos que querem um mundo de escolhas livres. É um desafio especial à Comunidade Atlântica – a área central da liberdade humana.

Nós no Ocidente devemos construir juntos uma força militar. Devemos consultar um ao outro com mais freqüência que no passado. Devemos planejar em conjunto propostas para a paz, e trabalhar juntos conforme elas são apresentadas em conferências. E unidos dividiremos os encargos e riscos deste esforço.

A Comunidade Atlântica, como a conhecemos, foi construída em reação ao desafio: o desafio do caos europeu em 1947, o bloqueio de Berlim em 1948, o desafio da agressão comunista na Coréia em 1950. Agora, forte e próspera, após uma década sem precedentes de progresso, a Comunidade Atlântica não esquecerá sua história ou seus princípios.

A única promessa que cada um de nós deu a Berlim Ocidental em tempos de paz não será quebrada em tempos de ameaça. Se não cumprirmos nossos compromissos em Berlim, como ficaremos depois? Se não cumprirmos nossa palavra lá, tudo o que alcançamos em termos de segurança coletiva, e que se apóia nestas palavras, não significará nada. E se houver um caminho acima de todos para a guerra, é o caminho da fraqueza e da desunião.

Hoje, a fronteira ameaçada da liberdade atravessa a dividida Berlim. Queremos que ela permaneça como uma fronteira de paz. Essa é a esperança de cada cidadão da Comunidade Atlântica; de cada cidadão do Leste europeu; e, tenho confiança, de cada cidadão da União Soviética. Pois não consigo acreditar que o povo russo, que sofreu com bravura grandes perdas na Segunda Guerra Mundial, gostaria agora de ver a paz perturbada mais uma vez na Alemanha. O governo soviético sozinho não pode converter a fronteira da paz de Berlim em um pretexto para a guerra.

As medidas que apontei hoje à noite estão destinadas a evitar esta guerra. Para resumir tudo: buscamos a paz – mas não vamos nos render. Este é o significado central desta crise, e o significado da política do seu governo.

Com a ajuda de vocês, e a ajuda de outros homens livres, esta crise pode ser superada. A liberdade pode prevalecer – e a paz pode durar.

Gostaria de terminar com palavras pessoais. Quando concorri à Presidência dos Estados Unidos, sabia que este país enfrentava sérios desafios, mas não pude perceber – nem homem algum poderia perceber – o quanto estes seriam duros e constantes.

Por três vezes na minha vida, o nosso país e a Europa estiveram envolvidos em grandes guerras. Em cada caso, sérios julgamentos errados foram feitos em ambos os lados sobre as intenções do outro, que resultaram em uma enorme devastação.

Agora, na era termonuclear, qualquer julgamento errado, em ambos os lados, sobre as intenções do outro, pode espalhar mais devastação em algumas poucas horas que aquela gerada em todas as guerras da história humana.

Portanto, como presidente e chefe do Estado-Maior, e todos nós como norte-americanos, estamos passando por dias difíceis. Devo assumir esta responsabilidade sob nossa Constituição pelos próximos três e anos e meio, mas tenho certeza de que todos nós, independentemente de nossas ocupações, faremos o melhor para o nosso país, e pela nossa causa. Pois todos nós queremos ver nossos filhos crescerem em um país em paz, e em um mundo onde a liberdade persiste.

Sei que às vezes ficamos impacientes, queremos alguma ação imediata que acabe com as ameaças a nós. Mas devo dizer a vocês que não há uma solução rápida e fácil. Os comunistas controlam mais de um bilhão de pessoas, e eles sabem que se hesitarmos, o sucesso deles será iminente.

Devemos aguardar longos dias, os quais, se tivermos coragem e perseverança, podem trazer o que desejamos.

Peço a ajuda de vocês, e o conselho, nesses dias e nessas semanas. Peço sugestões, quando vocês acharem que podemos fazer melhor.

Todos nós amamos o nosso país, e devemos fazer nosso melhor para servi-lo.

Ao cumprir minha responsabilidade nos próximos meses como presidente, preciso da boa vontade de vocês, e do apoio – e acima de tudo, de suas orações.

Obrigado e boa noite. ”

10. A espada nuclear de Dâmocles

No final de setembro de 1961, a revista *Life* publicou um artigo escrito pelo presidente dos Estados Unidos. O tema era a guerra nuclear, ou, mais exatamente, como os norte-americanos poderiam sobreviver a tal conflito.

Mantendo o tom do seu sombrio discurso de 25 de julho, John Kennedy pressionou os norte-americanos a prepararem abrigos apropriados contra os efeitos secundários de um ataque nuclear. O texto afirmava que, com um planejamento adequado, 97% da população poderia ser salva. No mínimo, não era uma afirmação responsável. Kennedy sabia disso. Após a sua volta da tumultuada cúpula com Khrushchev em Viena, havia perguntado ao Pentágono quantos norte-americanos morreriam no caso de uma guerra nuclear total. Setenta milhões, disseram a ele. A população dos Estados Unidos, na época, era de, aproximadamente, 140 milhões.

No outono de 1961, a defesa civil estava entre as principais prioridades do governo. A guerra nuclear parecia iminente. O presidente recebia relatórios diários sobre preparações da defesa civil pelo país, e o artigo da *Life* fazia parte deste esforço. Foi escrito mais como uma carta para seus concidadãos do que um artigo jornalístico. Mas, embora o presidente quisesse preparar a nação para a gravidade do momento, JFK ignorou a terrível verdade – todos os abrigos atômicos e outros arranjos em andamento não protegeriam sequer metade do país.

O outono de 1961 foi um período terrível e assustador para um governo muito jovem – tanto em idade quanto em tempo de gestão. Somente a Crise dos Mísseis rivalizaria com estas semanas em termos de tensão, medo e drama. Até então, a guerra nuclear parecia apenas um erro, uma declaração mal formulada, um comentário descuidado, distante.

Em meio aos preparativos do país para a conflagração, John Kennedy viajou a Nova York para discursar na sessão de abertura da Assembléia Geral das Nações Unidas, que começava a se transformar na grande organização mundial que é hoje. Na época, as últimas colônias dos poderes europeus, a maioria delas na África, e outras na Ásia e no Caribe, começavam a afirmar sua independência. Em 1961, 104 nações pertenciam à Assembléia Geral da ONU. Até 2005, esse número havia aumentado para 191.

Kennedy não tinha certeza se apareceria na ONU, mas a tragédia interveio em seus planos. Uma semana antes da sessão de abertura, o sueco Dag Hammarskjöld, o admirado secretário-geral, morreu em um acidente de avião na África. Ele participava de uma missão de solidariedade e paz, tentando dar um fim à guerra civil no Congo.*

Após a morte de Hammarskjöld, Kennedy decidiu comparecer à sessão. JFK tinha muitos objetivos em mente. Em primeiro lugar, um discurso na ONU, com palavras cuidadosamente escolhidas, poderia reduzir as tensões insuportáveis do momento. Ele havia começado a receber sinais particulares de Moscou de que Khrushchev também queria recuar do abismo. Ao mesmo tempo, entretanto, Kennedy queria reagir à proposta apoiada pelos soviéticos de substituir o cargo de Hammarskjöld por uma administração de três pessoas.

O discurso de Kennedy refletia as terríveis tensões do momento. Após prestar homenagem ao antigo líder da ONU, JFK se voltou para o papel da organização mundial na resolução de enormes diferenças que afastavam as grandes potências. "Hoje", afirmou:

> "Todo habitante deste planeta deve contemplar o dia em que ele poderá não ser mais habitável. Todo homem, mulher e criança vive sob uma espada nuclear de Dâmocles**, pendurada pelo fio mais delgado, capaz de ser cortado a qualquer momento por acidente, erro de cálculo ou loucura. As armas da guerra devem ser abolidas antes que acabem conosco."

---

* O diplomata sueco Dag Hjalmar Agne Carl Hammarskjöld foi secretário-geral da ONU entre 1953 e 1961. Muito popular, Dag Hammarskjöld morreu quando o avião que viajava caiu no que é hoje a Zâmbia. Ele estava a caminho da África para negociar um acordo de cessar-fogo na província de Katanga, na República Democrática do Congo. Pela sua atuação na ONU, Hammarskjöld recebeu o prêmio Nobel da Paz de 1961. Ainda hoje há especulações sobre as circunstâncias da morte do secretário-geral. (N.E.)

** Segundo o mito, trata-se da espada pendurada apenas por um fio que ficava bem acima do trono de Dionísio I de Siracusa, na Itália siciliana. Dâmocles teria sido um cortesão que, ocupando por um dia o trono e os prazeres do rei, abdicou do privilégio ao notar o objeto sobre a sua cabeça. A história representa a insegurança daqueles com grande poder (N.E.)

Porém, apesar de defender o desarmamento, Kennedy ressuscitou o fantasma do conflito em um local que a maioria dos norte-americanos não saberia encontrar no mapa: o Vietnã do Sul.

Sua principal preocupação no Sudeste da Ásia havia sido o Laos, que faz fronteira com o Sul do Vietnã. Até mesmo antes de prestar juramento do cargo, Kennedy estava monitorando os eventos no Laos com cuidado. Dwight Eisenhower disse a Kennedy que acreditava que uma revolta bem-sucedida apoiada pelos comunistas no Laos poderia levar a mais vitórias comunistas na região. Os rebeldes receberam sua principal ajuda do regime comunista no Norte do Vietnã, a outra parte desta nação dividida.

Kennedy estava no governo há três meses quando deslocou 150 fuzileiros navais norte-americanos para a fronteira entre o Laos e a Tailândia. Mais tropas foram posicionadas ao longo da costa, em navios próximos à Tailândia. O grupo parecia pronto para ser transferido para a fronteira se necessário, embora a presença norte-americana fosse mais para exibição do que qualquer outra coisa. Kennedy não queria se envolver em um conflito sério no Laos. O Vietnã, contudo, seria outra história.

Na época do discurso de Kennedy na ONU, foi firmado um cessar-fogo instável no Laos, e ocorriam negociações entre o governo e os rebeldes apoiados pelos comunistas.

Portanto, agora, a atenção de Kennedy se concentrava no vizinho, o Vietnã do Sul. JFK disse à ONU que o Vietnã do Sul estava sob ataque e acusou os rebeldes de se infiltrarem no país passando pelo Laos. A comunidade mundial, disse, deve confrontar a questão da "criação de medidas para proteger os pequenos e os fracos" dos ataques insurgentes.

Na verdade, os insurgentes – os vietcongues – se tornavam cada vez mais ousados, com o objetivo declarado de derrubar o governo do Vietnã do Sul, em 1961. De fato, eles pareciam prontos para isso no outono. O presidente do Vietnã do Sul, Ngo Dinh Diem, logo pediu mais ajuda aos norte-americanos para se defender dos vietcongues.

Kennedy não queria enviar tropas de combate ao Vietnã, mas, no final de 1961, aprovou um plano para enviar os chamados "conselheiros", para ajudar o Exército do Vietnã do Sul. Quatrocentos "conselheiros" – na realidade, tropas norte-americanas – chegaram logo após o Natal. Dentro de duas semanas, o número cresceu, subindo para pouco mais de 2 mil. Em teoria, eles estavam lá para instruir e treinar o Exército do Vietnã do Sul, mas carregavam armas e tinham a permissão de usá-las se acreditassem estar em perigo. Nesse meio tempo, a CIA começou, com a aprovação de Kennedy, a treinar um exército de membros da tribo Meo para combater os rebeldes comunistas.

As condições continuaram a piorar e, um ano depois do discurso de Kennedy na ONU, os Estados Unidos tinham mais de 11 mil soldados no Vietnã. A escalada havia começado. Um ano depois, cerca de 16 mil norte-americanos estavam no Vietnã. "Não estamos lá para ver uma guerra perdida", disse Kennedy, em uma entrevista no final do verão de 1963.[1]

No entanto, estava claro que ainda faltava muito para a vitória. Frustrado com o regime de Diem, com acontecimentos que pareciam fugir de seu controle, e com relatos da imprensa que criticavam o esforço norte-americano no Vietnã, Kennedy começou a considerar a possibilidade de retirada.

Uma das questões mais debatidas da Presidência de Kennedy é se ele comandaria uma expansão maciça da guerra, como fez seu sucessor Lyndon Johnson. É uma questão sem resposta, certamente, mas sugere-se que ele buscava uma saída após a campanha presidencial de 1964. JFK apoiava planos experimentais para retirar 1000 tropas norte-americanas no final de 1963. Em particular, ele estava convencido de que o regime pró-americano no Vietnã do Sul simplesmente não poderia derrotar os insurgentes.

A situação mudou violentamente no início de novembro, quando o presidente Diem e seu irmão foram derrubados por um golpe e, então, assassinados. Em um de seus últimos atos como presidente, Kennedy ordenou uma revisão completa da política norte-americana no Vietnã. Pediu uma análise abrangente de todas as opções possíveis, inclusive, disse, "de como sair de lá".[2]

Ele fez essa solicitação em 21 de novembro de 1963, um dia antes de ser assassinado.

Discurso à Assembléia Geral da ONU

25 de setembro de 1961

"Senhor presidente, distintos representantes, senhoras e senhores:

Nos encontramos em um momento de tristeza e desafio. Dag Hammarskjöld morreu, mas as Nações Unidas ainda vivem. Somos solidários a sua tragédia, mas a tarefa pela qual ele morreu ainda é uma de nossas prioridades. Um nobre servo da paz se foi. Mas a busca pela paz está diante de nós.

O problema não é a morte de um homem – o problema é a vida desta organização. Esta será aprimorada para enfrentar os desafios de nossa época ou sucumbirá, sem influência, sem força, sem respeito. Se a deixarmos morrer, se debilitarmos seu vigor, invalidarmos seus poderes, estaremos condenando o nosso futuro.

Pois a única e verdadeira alternativa à guerra está no desenvolvimento desta organização – e a guerra não é mais uma alternativa racional. A guerra incondicional não pode mais levar à vitória incondicional. Não pode mais servir para a resolução de disputas. Não pode mais ser uma preocupação somente das grandes potências. Pois um desastre nuclear, propagado pelo vento, pela água e pelo medo, poderia tragar os grandes e os pequenos, os ricos e os pobres, os comprometidos assim como os não-comprometidos. A humanidade deve colocar um fim à guerra – ou a guerra colocará um fim à humanidade.

Então que nós determinemos aqui que Dag Hammarskjöld não viveu ou morreu em vão. Que nós declaremos uma trégua ao terror. Que nós invoquemos as bênçãos da paz. E, conforme construímos uma capacidade internacional para manter a paz, que nós nos unamos para desmantelar a capacidade nacional de fazer a guerra.

II

Isso exigirá novos poderes e novos papéis para as Nações Unidas. Pois o desarmamento sem fiscalização é apenas uma sombra – e uma comunidade sem lei é apenas um vazio*. As Nações Unidas já se tornaram tanto o instrumento como o veículo dos impulsos mais generosos do homem. Já proporcionou – no Oriente Médio, na Ásia, na África, e este ano, no Congo – os meios de criar limites à violência do homem.

---

* Do original: "... a community without law is but a shell." (N.E.)

Mas as grandes questões que este organismo confrontou em 1945 ainda estão diante de nós: se as esperanças do homem pelo progresso e pela paz serão destruídas pelo terror, se os "ventos insanos da guerra" serão domados em tempo de libertar os ventos amenizantes da razão, e se as promessas da nossa Carta serão cumpridas ou desafiadas; promessas para assegurar a paz, o progresso, os direitos humanos e a lei mundial.

Neste salão, não há três forças*, mas duas. Uma composta daqueles que tentam construir o tipo de mundo descrito nos Artigos I e II da Carta. O outro, em busca de um mundo bem diferente, cujo processo de construção enfraqueceria esta organização.

Hoje, mais que nunca, nossa dedicação à Carta deve ser mantida. Deve ser fortalecida, antes de tudo, por meio da seleção de um proeminente servidor público para realizar as responsabilidades de secretário-geral – um homem dotado tanto da sabedoria como do poder para tornar significativa a força moral da comunidade internacional. O antigo secretário-geral nutriu e aprofundou a obrigação da ONU de agir. Mas ele não inventou isso, que estava lá, presente na Carta. E ainda está.

Por mais difícil que seja ocupar o lugar do senhor Hammarskjöld, este será melhor substituído por um homem em vez de três. Até mesmo os três cavalos da Troika não tinham três condutores, todos buscando rumos diferentes. Eles só tinham um condutor, e o mesmo deve ocorrer com o poder Executivo das Nações Unidas. Instalar um trio, qualquer painel ou autoridade rotativa no centro administrativo das Nações Unidas substituiria a ordem pela anarquia, a ação pela paralisia, a confiança pela confusão.**

O secretário-geral, na realidade, é o servo da Assembléia Geral. Reduza a sua autoridade e você reduzirá a autoridade do único organismo em que todas as nações, independentemente do poder, são iguais e soberanas. Até que todos os poderosos sejam justos, os fracos estarão protegidos somente pela força desta Assembléia.

A ação efetiva e independente do Executivo não é o mesmo que uma representação equilibrada. Em vista da imensa mudança na representação perante este organismo desde sua fundação, a delegação norte-americana se unirá a qualquer esforço para uma revisão imediata da composição dos organismos das Nações Unidas.

Mas dar a esta organização três condutores, para permitir a cada potência que decida da sua forma, apenas colocaria a Guerra Fria para dentro da sede

---

* Em referência ao Primeiro, Segundo e Terceiro Mundos. (N.E.)

** Sobre a proposta de um conselho triplo no secretariado-geral da ONU, proposta defendida pelos soviéticos. (N.E.)

da paz. Quaisquer vantagens que tal plano possa oferecer ao meu próprio país, como uma das grandes potências, nós as rejeitamos. Pois preferimos de longe a ordem mundial, na era da autodeterminação, à guerra mundial, na era do extermínio em massa.

III

Atualmente, todo habitante deste planeta deve contemplar o dia em que este pode não ser mais habitável. Todo homem, toda mulher e toda criança vivem sob uma espada nuclear de Dâmocles, pendurada pelo fio mais fino, capaz de ser cortado a qualquer momento por acidente, erro de cálculo ou loucura. As armas da guerra devem ser extintas antes que nos levem à extinção.

Não se discute mais se as armas são um sintoma ou uma causa da tensão. A mera existência das armas modernas, dez milhões de vezes mais poderosas que qualquer outra que o mundo já tenha conhecido, a minutos de distância

Kennedy com Robert McNamara (esquerda), secretário de Defesa, e Dean Rusk, secretário de Estado.

de qualquer alvo no mundo, é uma fonte de horror, discórdia e desconfiança. Não se defende mais que o desarmamento deve aguardar a resolução de todas as disputas – pois este deve ser parte de qualquer acordo permanente. E talvez seja possível que a busca pelo desarmamento não seja mais um sinal de fraqueza, pois em uma crescente corrida armamentista, a segurança de uma nação pode diminuir mesmo que o volume de suas armas aumente.

Durante 15 anos, esta organização buscou a redução e a destruição das armas. Agora este objetivo não é mais um sonho – é uma questão prática de vida ou morte. Os riscos inerentes diminuem no desarmamento, em comparação aos riscos inerentes à corrida armamentista ilimitada.

Foi com este espírito que a recente Conferência de Belgrado, reconhecendo que este não é mais um problema soviético ou norte-americano, mas um problema humano, apoiou o programa de "desarmamento geral, completo e controlado internacionalmente de forma rigorosa". É com este mesmo espírito que nós, nos Estados Unidos, trabalhamos este ano, com uma nova urgência, e com uma nova agência, agora regulamentada e totalmente endossada pelo Congresso, para encontrar uma abordagem que possa nos levar ao desarmamento e que fosse de longo alcance, embora realista, e tão equilibrada mutuamente e benéfica que poderia ser aceita por todas as nações. E foi com este espírito que apresentamos em conjunto ao acordo com a União Soviética – ambos os países aceitam agora um "desarmamento geral e completo" –, uma nova declaração de princípios recém-acertados para a negociação.

Estamos cientes, no entanto, de que todas essas questões de princípio ainda não estão resolvidas, e que só os princípios não são suficientes. Portanto, é nossa intenção desafiar a União Soviética, não para uma corrida armamentista, mas para uma corrida rumo à paz, para avançarmos em conjunto, passo a passo, estágio por estágio, até que o desarmamento geral e completo tenha sido alcançado. Nós os convidamos agora a ir além do acordo de princípios, para alcançarmos um acordo de termos reais

O programa a ser apresentado a esta Assembléia – para o desarmamento completo e geral sob efetivo controle internacional – vai preencher a lacuna entre aqueles que insistem em uma abordagem gradual e aqueles que só pensam em termos de uma realização final e total. O programa criaria um mecanismo de manutenção da paz conforme se destrói o mecanismo da guerra. Procederia por meio de estágios equilibrados e com garantias, destinados a não dar a Estado algum uma vantagem militar sobre o outro. Colocaria a responsabilidade final pela verificação e pelo controle onde devem estar, não somente com as grandes potências, não com o adversário ou consigo mesmo, mas em uma organização internacional dentro da estrutura das Nações Unidas.

Garantiria a condição indispensável ao desarmamento – a efetiva inspeção – e a aplicaria em fases adequadas aos estágios do processo de desarmamento. Cobriria os sistemas de ataque bem como as armas. Em última instância, interromperia a produção dessas armas, bem como os testes, as transferências e sua posse. Alcançaria, sob os olhos de uma organização internacional de desarmamento, uma constante redução nas forças nuclear e convencional, até que tivesse abolido todos os exércitos e todas as armas com exceção das necessárias à ordem interna e a uma nova Força de Paz das Nações Unidas. E esse processo começaria agora, hoje, conforme as discussões têm início.

Em suma, o desarmamento geral e completo não deve ser mais um slogan utilizado para resistir aos primeiros passos. Não deve mais ser um objetivo sem os meios para alcançá-lo, sem os meios para verificar seu progresso, sem os meios para se manter a paz. É agora um plano realista, e um teste – um teste àqueles que desejam somente dialogar e um teste àqueles que desejam agir.

Tal plano não livraria o mundo do conflito e da ganância – mas o livraria do terror da destruição em massa. Não resultaria em uma era do super-Estado*, mas em uma era em que nenhum Estado poderia aniquilar ou ser aniquilado por outro.

Em 1945, os Estados Unidos propuseram o Plano Baruch para internacionalizar o átomo antes que outras nações possuíssem a bomba ou desmilitarizassem suas tropas. Nós propusemos aos nossos aliados o Plano de Desarmamento de 1951, enquanto estávamos ainda em guerra na Coréia. E fazemos nossas propostas, hoje, enquanto reforçamos nossas defesas sobre Berlim, não porque somos inconsistentes ou falsos, ou porque estamos intimidados, mas porque sabemos que os direitos dos homens livres prevalecerão – porque enquanto somos obrigados, contra nossa vontade, a nos rearmarmos, vemos com confiança além de Berlim o tipo de mundo desarmado que todos preferimos.

Proponho, portanto, com base neste Plano, que o desarmamento seja retomado de imediato, e continue sem interrupção até que um programa inteiro para o desarmamento geral e completo seja aceito e atingido.

IV

O primeiro ponto lógico a ser tratado diz respeito a um acordo que garanta o fim dos testes nucleares de todos os tipos, em todos os ambientes, sob con-

* Uma referência ao medo dos conservadores norte-americanos de que a ONU viesse a se tornar um super-Estado, impossível de ser controlado pelo cidadão. (N.E.)

troles viáveis. Os Estados Unidos e o Reino Unido propuseram um tratado aceitável, efetivo e pronto para ser assinado. Hoje, ainda estamos prontos para assinar este tratado.

Também sugerimos uma proibição mútua sobre os testes atmosféricos, sem inspeção ou controle, para salvar a raça humana dos efeitos de uma explosão radioativa. Lamentamos que a oferta não tenha sido aceita.

Durante 15 anos buscamos tornar o átomo um instrumento de prosperidade pacífica em vez de um instrumento do terror. Mas, durante 15 anos, nossas concessões têm se deparado com a obstrução; nossa paciência, com a intransigência, e os apelos da humanidade pela paz têm enfrentado o menosprezo.

Finalmente, na medida em que as explosões de outros obscureceram o céu, meu país foi deixado sem nenhuma alternativa a não ser agir de acordo com o seu próprio interesse e pela segurança do mundo livre. Não podemos arriscar tal segurança nos abstendo de realizar testes enquanto outros aprimoram seus arsenais. Também não podemos colocá-la em perigo com outra longa e não-inspecionada proibição dos testes. Durante três anos aceitamos esses riscos a nossa aberta sociedade enquanto buscávamos um acordo sobre a inspeção. Mas este ano, enquanto negociávamos com boa-fé em Genebra, outros preparavam em segredo novos experimentos de destruição.

Nossos testes não poluem a atmosfera. Nossas armas de dissuasão estão protegidas contra o uso ou a explosão acidental. Nossos médicos e cientistas estão prontos para ajudar qualquer nação a enfrentar os riscos à saúde que resultarão inevitavelmente dos testes atmosféricos.

Para interromper a difusão destas terríveis armas, no entanto, para interromper a contaminação do ar, para interromper o aumento da corrida nuclear armamentista, continuamos prontos a buscar novas possibilidades de acordo. Desta forma, nosso novo Programa de Desarmamento inclui as seguintes propostas:

- Primeiro, a assinatura do tratado de proibição de testes nucleares por todas as nações. Isto pode ser feito hoje. As negociações relativas à proibição dos testes não precisam e não deveriam aguardar o desarmamento geral.
- Segundo, interromper a produção de material físsil para o uso em armas, e impedir a transferência deste para qualquer país sem armas nucleares no momento.
- Terceiro, proibir a transferência do controle de armas nucleares para Estados que não as possuem.
- Quarto, impedir as armas nucleares de semearem novos campos de batalha no espaço.

• Quinto, interromper testes ilimitados e a produção de veículos estratégicos de lançamento nuclear, e destruí-los gradualmente.

V

Destruir as armas, contudo, não é suficiente. Devemos criar mesmo quando destruímos, devemos criar a lei global e os meios de torná-la efetiva enquanto banimos a guerra e as armas. No mundo que buscamos, as Forças de Emergência das Nações Unidas reunidas às pressas, abastecidas de modo incerto e financiadas de forma inadequada nunca serão o suficiente.

Portanto, os Estados Unidos recomendam que todos os países-membros reservem unidades especiais de manutenção da paz em suas Forças Armadas – para estarem disponíveis às Nações Unidas, para serem especialmente treinadas e rapidamente ativadas, e com uma provisão avançada para o apoio financeiro e logístico.

Além disso, a delegação norte-americana vai sugerir uma série de medidas para melhorar o mecanismo das Nações Unidas para a resolução pacífica de disputas, em prol da investigação local, da mediação e da adjudicação, em prol da ampliação do direito internacional. Pois a paz não é somente uma questão de problemas técnicos ou militares – é principalmente um problema de política e pessoas. E a não ser que o homem possa tornar seus investimentos em armas e tecnologia equivalentes a seus desenvolvimentos políticos e sociais, nossa grande força, como a de um dinossauro, será incapaz de um controle próprio – e, como os dinossauros, desapareceremos da Terra.

VI

Conforme ampliamos o Estado de direito no mundo, também devemos ampliá-lo para o novo domínio do homem – o espaço.

Todos nós damos as boas-vindas aos cosmonautas da União Soviética. Os novos horizontes do espaço não devem ser impulsionados pelos antigos rancores do imperialismo e clamores de soberania. As novas extensões do Universo não devem se tornar a nova arena de uma guerra ainda mais fria.

Com essa finalidade, devemos levar à frente propostas que ampliam a Carta das Nações Unidas aos limites da exploração do homem sobre o Universo, deixando o espaço para o uso pacífico, proibindo armas de destruição em massa no espaço ou nos corpos celestiais, e abrindo os mistérios e benefícios do espaço para todas as nações. Devemos propor esforços cooperativos mais amplos entre todas as nações para a previsão do tempo e, eventualmente, o seu controle. Devemos propor, finalmente, um sistema global de satélites de comunicação que liguem o mundo todo por meio do telégrafo, do telefone, do rádio e da televisão. Não precisamos estar tão longe do dia em que tal sistema transmitirá pela televisão os procedimentos deste órgão para todos os cantos do mundo em benefício da paz.

VII

Mas os mistérios do espaço não devem desviar nossos olhos ou nossas energias da dura realidade que nossos concidadãos enfrentam. A soberania política é apenas uma brincadeira sem os meios de se acabar com a pobreza, o analfabetismo e a doença. A autodeterminação é só um slogan se o futuro não trouxer esperanças.

É por isso que o meu país, que compartilhou livremente seu capital e sua tecnologia para ajudar outros a se ajudarem, propõe agora oficialmente designar esta década de 60 como a Década das Nações Unidas pelo Desenvolvimento. Sob a estrutura desta Resolução, os esforços atuais das Nações Unidas para promover o crescimento econômico poderão ser incrementados e coordenados. Pesquisas regionais e institutos de treinamento poderão reunir os talentos de muitos. Novas pesquisas, assistência técnica e projetos-piloto poderão suscitar a riqueza em terras menos desenvolvidas e águas desconhecidas. E o desenvolvimento pode se tornar um empreendimento cooperativo e não competitivo – a capacitar todos os países, por mais diversos em seus sistemas e crenças, a se tornarem, na realidade e na lei, nações livres e iguais.

VIII

Meu país é a favor de um mundo de Estados livres e iguais. Concordamos com aqueles que dizem que o colonialismo é um tema-chave nesta Assembléia. Mas que os fatos integrais desta questão sejam discutidos em sua totalidade.

Por um lado há o fato de que, desde o término da Segunda Guerra Mundial, uma declaração mundial de independência transformou quase 1 bilhão de pessoas e 9 milhões de metros quadrados em 42 Estados livres e independentes. Menos de 2% da população mundial vive agora em territórios "dependentes".

Não ignoro os problemas remanescentes do colonialismo tradicional que ainda confrontam este órgão. Tais problemas serão solucionados com paciência, boa vontade e determinação. Dentro dos limites de nossa responsabilidade em tais assuntos, meu país pretende ser um participante e não meramente um observador, no rápido e pacífico caminho das nações, do status colonial à parceria de iguais. Esta tendência contínua e tão forte da autodeterminação tem nossa simpatia e nosso apoio.

Mas o colonialismo em sua forma mais severa não é somente a exploração de novas nações pelas antigas, de negros por brancos, ou a subjugação dos pobres pelos ricos. A minha nação já foi uma colônia, e nós sabemos o que significa o colonialismo: a exploração e a subjugação de fracos por poderosos, de muitos por poucos, daqueles governados que não consentiram em serem governados, quaisquer que sejam seus continentes, suas classes, suas cores.

E é por isso que não há como ignorar o fato de que a tendência da autodeterminação ainda não alcançou o império comunista onde uma população bem maior que a classificada oficialmente como "dependente" vive sob governos instalados por tropas estrangeiras e não sob instituições livres; sob um sistema que só conhece um partido e uma crença, que suprime o debate livre, eleições livres, jornais livres, livros livres e sindicatos livres, e que constrói um muro para manter a verdade oculta e seus próprios cidadãos prisioneiros. Vamos debater o colonialismo em sua forma integral – e aplicar o princípio da livre escolha e a prática dos pleitos livres em todo o mundo.

IX

Finalmente, como presidente dos Estados Unidos, é meu dever relatar a esta Assembléia duas ameaças à paz que não estão em sua agenda lotada, mas que causam a nós e a boa parte de vocês uma imensa preocupação.

A primeira ameaça que quero relatar é bastante mal compreendida, trata-se da brasa incandescente da guerra no Sudeste da Ásia. O Sul do Vietnã já está sob ataque – algumas vezes sob ação de um único assassino, outras de um grupo de guerrilhas, recentemente de um batalhão inteiro. As pacíficas fronteiras de Burma, do Cambodja e da Índia foram violadas várias vezes. E o povo pacífico do Laos corre o risco de perder a independência que conquistou há pouco.

Ninguém pode chamar esses conflitos de "guerras de liberação", pois estes são países livres que vivem sob seus próprios governos. Nem essas agressões são menos reais porque homens são esfaqueados em seus lares e não mortos com tiros em campos de batalha.

A simples questão que confronta a comunidade mundial é a possibilidade de planejar medidas para proteger os pequenos e os fracos de tais abusos. Pois se estes forem bem-sucedidos no Laos e no Sul do Vietnã, os portões estarão abertos.

Os Estados Unidos não buscam nenhuma base, nenhum território, nenhuma posição especial nesta área. Apoiamos um Laos livre e independente, com o povo deste país livre de interferências externas, vivendo em paz consigo mesmo e com seus vizinhos, com a garantia de que seu território não será usado para ataques contra outros países, e sob um governo comparável (como o senhor Khrushchev e eu concordamos em Viena) ao do Cambodja e ao de Burma.

Mas agora as negociações sobre o Laos chegaram a um estágio crucial. O cessar-fogo é na melhor das hipóteses precário. A temporada de chuva chegou ao fim. O território do Laos é usado para a infiltração no Vietnã do Sul. A comunidade mundial deve reconhecer – e todos aqueles envolvidos também – que a atual ameaça potencial à paz e à liberdade do Laos é inseparável de outras ameaças a ela mesma.

Em segundo lugar, quero comunicar a vocês a crise com relação a Alemanha e Berlim. Este não é o momento ou o local para tons exagerados, mas a comunidade mundial tem o direito de conhecer as questões mais simples, do modo como as vemos. Uma crise ocorre porque uma paz existente está ameaçada, porque uma ilha de pessoas livres está sob pressão, porque acordos solenes são tratados com indiferença; porque acordos internacionais consagrados são ameaçados de usurpação unilateral. A circulação pacífica foi interrompida pelo arame farpado e blocos de concreto.

Como a ordem do czar na obra de Pushkin *Boris Godunov*: "Tome medidas agora mesmo para que nossas fronteiras sejam cercadas ... Que nenhuma alma viva passe pela fronteira, que nenhuma lebre possa correr ou um corvo, voar."

É um absurdo alegar que ameaçamos uma guerra simplesmente para impedir a União Soviética e a Alemanha Oriental de assinarem um chamado "tratado" de paz. Os aliados ocidentais não estão preocupados com nenhum arranjo que os soviéticos queiram fazer com um regime criado por eles mesmos, sobre um território ocupado por suas próprias tropas e governado pelos seus próprios agentes. Nenhuma ação assim pode afetar nossos direitos ou responsabilidades.

Se acontecer uma crise perigosa em Berlim – e já acontece –, isso ocorrerá por causa das ameaças contra os interesses vitais e os compromissos mais profundos das potências ocidentais, e a liberdade de Berlim Ocidental. Não podemos ceder nesses interesses. Não podemos entregar a liberdade desse povo pelo qual somos responsáveis. Um "tratado de paz" que carregue consigo as provisões que destroem a paz seria uma fraude. Uma "cidade livre" que não fosse genuinamente livre sufocaria a liberdade e seria uma infâmia.

Para serem completamente livres, uma cidade ou um povo deve ter o direito assegurado, sem a pressão econômica, política ou policial, para fazer suas próprias escolhas e viver suas vidas. E como eu já disse tantas vezes antes, se alguém duvida da extensão à qual nossa presença é desejada pela população de Berlim Ocidental, estamos prontos para submeter esta questão ao voto livre em toda Berlim e, se possível, entre todo o povo alemão.

O fato essencial desta crise é que ela é desnecessária. As ferramentas elementares para uma resolução pacífica podem ser encontradas na Carta desta organização. De acordo com esta lei, acordos devem ser mantidos, a não ser que mudados por aqueles que os fizeram. Direitos consagrados devem ser respeitados. A disposição política das pessoas deve ser feita de acordo com sua própria vontade, expressa livremente em pleitos ou eleições livres. No caso de problemas legais, estes podem ser resolvidos por meio de instrumentos legais. Uma ameaça de força deve ser rejeitada. Se houver um desejo de mudança, deve ser um assunto de negociação, e se houver uma negociação, deve estar enraizada no respeito mútuo e na preocupação com os direitos dos outros.

As potências ocidentais resolveram de modo pacífico defender, por intermédio de quaisquer meios forçados a estas nações, suas obrigações e seu acesso aos cidadãos livres de Berlim Ocidental e à autodeterminação destes cidadãos. Esta geração aprendeu, a partir de experiências sofridas, que ceder a ameaças só pode levar à guerra. Mas a firmeza e a razão podem levar ao tipo de solução pacífica na qual meu país acredita com determinação.

Não estamos comprometidos com nenhuma fórmula rígida. Não vemos nenhuma solução pacífica. Reconhecemos que as tropas e os tanques podem, por um tempo, manter uma nação dividida contra sua vontade, por mais imprudente que esta política nos pareça. Mas acreditamos que um acordo pacífico seja possível para proteger a liberdade de Berlim Ocidental, bem como a presença e o acesso aliado, reconhecendo assim os interesses históricos e legítimos de outros, na garantia da segurança européia.

As possibilidades de negociação estão sendo agora exploradas; é muito cedo para relatar quais as probabilidades de êxito. De nossa parte, ficaríamos felizes em anunciar, no momento apropriado, que uma solução foi encontrada. Pois não existe necessidade de uma crise sobre Berlim que ameace a paz, e se aqueles que criaram esta crise desejassem a paz, haveria paz e liberdade em Berlim.

X

Os eventos e as decisões dos próximos dez meses podem decidir o destino do homem durante os próximos 10 mil anos. Não será possível evitar estes eventos. Não será possível recorrer a estas decisões. E este salão será lembrado como parte de uma geração que transformou este planeta em uma pira funerária em chamas ou de uma geração que cumpriu sua promessa de "salvar as gerações seguintes do sofrimento da guerra".

No empenho de cumprir esta promessa, garanto a vocês todo o esforço dos Estados Unidos. Garanto que não cometeremos ou provocaremos agressões, que não fugiremos ou invocaremos a ameaça da força, que nunca negociaremos por medo e nunca temeremos negociar.

O terror não é uma nova arma. Durante toda a história, foi usado por aqueles que não conseguiram prevalecer, nem por meio da persuasão nem do exemplo. Mas estes inevitavelmente fracassam, porque os homens não temem morrer por uma vida que vale a pena ser vivida ou porque os próprios terroristas passaram a perceber que os homens livres não podem se assustar com ameaças, e que a agressão enfrentaria sua própria reação. Em função desta história, todos os países hoje devem saber, sejam eles amigos ou inimigos, que os Estados Unidos têm tanto a vontade como as armas para se unir aos homens livres na defesa de suas responsabilidades.

Mas venho aqui hoje para olhar através deste mundo de ameaças para um mundo de paz. Nesta busca não podemos esperar nenhum triunfo final – pois novos problemas sempre surgirão. Não podemos esperar que todas as nações adotem sistemas semelhantes – já que a conformidade é o carcereiro da liberdade, e o inimigo do crescimento. Nem podemos esperar alcançar nosso objetivo com artimanhas, decretos ou somente a vontade de todos.

Mas por mais próximos que algumas vezes parecemos estar do abismo sombrio e definitivo, que nenhum homem da paz e da liberdade se desespere. Pois ele não está só. Se todos nós pudermos perseverar, se pudermos olhar em cada país e governo além de nossas próprias fronteiras e ambições, então certamente chegará o tempo em que os fortes serão justos, os fracos protegidos e a paz preservada.

Senhoras e senhores desta Assembléia, a decisão é de vocês. Nunca as nações do mundo tiveram tanto a perder, ou tanto a ganhar. Em conjunto salvaremos nosso planeta, ou sucumbiremos em suas chamas. Podemos e devemos salvá-lo – e receberemos assim a eterna gratidão da humanidade, como pacificadores; a eterna bênção de Deus.

Parte III

1962

Introdução

A esperança do presidente de que 1962 seria um ano melhor, menos tumultuado que 1961, não se realizou. O segundo ano de Kennedy no governo foi, no mínimo, ainda mais repleto de controvérsias e tensões internacionais que o primeiro.

O Sudeste da Ásia voltou a ser um local perigoso, mas desta vez era o Vietnã em vez do Laos. A perda do Vietnã do Sul para o controle comunista foi uma preocupação essencial no início do ano. Tanto o discernimento quanto a habilidade de agir de Kennedy haviam sido desafiados pelo desastre da Baía dos Porcos e pelas dificuldades com relação a Berlim e à construção do Muro, que simbolizava o poder dos soviéticos de manter controle sobre o Leste europeu. Como resultado, Kennedy acreditava que as pressões nacionais e internacionais exigiam que ele impedisse a vitória comunista no Vietnã. Contra seu próprio discernimento e sua crença de que os Estados Unidos não deveriam lutar uma outra guerra na Ásia, JFK aumentou o número de militares norte-americanos no Vietnã. Embora tenha reconhecido, em uma entrevista coletiva, em fevereiro, que havia ampliado o envolvimento norte-americano no conflito vietnamita, ele se recusou a descrever tal fato como prelúdio de um comprometimento ainda maior, como o de travar um combate em Saigon.

Durante os primeiros quatro meses do ano, Kennedy também foi forçado a retomar os testes nucleares na atmosfera. Na segunda metade de 1961, Moscou havia anunciado a decisão de acabar com a suspensão voluntária e retomar os testes. O conselheiro de Segurança Nacional de Kennedy disse que, "de todas as provocações soviéticas, o reinício dos testes foi a que mais incomodou o presidente". Para JFK, isso significava não só a difusão de poluentes perigosos pelo mundo, mas também uma escalada na corrida armamentista, que custaria a ambos os lados altas quantias e aumentaria a tensão que poderia levar a uma desastrosa guerra nuclear. Depois dos soviéticos explodirem uma grande bomba de 50 megatones e realizarem 50 testes atmosféricos em um período de dois meses, Kennedy, no final de 1961, acreditou que sua única escolha era retomar os testes.

Em abril, JFK relatou sua decisão ao país em um discurso televisivo, marcado por palavras e semblante tristes. Ao desencadear o poder do átomo, disse, a humanidade tinha tomado:

> "Em suas mãos mortais, o poder de auto-extinção ... De todas as terríveis responsabilidades incumbidas a este governo, nenhuma era pior de se contemplar do que a autoridade especial que regia o emprego de armas nucleares em defesa de nosso povo e de nossa liberdade."

JFK terminou com uma observação esperançosa: "Aguardemos e rezemos para que estas ... armas mortais nunca tenham de ser usadas – e que nossos preparativos para a guerra consigam alcançar a paz."

Dificuldades internas também deixaram Kennedy muito pesaroso em 1962. Desde o início de sua Presidência, JFK havia enfrentado questões sobre como revitalizar uma economia lenta. Promover a prosperidade sem gerar uma inflação de proporções sérias eram dois lados do mesmo problema. Kennedy propôs uma redução significativa de 11 bilhões de dólares nos impostos, tanto na alíquota de imposto de pessoa física como jurídica. O corte de impostos, que aumentava os déficits do orçamento federal e a inflação, impressionou muitos economistas, pois parecia uma solução insensata e radical para os problemas econômicos do país. Mas, em um discurso de formatura em Yale, em junho, Kennedy declarou: "O grande inimigo da verdade nem sempre é a mentira ... mas o mito", o apego teimoso aos "clichês dos nossos antepassados". Embora o corte nos impostos esperasse até ser implementado por Lyndon Johnson, em 1964, a heterodoxia de Kennedy se mostrou um meio efetivo de promover um novo ciclo de crescimento econômico substancial.

O controle da inflação levou o presidente a um confronto com a indústria do aço, recebendo, por isso, o rótulo de inimigo do empresariado. Não era verdade, mas sua recusa em deixar o conglomerado do aço aumentar os preços, que arriscavam a estabilidade geral do país, fazia parte da defesa do bem-estar nacional, assim como manter a União Soviética sob controle. Em um apelo público que forçou a indústria a reverter o aumento dos preços, Kennedy disse que acreditava que seus concidadãos:

"Achariam difícil, como eu também, aceitar a situação em que um pequeno grupo de executivos do aço, cuja busca pelo lucro e pelo poder privado excede suas noções de responsabilidade pública, possa mostrar tal desprezo pelos interesses de 185 milhões de norte-americanos."

Uma crise de direitos civis no Mississippi, em setembro, ameaçou provocar o alastramento da violência racial, envergonhar a nação diante do mundo

Kennedy em visita à Nasa.

e dar a Moscou uma oportunidade de ganhar a simpatia dos países pobres contra os Estados Unidos. Quando James Meredith, um veterano negro da força aérea e habitante do Mississippi, tentou se matricular na universidade estatal e o governador Ross Barnett desafiou uma ordem federal para admiti-lo, o palco estava armado para um confronto contra o governo Kennedy. JFK usou um discurso em cadeia nacional na televisão para comemorar a confiança tradicional dos Estados Unidos na ordem jurídica, em vez de na violência da multidão. Ao mesmo tempo, contudo, protestos dos desordeiros contra a presença de Meredith no campus da universidade causaram a morte de duas pessoas e feriram 160 oficiais federais que tentavam impor a lei de dessegregação. Embora Meredith estivesse matriculado e a crise terminado rapidamente, Kennedy temia que sua eficácia como pacificador entre as facções nacionais tivesse sido prejudicada.

Nenhum problema pesou mais sobre JFK, em 1962, do que a Crise dos Mísseis cubanos, em outubro. O problema ameaçava desencadear uma guerra nuclear, e Kennedy sabia que isso custaria aos Estados Unidos e à União Soviética dezenas de milhões de vidas e um sofrimento ao mundo todo. Em um discurso de 17 minutos em meio à crise, assistido por 100 milhões de nor-

Kennedy e Jacqueline em uma recepção oficial.

te-americanos, atingindo a maior audiência da televisão norte-americana até aquele momento, Kennedy não deixou dúvidas com relação à gravidade do perigo que o mundo enfrentava. Ele denunciou Moscou por colocar a paz em risco de forma imprudente e por mentir sobre a criação de uma "capacidade de ataque nuclear" em Cuba. Declarou que os Estados Unidos não tolerariam a presença dessas armas ofensivas a 150 quilômetros de sua costa. Anunciou uma quarentena naval em Cuba, para impedir todas as armas ofensivas de alcançarem a ilha, e exigiu a retirada das que já estavam lá.

Felizmente, Khrushchev recuou diante da ameaça de Kennedy de usar a força, se necessário, para impedir o perigo aos Estados Unidos. Um acordo secreto tornou possível o resultado pacífico. Kennedy prometeu retirar mísseis de médio alcance da Turquia em troca da desmontagem das armas dos soviéticos em Cuba. O mundo ficou aliviado, e, da noite para o dia, Kennedy se tornou o líder heróico de milhões de pessoas em toda parte. Elas elogiavam sua sabedoria ao resolver, de forma pacífica, a pior crise da Guerra Fria. Poucas pessoas fora do governo dos Estados Unidos sabiam que o mundo havia chegado bem perto de uma terrível conflagração nuclear. Agora sabemos que a pressão sobre Kennedy, feita por seus comandantes militares para bombardear e invadir Cuba, provocaria a retaliação soviética que provavelmente desencadearia um conflito de escala total. O bom senso de Kennedy ao resistir à insistência de seus chefes militares impediu um holocausto nuclear.

O ano de 1962 acabou com um forte apoio para seu partido nas eleições congressistas de novembro. A taxa de aprovação de JFK estava em inéditos 74%, e o presidente fora selecionado pelos norte-americanos como o homem mais admirado do mundo.

11. Por que ir à Lua?

Dois anos depois de se dirigir à Associação Ministerial de Houston como candidato, Kennedy voltou à cidade texana como presidente. Embora o assunto de seu discurso na Universidade Rice tenha sido bem diferente, JFK, em alguns aspectos, retomou o lema: romper as barreiras para o progresso. Para os pastores em 1960, argumentou que a religião não deveria ser um obstáculo ao serviço público nacional. Em Rice, afirmou que o desafio de viajar pelo espaço deveria ser enfrentado, tratando-se de um desejo da humanidade por conhecimento e descoberta.

Para John Kennedy, a viagem espacial incorporava muitos dos valores pessoais e políticos admirados por ele. Como historiador amador, apreciava a importância do momento em que os seres humanos viajariam, pela primeira vez, à Lua, e mais adiante. Além disso, sabia que, um dia, os historiadores veriam os anos 1960 como o início de uma nova era de descobertas.

JFK apreciava também o heroísmo e a coragem da exploração espacial. Era algo grandioso para ele, o tipo de aventura associada a grandes nações e a líderes visionários. Enquanto o slogan "a nova fronteira" consistia na prática de muitos objetivos, a própria idéia sugeria aventuras e descobertas audaciosas. O espaço era a nova fronteira.

As viagens espaciais iam além da Lua e das estrelas. O espaço também era a nova fronteira do conflito armado, onde a União Soviética e os Estados Unidos competiriam pelo prestígio do desbravamento, conforme buscavam vantagens militares além da atmosfera terrestre. Em outros tempos heróicos, frotas da Grã-Bretanha e da Espanha competiram pelo controle do oceano Atlântico. Agora, os soviéticos e os norte-americanos brigariam um com o outro para ver quem controlaria o espaço.

Como presidente, John Kennedy associava a exploração espacial à luta crepuscular contra o comunismo. Os soviéticos tinham a dianteira, graças ao sucesso do Sputnik, a nave espacial não-tripulada enviada à órbita em 1957. O presidente Eisenhower não considerou a importância do feito, mas o líder soviético Nikita Khrushchev disse enfaticamente que o mundo sabia que os Estados Unidos haviam sido superados. Kennedy estava determinado não só a preencher a lacuna espacial, como também ultrapassar os soviéticos, e logo.

Em sua mensagem especial ao Congresso, em 25 de maio de 1961, JFK definiu o objetivo de enviar um homem à Lua "antes do fim da década". Nenhum outro projeto espacial, disse, seria "mais impactante à humanidade", e nenhum, preveniu, seria "tão difícil ou caro de se concretizar".

Na primavera de 1961, os Estados Unidos estavam tão defasados com relação aos soviéticos que o objetivo de Kennedy parecia longínquo. Um mês antes do discurso ao Congresso, em 12 de abril de 1961, a primeira viagem tripulada para o espaço fora realizada, e a façanha não pertencia aos Estados Unidos, mas aos comunistas em Moscou. Os 108 minutos de Yuri Gagarin em órbita serviram como uma outra vitória para os soviéticos e outra lembrança de que os norte-americanos estavam ficando para trás. Mas ficando para trás em quê? Para muitos nos EUA, a viagem espacial tripulada e uma possível jornada à Lua pareciam sem propósito. Eisenhower havia dito que "não se importava nem um pouco se o homem alcançasse a Lua", insistindo que tal viagem seria uma simples "proeza".[1] E, por um breve período, o sucessor de Ike pareceu concordar. Como observa o biógrafo Richard Reeves, Kennedy realmente pensava, no ínicio de 1961, em abolir a Nasa (*National Aeronautics and Space Administration*). O assessor de JFK para assuntos relacionados à ciência, Jerome Wiesner, pertencia à escola Eisenhower, apática no que diz respeito a viagens espaciais tripuladas. Na verdade, ele não era simplesmente indiferente, mas contrário à idéia – pensava que tais jornadas deveriam ser feitas somente por máquinas, computadores e instrumentos.

Kennedy parecia convencido e, em março, decidiu conter uma verba federal destinada ao Programa Apollo, criado para levar um astronauta à Lua.

Mas, em maio, a opinião de Kennedy mudou. O sucesso soviético com o cosmonauta Gagarin afetou o presidente de forma profunda, da mesma maneira que o sucesso do Sputnik, em 1957, havia abalado os Estados Unidos. O vice-presidente, Lyndon Johnson, que tinha se tornado um entusiasmado defensor do programa espacial, o incentivava. Não foi por coincidência, é claro, que a Nasa estava localizada em seu estado natal, no Texas. Johnson escreveu uma nota para Kennedy explicando por que acreditava que a corrida espacial era importante. No mínimo, Johnson sabia como apelar para a natureza competitiva de Kennedy, e disse ao presidente:

> "Este país deve ... reconhecer que outras nações, independentemente de seu apreço por nossos valores idealistas, tenderão a se alinhar ao país com características de líder mundial – o vencedor a longo prazo. Realizações significativas no espaço estão sendo cada vez mais identificadas como um indício de liderança mundial.[2]"

Foi o suficiente para Kennedy mudar de idéia – isso e a garantia de Wernher von Braun de que os Estados Unidos tinham uma "chance generosa" de superar os russos na ida à Lua, talvez já em 1967.[3]

Os astronautas pioneiros norte-americanos – símbolos da geração da nova fronteira – ficaram impressionados quando Kennedy lançou seu desafio em 1961. Eles acreditavam que o programa espacial não tinha qualificação e tecnologia para um objetivo tão ambicioso. Os soviéticos já tinham colocado um homem no espaço por quase duas horas. O melhor que os Estados Unidos haviam feito fora o vôo suborbital de Alan Shepard, de somente 15 minutos, em 5 de maio.

Além disso, Kennedy não só queria ir logo à Lua, mas chegar lá primeiro – o segundo lugar não era bom o bastante para os Estados Unidos de John Kennedy, nem para o próprio presidente. O desafio acarretaria, disse, "um grau de dedicação, organização e disciplina que nem sempre caracterizaram nossas agências de pesquisa e desenvolvimento". Além disso, afirmou, tal esforço "significa que não poderemos arcar com greves trabalhistas, custos inflacionados de material ou mão-de-obra, rivalidades devastadoras entre as agências ou uma alta rotatividade de funcionários essenciais". E, se os norte-americanos se recusarem a carregar essas responsabilidades, então devem estar prontos para ceder o espaço aos soviéticos. Com tudo isso, as pesquisas indicavam que JFK tinha um problema pela frente: 58% da população acreditavam que havia pouca razão para se gastar 40 bilhões de dólares com o objetivo de Kennedy.

Nos 16 meses entre o discurso no Congresso e a viagem à Universidade Rice, o programa espacial norte-americano mostrou sinais que reforçaram a visão do presidente. Menos de três meses após o vôo de Shepard, Virgil "Gus" Grissom estava a bordo de um segundo vôo suborbital. (Em torno de duas semanas mais tarde, os soviéticos provaram sua superioridade mais uma vez ao enviar um cosmonauta em órbita durante um dia inteiro.) A Nasa se preparou para o próximo passo – uma órbita tripulada. Mas essa tentativa foi frustrada. A missão foi adiada dez vezes entre dezembro de 1961 e fevereiro de 1962. Finalmente, em 20 de fevereiro, o tenente-coronel John Glenn foi lançado ao espaço de Cabo Canaveral, na Flórida. Kennedy se juntou a milhões de norte-americanos para ver a decolagem da *Friendship* 7, transmitida ao vivo pela televisão. Autorizar a cobertura televisiva foi um grande risco para o presidente, pois, se algo saísse errado, o golpe à moral norte-americana seria terrível. Mas JFK queria mostrar ao mundo que os EUA não encobririam seus fracassos, como os soviéticos.

Glenn orbitou a Terra com sucesso por três vezes e voltou em segurança. Tornou-se um herói instantaneamente e virou também o garoto propaganda da nova fronteira. Ainda assim, quando Kennedy chegou à Universidade Rice, os Estados Unidos ainda estavam em segundo lugar na corrida espacial, um fato omitido pelo presidente no discurso.

Embora a mensagem especial de Kennedy para o Congresso, em 1961, tivesse estabelecido o objetivo de enviar o homem à Lua em 1969, seu discurso em Rice foi a exposição mais representativa que produziu de sua visão, e da importância atribuída por ele à exploração espacial. Nos meses que sucederam ao discurso de 1961, o governo Kennedy aumentou o programa espacial, triplicando o orçamento da Nasa. "O orçamento agora é de 5,4 bilhões de dólares por ano – uma quantia impressionante", admitiu, "embora menos do que pagamos por cigarros e charutos anualmente." O aumento orçamentário e a "decisão do ano passado de acelerar os nossos esforços no que diz respeito ao espaço" foi considerada por Kennedy: "Como a mais importante decisão tomada durante o meu governo como presidente."

Mas por quê? A questão continuaria a ser levantada – assim como JFK o fez durante suas primeiras semanas como presidente, e, antes disso, como senador, no final dos anos 1950. Em Rice, Kennedy tentou responder essa pergunta.

O sol do Texas batia em seus olhos na medida em que se dirigia a estudantes, acadêmicos e convidados sentados no estádio de futebol da universidade. Com um terno escuro listrado, e um lenço perfeitamente dobrado em seu bolso, Kennedy franziu os olhos para enxergar a arquibancada e defender seu argumento.

Para tentar responder a uma pergunta simples – por que ir à Lua? –, fez referências a outras viagens épicas, e usou sua sagacidade característica. "Mas por que, alguns se perguntam?" disse. "Por que escolher tal objetivo? E eles também podem perguntar, por que escalar a montanha mais alta? Por que, 35 anos atrás, voar sobre o Atlântico?" E, com um aceno para o público, acrescentou: "Por que Rice disputa com Texas?" Rice era uma faculdade pequena e seletiva enquanto a Universidade do Texas era uma enorme instituição pública. Rice estava em desvantagem todas as vezes que seus jogadores entravam em campo, mas, ainda assim, eles persistiam.

Por que persistiam? Kennedy respondeu suas próprias perguntas em uma linguagem familiar aos Estados Unidos de 1962. "Decidimos ir à Lua", disse:

> "Decidimos ir à Lua nesta década e todo o resto, não por ser fácil, mas por ser difícil, porque este objetivo servirá para organizar e medir o melhor das nossas energias e habilidades, porque este desafio é um dos que desejamos aceitar, um dos que não queremos adiar, e um dos que pretendemos vencer."

Kennedy discursa em visita à Nasa, em 1962.

Por isso os Estados Unidos iriam à Lua. Por isso Rice disputava com o Texas. E esta era uma explicação suficiente, pelo menos para John Kennedy, que gostava de desafios, admirava a ousadia e adorava a coragem física e intelectual. JFK citou o viajante peregrino William Bradford: "Todas as ações grandiosas e honrosas são acompanhadas por grandes dificuldades, e devem ser empreendidas e conquistadas com a devida coragem."

Há também outras razões, que revelaram a fé idealista de Kennedy na boa intenção de seu país, e seu comando da política pública. "Façamos a promessa de que não veremos o espaço repleto de armas de destruição em massa, mas de instrumentos para o conhecimento e o entendimento", disse. No entanto, para que esta visão se tornasse realidade, os Estados Unidos – e não os soviéticos – precisariam vencer a corrida ao espaço. Portanto, disse JFK: "Pretendemos ser os primeiros ... de nos tornar a nação líder do desbravamento espacial".

A Grã-Bretanha se tornou um império graças ao domínio do mar, e os Estados Unidos conseguiriam seu lugar entre as grandes nações da história por meio de sua proeminência no espaço. Para seu público em Houston, contudo, Kennedy também tinha respostas não tão imponentes à pergunta: por quê?. A viagem espacial também significava empregos e investimentos para o estado do Texas.

O "próprio empreendimento espacial, embora ainda em seu começo, já criou um grande número de empresas, e milhões de novos empregos", disse.

> "Houston, a sua cidade de Houston, com seu Centro Espacial, se tornará o ponto de convergência de uma enorme comunidade científica e de engenharia. Durante os próximos cinco anos, a Nasa espera dobrar o número de cientistas e engenheiros e aumentar seus gastos com salários e despesas para 60 milhões de dólares por ano; e investir cerca de 200 milhões de dólares em fábricas e instalações de laboratório..."

Outros gastos da Nasa em Houston chegariam a 1 bilhão de dólares. Logo, não era de se espantar que o texano com o posto mais alto no país, o vice-presidente Johnson, defendesse tanto a viagem espacial.

Mas a exploração do espaço, e até mesmo a corrida à Lua, não era um programa de geração de empregos. Não era um projeto de renovação urbana, nem simplesmente um exercício de relações públicas. E não tinha a intenção de distribuir benefícios, embora inevitavelmente tais atos acontecessem. Kennedy, adepto de viagens espaciais tripuladas, via esta jornada com uma perspectiva histórica.

Ao concluir, relembrou as palavras do explorador britânico George Mallory, que tinha uma explicação simples para aqueles que se perguntavam por que ele quis escalar o monte Evereste. "Porque está lá", respondeu.

"Bem", disse Kennedy:

> "O espaço está lá, e vamos escalá-lo, e a Lua e os planetas estão lá, e a esperança, o conhecimento e a paz estão lá. E, portanto, conforme decolamos, pedimos a bênçao de Deus sobre a maior e mais perigosa aventura em que o homem já embarcou."

E, como afirmou em seu discurso de posse, JFK não evitava a aventura, pelo contrário.

Discurso sobre as viagens espaciais, Universidade Rice

12 de setembro de 1962

"Reitor Pitzer, senhor vice-presidente, governador, congressista Thomas, senador Wiley e congressista Miller, senhor Webb, senhor Bell, cientistas, distintos convidados, senhoras e senhores:

Agradeço ao seu reitor por ter-me concedido a honra de professor visitante honorário, e garanto a vocês que minha primeira palestra será breve.

Estou contente por estar aqui e particularmente satisfeito com esta ocasião.

Estamos reunidos em uma faculdade famosa pelo saber, em uma cidade famosa pelo progresso, em um estado famoso por sua força, e hoje necessitamos dos três, pois nos encontramos em um momento de mudança e desafio, em uma década de esperança e medo, em uma era tanto de conhecimento como de ignorância. Quanto mais nosso conhecimento se expande, mais nossa ignorância se mostra.

Mesmo a despeito do fato impressionante de que a maioria dos cientistas que o mundo jamais conheceu está em atividade e, hoje, trabalhando; a despeito do fato de que a mão-de-obra científica desta nação dobre a cada 12 anos, em uma taxa de crescimento mais de três vezes maior do que aquela da nossa população como um todo; a despeito do fato que a longa distância do que é desconhecido, sem respostas e inacabado ultrapassa de longe nosso entendimento coletivo.

Nenhum homem pode entender totalmente como chegamos tão longe e tão rápido, mas tentem sintetizar, se vocês conseguirem, 50 mil anos de história conhecida em somente meio século. Nesses termos, sabemos muito pouco sobre os primeiros 40 anos, exceto que, no fim, os mais avançados aprenderam a usar pele de animal para se cobrir. Então cerca de dez anos atrás, de acordo com esse padrão, o homem surgiu das cavernas para construir outros tipos de abrigo. Somente há cinco anos, aprendeu a escrever e usar uma carroça com rodas. O cristianismo começou há menos de dois anos. A imprensa apareceu este ano, e, há dois meses, durante esse intervalo de tempo de 50 anos da história da humanidade, a máquina a vapor proporcionou uma nova fonte de energia.

Newton explorou o significado da gravidade. No mês passado, luzes, telefones e automóveis se tornaram disponíveis. Somente na semana passada, desenvolvemos a penicilina, a televisão e o poder nuclear, e, agora, se a primeira nave espacial norte-americana conseguir chegar a Vênus, teremos literalmente alcançado as estrelas antes da meia-noite de hoje.

Este é um ritmo impressionante, e tal ritmo cria novas doenças e dissipa novas e velhas ignorâncias, novos problemas, novos perigos. Sem dúvida, o desbravamento do espaço promete altos custos e dificuldades, assim como uma grande recompensa.

Portanto, não surpreende que alguns queiram que continuemos parados descansando e esperando. Mas esta cidade de Houston, este estado do Texas, este país, os Estados Unidos, não foram construídos por aqueles que esperavam e descansavam, olhando para trás. Este país foi conquistado por aqueles que progrediram – e o espaço também será.

William Bradford, em 1630, ao discursar na fundação da colônia de Plymouth, disse que todas as ações grandiosas e honrosas são acompanhadas por grandes dificuldades, e devem ser empreendidas e conquistadas com a devida coragem.

Se a história resumida do progresso nos ensina algo, é o fato de que o homem, na sua busca por conhecimento e progresso, é determinado e não pode ser impedido. A exploração do espaço prosseguirá, quer participemos dela ou não, e é uma das grandes aventuras de todos os tempos, e nenhuma nação que espere ser líder de outras pode pensar em ficar para trás na corrida pelo espaço.

Aqueles que vieram antes de nós se certificaram de que este país se beneficiasse das revoluções industriais, dos primeiros ventos das invenções modernas e do poder nuclear, e esta geração não pretende esmorecer na aguardada era espacial. Pretendemos ser parte disso – e liderar. Pois os olhos do mundo miram o espaço, a Lua e os planetas mais distantes, e façamos a promessa de que eles não serão governados por uma bandeira da conquista, mas da liberdade e da paz. Façamos a promessa de que não veremos o espaço repleto de armas de destruição em massa, mas de instrumentos para o conhecimento e o entendimento.

No entanto, as promessas desta nação só podem ser cumpridas se nós formos os primeiros, e, portanto, pretendemos ser os primeiros. Em suma, nossa liderança nos campos da ciência e da indústria, nossas esperanças para a paz e a segurança, nossas obrigações conosco assim como com os outros requerem este esforço, de resolver estes mistérios, pelo bem de todos os homens; de nos tornar a nação líder do desbravamento espacial.

Içamos a vela neste novo mar porque há um novo conhecimento a ser adquirido, e novos direitos a serem conquistados, e eles devem ser controlados e usados para o progresso de toda a população. Pois a ciência espacial, como a ciência nuclear e toda tecnologia, não tem consciência própria. Se essa se tornará uma força para o bem ou para o mal dependerá do homem, e somente se os Estados Unidos ocuparem uma posição de proeminência poderemos ajudar a decidir se este novo oceano será um mar de paz ou um novo cenário terrível de guerra. Não digo que devemos estar ou que estaremos desprotegidos contra o mau uso do espaço, tanto quanto não estamos contra o hostil uso da terra ou do mar, mas que o espaço pode ser explorado e dominado sem que se alimentem as chamas da guerra, sem que se repitam os erros cometidos pelo homem ao estender sua ordem ao redor do globo.

Não há uma briga, um preconceito, um conflito nacional no espaço até agora. Seus riscos são hostis a todos. Sua conquista merece o melhor de toda a humanidade, e a oportunidade que hoje provê para uma cooperação pacífica pode não acontecer de novo. Mas por que, alguns se perguntam? Por que escolher tal objetivo? E eles também podem perguntar, por que escalar a montanha mais alta? Por que, 35 anos atrás, voar sobre o Atlântico? Por que Rice disputa com Texas?

Decidimos ir à Lua. Decidimos ir à Lua nesta década e todo o resto, não por ser fácil, mas por ser difícil, porque este objetivo servirá para organizar e medir o melhor das nossas energias e habilidades, porque este desafio é um dos que desejamos aceitar, um que não queremos adiar, e um dos que pretendemos vencer.

Por essas razões, considero a decisão do ano passado de acelerar os nossos esforços no que diz respeito ao espaço como a mais importante decisão tomada durante o meu governo como presidente.

Nas últimas 24 horas, vimos a criação de instalações que servirão para a maior e mais complexa exploração da história do homem. Sentimos o chão tremer e o ar estilhaçar com o teste do foguete propulsor Saturno C-1, muitas vezes tão poderoso como o Atlas que lançou John Glenn, gerando um poder equivalente a 10 mil automóveis com seus aceleradores no chão. Vimos o local onde cinco motores de foguete F-1, cada um tão poderoso quanto oito do foguete Saturno, serão agrupados para fazerem parte do moderno míssil Saturno, produzido em uma nova estrutura no Cabo Canaveral, tão alta quanto um prédio de 48 andares, tão grande quanto um quarteirão e tão longo quanto o dobro deste campo.

Nestes últimos 19 meses, pelo menos 45 satélites contornaram a Terra. Cerca de 40 deles foram "construídos nos Estados Unidos" e eram bem mais complexos e forneciam muito mais conhecimento às pessoas do mundo que os da União Soviética.

A nave espacial Mariner, agora em seu caminho para Vênus, é o instrumento mais complexo da história da ciência espacial. A precisão de seu disparo se compara ao lançamento de um míssil do Cabo Canaveral a este estádio.

O sistema de satélites Transit ajuda nossos navios a percorrerem uma rota segura. E o sistema de satélites Tiros nos deu alertas sem precedentes sobre furacões e tempestades, e farão o mesmo com incêndios em florestas, icebergs.

Tivemos nossas falhas, mas outros também, mesmo que não admitam e não tenham sido tão divulgadas em público.

Para estarmos certos, estamos atrás, e estaremos atrás por algum tempo em vôos tripulados. Mas não pretendemos ficar atrás, e nesta década devemos compensar e progredir.

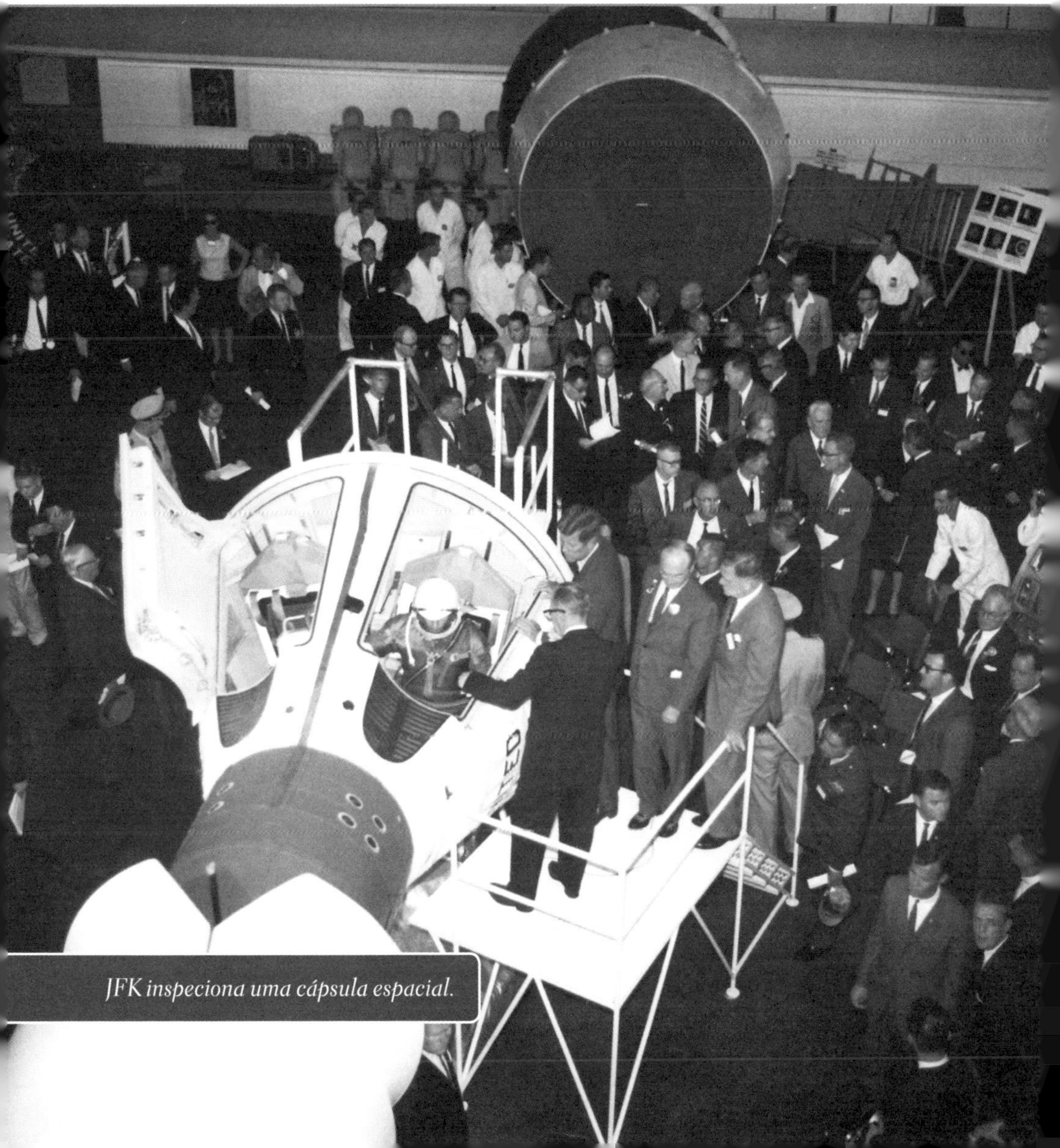

JFK inspeciona uma cápsula espacial.

O avanço de nossa ciência e educação será aprimorado por meio de novos conhecimentos do Universo e do meio ambiente, por meio de novas tecnologias de aprendizado e mapeamento e observação, de novas ferramentas e computadores para a indústria, a medicina, o lar assim como a escola. Instituições técnicas, como Rice, desfrutarão destes ganhos.

E, finalmente, o próprio empreendimento espacial, embora ainda em seu começo, já criou um grande número de empresas, e milhões de novos empregos. Indústrias espaciais e relacionadas geram novas demandas em investimento e funcionários especializados, e esta cidade, este estado, e esta região compartilharão bastante deste crescimento. O que já foi o observatório mais distante da antiga fronteira do Ocidente será o mais distante da nova fronteira da ciência e do espaço. Houston, a sua cidade de Houston, com seu Centro Espacial, se tornará o ponto de convergência de uma enorme comunidade científica e de engenharia. Durante os próximos cinco anos, a Nasa espera dobrar o número de cientistas e engenheiros, e aumentar seus gastos com salários e despesas para 60 milhões de dólares por ano; e investir cerca de 200 milhões de dólares em fábricas e instalações de laboratório; e dirigir ou contratar, para novas tentativas espaciais, mais de 1 bilhão de dólares deste centro para esta cidade.

Com certeza, tudo isso custa muito dinheiro. O orçamento espacial deste ano é três vezes o que foi em janeiro de 1961, e é maior que o orçamento espacial dos oito anos anteriores juntos. O orçamento agora é de 5,4 bilhões por ano – uma quantia impressionante, embora menos do que pagamos por cigarros e charutos anualmente. Os gastos espaciais logo se elevarão mais, de 40 centavos por pessoa por semana para mais de 50 centavos por semana para cada homem, mulher e criança nos Estados Unidos, pois demos a este programa uma alta prioridade nacional – mesmo que eu perceba que isso de certa forma é um ato de fé e de visão, pois não sabemos os benefícios que nos aguardam. Mas se eu fosse falar, meus caros compatriotas, que devemos enviar à Lua, a 386 quilômetros de distância da estação de controle em Houston, um foguete gigante de mais de 91 metros de altura, do tamanho de um campo de futebol, construído com novas ligas de metal, algumas das quais ainda não inventadas, capazes de tolerar o calor e as pressões várias vezes maiores do que já foi experimentado, ajustado com uma precisão melhor que o relógio mais fantástico, com todo o equipamento necessário para a propulsão, orientação, controle e comunicações, alimento e sobrevivência, em uma missão inédita, para um corpo celestial desconhecido, e retornar então com segurança para a Terra, entrando novamente na atmosfera com velocidade de mais de 40 mil quilômetros por hora, causando um calor de metade da temperatura do Sol –

quase tão quente quanto hoje –, e para fazer tudo isso, e fazer certo, e fazer isso antes do fim desta década – precisamos ser audaciosos.

Eu é que estou tendo todo o trabalho, por isso a gente só quer que vocês fiquem calmos por um minuto. [risos]

No entanto, acho que vamos conseguir, e acho que devemos pagar o preço necessário. Não acho que devemos desperdiçar dinheiro, mas que devemos completar esta missão. E isso será realizado na década de 60. Pode ser realizado enquanto alguns de vocês ainda estarão aqui nesta universidade. Será realizado durante o mandato de algumas das pessoas sentadas nesta plataforma. Mas será realizado. E antes do fim desta década.

Fico contente que esta universidade tenha uma participação na aventura de colocar o homem na Lua, como parte do grande empreendimento nacional dos Estados Unidos.

Há muitos anos, ao grande explorador britânico George Mallory, que morreria no monte Everest, perguntou-se por que ele teria resolvido escalar a montanha. Ele respondeu: "Porque está lá."

Bem, o espaço está lá, e vamos escalá-lo, e a Lua e os planetas estão lá, e a esperança, o conhecimento e a paz estão lá. E, portanto, conforme decolamos, pedimos a bênção de Deus sobre a maior e mais perigosa aventura em que o homem já embarcou.

Obrigado.

12. Mississippi em chamas

Entre as milhões de pessoas que assistiam ao discurso de posse de John F. Kennedy em 1961, estava um jovem afro-americano do Mississippi, chamado James Meredith. Naquela ocasião, o novo presidente não falou sobre os problemas de pessoas como James Meredith, relegado à categoria de cidadão de segunda classe pelos líderes segregacionistas do Sul. Mesmo assim, Meredith se inspirou no poderoso apelo de Kennedy para servir e se sacrificar e, na manhã do dia seguinte, se inscreveu na Universidade do Mississippi, uma instituição pública de educação superior, financiada pelo estado.

Conhecida por gerações no Sul como Ole Miss, a Universidade do Mississippi aceitava somente estudantes brancos, e não pretendia mudar isso. A inscrição de Meredith foi rejeitada, mas ele não desistiu. Posteriormente, Meredith explicou que acreditava ter uma "responsabilidade divina de romper com a supremacia branca no Mississippi". Disse que quebrar a barreira da cor entre os grupos em Ole Miss "era somente o começo".[1]

Meredith entrou com um processo contra a universidade, que se arrastou por meses, mas chegou a um ponto crítico em setembro de 1962 – conforme o governo, a nação e o mundo se aproximavam cada vez mais do precipício conhecido como a Crise dos Mísseis. Em 10 de setembro, o juiz da Suprema Corte dos Estados Unidos, Hugo Black – nativo do Alabama e antigo membro da Ku Klux Klan –, ordenou que a universidade agisse de acordo com uma sentença emitida em primeira instância que ordenava a admissão de Meredith.

O governo Kennedy não buscava uma controvérsia nesta questão. Mas, naquele momento, não tinha muita escolha.

Conforme ficou evidente no discurso que tanto inspirou James Meredith – o discurso de posse de Kennedy –, as principais prioridades do presidente eram as questões externas e a Guerra Fria. Os direitos civis não mereceram nenhuma palavra, embora o movimento dos direitos civis estivesse para se tornar a questão nacional mais importante daqueles anos.

O presidente foi cauteloso quanto aos direitos civis, em parte por causa de considerações políticas, em parte porque acreditava que a luta crepuscular contra o comunismo superava, em última análise, todas as outras questões. Democratas do Sul, de cujo apoio precisava, eram porta-vozes do *status quo*, representando os medos e os preconceitos dos eleitores brancos. Mas até mesmo alguns democratas do Norte tinham receio dessa questão, especialmente na medida em que as eleições de meio de mandato ao Congresso se aproximavam. Isso era, em retrospecto, a prova de um ponto cego na questão moral, por parte de Kennedy. Ele ficava exaltado com a falta de liberdade por trás da Cortina de Ferro, mas parecia considerar o problema de um décimo da população do país como uma distração, e não como uma afronta.

Mais uma vez, as questões nacionais, em geral, não eram sua principal prioridade. JFK disse isso a Richard Nixon após o fiasco da Baía dos Porcos, quando observou que lutas sobre o salário mínimo perdiam importância em comparação aos assuntos internacionais.

De fato, durante o primeiro ano e meio de seu governo, John Kennedy tentou evitar a questão dos direitos civis. É verdade que ele havia se encontrado com Martin Luther King Jr. na Casa Branca, durante o auge do desastre da Baía dos Porcos, mas o encontro foi estritamente não-oficial. Nenhum repórter estava presente. Luther King estava em Washington para se encontrar com o irmão do presidente, Robert. Após o encontro, conforme relatado na biografia de JFK escrita por Richard Reeves, King foi à Casa Branca para se encontrar com Harris Wofford, assessor do presidente. A visita de Martin Luther King não estava na agenda da Casa Branca, mas os assessores do presidente sabiam que o líder dos direitos civis chegaria e orquestraram um plano: Kennedy passaria, por acaso, no escritório de Wofford, e, por coincidência, Martin Luther King estaria lá. O encontro, em 19 de abril de 1961, ocorreu de acordo com planejado. Kennedy saudou King, dizendo: "Tenho acompanhado o senhor e o seu trabalho. Meu irmão me mantém informado sobre certos acontecimentos, e se o senhor precisar de mim algum dia, minha porta estará sempre aberta."[2]

Eram sentimentos gentis, mas, conforme o governo passava de uma crise internacional para outra, os direitos civis simplesmente não conquistaram os interesses de Kennedy, certamente não de forma tão entusiasmada quanto a Guerra Fria.

Na medida em que os eventos se desenrolavam no Mississippi, no entanto, logo se tornou evidente que a Casa Branca não poderia se omitir enquanto os advogados de Meredith e funcionários do governo negociavam um acordo. O governador Ross Barnett deixou claro que não estava pronto para se submeter às exigências da Casa Branca e do Departamento de Justiça. Ele era um segregacionista confesso, mas, como ficou evidente durante o confronto, também procurava cobertura política com a questão. Barnett precisava parecer firme diante dos tribunais e de Washington – embora, em segredo, falasse diretamente com o procurador-geral Robert Kennedy, enquanto o drama atingia seu ápice. Uma coisa era certa: o estado do Mississippi não reconheceria simplesmente a derrota e abriria as portas de Ole Miss ao jovem negro, completamente inspirado pelo idealismo da nova fronteira.

Seria necessário aplicar o poder e a força do governo dos Estados Unidos para eliminar a segregação na Universidade do Mississippi. A única questão era como expressar esse poder da melhor forma.

Kennedy não queria que a cidade de Oxford, onde ficava Ole Miss, se tornasse sua versão de Little Rock, Arkansas, onde, em 1957, foi necessária a presença de tropas federais para proteger estudantes negros durante uma crise em uma escola. Kennedy acreditava que as imagens decorrentes desse terrível espetáculo prejudicaram a reputação do país no exterior e deram aos soviéticos uma vitória política.

A Casa Branca queria evitar uma repetição desse desastre de relações públicas. Na verdade, tanto o presidente quanto o procurador-geral estavam preocupados com mais do que algumas fotos prejudiciais nos jornais do mundo, eles temiam um confronto entre soldados norte-americanos e civis armados. "O envio de tropas seria demais para o país", disse Robert Kennedy.[3] A Casa Branca esperava que a polícia local fosse a força necessária para colocar Meredith no campus.

Na metade de setembro, após a ordem do juiz Black, o governo Kennedy passou a conversar por telefone com o governador Barnett. Em público, Barnett dizia que não se renderia à tirania – referindo-se, certamente, a Washington. Em particular, contudo, ele também procurava um meio de evitar o confronto. Enquanto isso, oficiais federais tentaram escoltar Meredith no campus, mas se afastaram à medida que a multidão se reunia em Oxford. Barnett aproveitou a oportunidade para negar a admissão de Meredith pessoalmente, autodesignando-se escrivão temporário da universidade, em um dos dias em que o jovem estudante tentou se matricular para as aulas.

Nos bastidores, Barnett tentava persuadir o procurador-geral a voltar atrás. Ele não sabia que suas conversas telefônicas com Robert Kennedy estavam sendo gravadas. Em um determinado momento, Barnett disse ao procurador-geral: "Vou tratá-lo com toda a cortesia, mas não concordarei que o garoto vá para Ole Miss. Nunca concordarei com isso. Prefiro passar o resto da minha vida em uma penitenciária do que fazer isso."[4] Ele disse que Meredith – "um garotinho" – era apoiado "por uma frente comunista", a NAACP*.

Em outro momento, disse que cederia se fosse confrontado pessoalmente com agentes federais armados. A Casa Branca queria continuar com a encenação, mas as negociações fracassaram quando Barnett disse que precisaria de mais do que apenas um agente com a arma em riste. Ele acreditava que só se renderia diante de múltiplas ameaças, e não de um único agente, com uma única arma.

Em 29 de setembro, Kennedy informou ao governador Barnett que ele, o presidente, não tinha escolha a não ser impor a ordem do tribunal, e que gostaria de contar com a ajuda do governador. Negociações adicionais foram inconclusivas e incongruentes. Barnett sugeriu que Meredith entrasse escondido no campus, com a ajuda de agentes federais, no domingo, quando haveria poucas pessoas por perto, e que olharia para o outro lado enquanto Meredith se matriculava. A Casa Branca concordou com relutância, mas, em seguida, Barnett ligou de novo para retirar sua oferta. Kennedy, já frustrado, concordou em federalizar a Guarda Nacional do Mississippi, retirando as tropas do controle do governador.

Robert Kennedy, então, usou o trunfo que o governo tinha na manga: as conversas gravadas entre Barnett e a Casa Branca.

"O presidente vai à televisão hoje à noite", revelou Robert Kennedy a Barnett. "Ele vai seguir em frente com o que lhe disse ontem à noite. E terá que dizer por que chamou a Guarda Nacional – que você tinha um acordo para permitir que Meredith fosse a Jackson se matricular."

"Isso não acontecerá", respondeu Barnett.

"Você quebrou a promessa que havia feito a ele...", retrucou Robert.

"Não diga isso", implorou Barnett. "Por favor, não mencione isso... Não quero que o presidente diga que quebrei minha promessa... Vamos cooperar com vocês."[5]

Barnett ficou horrorizado por seus contatos secretos com o agora odiado Robert Kennedy se tornarem públicos. Ele voltou atrás, embora tivesse pedido permissão a Robert para "ressuscitar o Caim" em Jackson, enquanto policiais escoltavam Meredith a um dormitório no campus Oxford. O procurador-geral concordou.

Portanto, estava feito. Às dez horas da noite do dia 30 de setembro, o presidente Kennedy apareceu na televisão em cadeia nacional. "O senhor James

---

*Associação Nacional pelo Avanço do Povo Negro. (N.T.)

Meredith reside agora no campus da Universidade do Mississippi", disse. "Isso foi conseguido até o momento sem o uso da Guarda Nacional ou de outras tropas. E espera-se que os policiais do estado do Mississippi e os agentes federais continuem a ser suficientes no futuro."

Esta esperança já havia sido afastada, mesmo antes de o presidente falar à nação.

Minutos antes de Kennedy ir ao ar, seu irmão soube que 200 tropas do Mississippi haviam se retirado do campus, deixando os agentes federais por conta própria. Os agentes logo foram forçados a lançar gás lacrimogêneo na multidão aglomerada fora do prédio administrativo da universidade, onde acreditavam que Meredith estava. (Na verdade, ele estava em um dormitório.) A Batalha de Ole Miss se formava, mesmo enquanto Kennedy elogiava o "Mississippi e sua universidade", que, disse:

> "São conhecidos por sua coragem, por sua contribuição de talento e reflexão sobre os asuntos desta nação ...

O governador do Mississippi Ross Barnett.

> Vocês têm uma grande tradição a defender, uma tradição de honra e coragem conquistada no campo de batalha e no campo de futebol, assim como no universitário. Vocês têm a oportunidade de mostrar que são homens patriotas e íntegros. Pois a forma mais efetiva de preservar a lei não é por meio da polícia estatal, dos agentes federais ou da Guarda Nacional. É por meio de vocês. Depende da coragem de vocês aceitar as leis com as quais discordam ou concordam. Os olhos da nação e do mundo todo estão sobre vocês e sobre todos nós. A honra da sua universidade está prestes a ser decidida.”

Na biografia que escreveu sobre Robert Kennedy, Arthur Schlesinger Jr. descreve corretamente o discurso do presidente como “intencionado para uma ocasião diferente”. Ele presumia que, finalmente, Meredith estivesse no campus e a questão resolvida. Mas tudo estava longe de ser resolvido.[6]

O tiroteio continuava no campus, e agentes federais relatavam que havia feridos. Os agentes – cerca de 500 – estavam em número bem menor. Perto da meia-noite, desordeiros se preparavam para tomar o prédio da administração da universidade. Dois jornalistas foram baleados; um, da agência de notícias francesa Agence France-Presse, morreu por causa dos ferimentos. Um operário não envolvido na confusão levou um tiro na cabeça e morreu. Mais de 100 policiais ficaram feridos. O presidente ordenou que a Guarda Nacional entrasse, em conjunto com tropas regulares do Exército norte-americano situadas em Memphis.

Kennedy estava abalado, embora ainda fosse capaz de ser irônico. “Não tive um dia tão interessante desde a Baía dos Porcos”, disse, enquanto acompanhava os fatos, da Casa Branca.[7]

Com a situação fora de controle, as bombas de gás lacrimogêneo se esgotando e ainda sob ordens de não atirar de volta, todas as atenções em Washington se voltaram para Memphis, onde unidades da polícia militar trocavam seus cassetetes por armas mais letais. Horas se passaram antes que os policiais estivessem no ar, com destino a Oxford, e ainda mais tempo se passou no aeroporto de Oxford – as tropas estavam sob ordens de não se deslocarem antes que todas as unidades estivessem presentes. Kennedy estava muito agitado. “Pessoas estão morrendo em Oxford”, disse. “Esta é a pior coisa que já vi em 45 anos.”[8]

Os soldados regulares do Exército finalmente chegaram à universidade às 4h da manhã. A reação lenta e *by the book* foi um pesadelo. “Não me surpreende que seja tão difícil vencer uma guerra”, afirmou Kennedy.[9] Ele foi dormir às 5h30 da manhã, após uma noite exaustiva.

James Meredith foi à aula na manhã do dia 1º de outubro. A Batalha de Ole Miss estava acabada, e a segregação havia perdido. A contagem das vítimas foi de dois mortos, mais de 200 agentes federais e soldados feridos, e em torno de 200 civis presos.

Pesquisas mostravam que os eleitores – pelo menos fora do Sul – estavam ao lado do presidente como se vivessem tempos de guerra, o que de fato aconteceu, por algumas horas, em Oxford, no Mississippi.

O fim da segregação na Universidade do Mississippi

30 de setembro de 1962

"Caros cidadãos, boa noite;

O mandato do tribunal no caso Meredith versus Fair começa a ser cumprido, e o senhor James Meredith reside agora no campus da Universidade do Mississippi.

Isso foi conseguido até o momento sem o uso da Guarda Nacional ou de outras tropas. E espera-se que os policiais do estado do Mississippi e os agentes federais continuem a ser suficientes no futuro.

Todos os alunos, membros da faculdade, e oficiais públicos tanto no Mississippi quanto em toda a nação serão capazes, esperamos, de retornar às suas atividades normais com total confiança na integridade da lei norte-americana.

Assim é como deve ser, pois nosso país é fundado no princípio de que o cumprimento da lei é a eterna proteção da liberdade e o desacato é o caminho mais certo para a tirania. A lei que obedecemos inclui as decisões finais dos tribunais, assim como os decretos de nossos orgãos legislativos. Até mesmo entre homens cumpridores da lei, descobrimos que poucas dessas leis são apreciadas, mas são uniformemente respeitadas e aceitas.

Os norte-americanos estão livres para discordar da lei, mas não para desobedecê-la. Pois em um governo de leis e não de homens, nenhum homem, por mais proeminente ou poderoso, e nenhuma multidão, por mais incontrolável ou exultada, tem o direito de desafiar um tribunal de justiça. Se este país atingir o ponto em que qualquer homem ou grupo de homens pela força ou pela ameaça da força conseguir desafiar por muito tempo as ordens da nossa Corte ou da nossa Constituição, então nenhuma lei estará livre de dúvidas, nenhum juiz terá certeza sobre sua ordem, e nenhum cidadão estará seguro com relação a seus vizinhos.

Neste caso em que o governo dos Estados Unidos só se envolveu até pouco tempo, o senhor Meredith colocou uma ação judicial em um tribunal federal contra aqueles que o excluíam da universidade. Uma série de tribunais federais até a própria Suprema Corte ordenou por várias vezes a admissão do senhor Meredith na universidade. Quando essas ordens foram desafiadas, e os que buscaram implementá-las foram ameaçados com violência e de serem presos, a Corte de Apelação dos Estados Unidos, composta do juiz encarregado Tuttle, da Geórgia; do juiz Hutcheson, do Texas; do juiz Rives, do Alabama; do juiz Jones, da Flórida; do juiz Brown, do Texas; do juiz Wisdom, da Louisiana; do juiz Gewin, do Alabama; e do juiz Bell, da Geórgia, deixou claro que a imposição de suas ordens tinha se tornado uma obrigação do governo dos Estados Unidos. Mesmo que este governo não tenha originalmente se envolvido no caso, foi impossível evitar a minha responsabilidade como presidente. Eu a aceito. Minha obrigação sob a Constituição e os estatutos dos Estados Unidos é a de implementar as ordens do tribunal com quaisquer meios necessários, e com tão pouca força e desordem civil quanto as circunstâncias permitem.

Por esta razão, tornei federal a Guarda Nacional do Mississippi, como o instrumento mais apropriado, caso algum fosse necessário, para preservar a lei e a ordem, enquanto os oficiais dos Estados Unidos cumprissem as ordens do tribunal e se preparassem para apoiá-las com quaisquer poderes civis ou militares necessários.

Lamento profundamente o fato de que uma ação do Executivo fora necessária neste caso, mas todas as outras possibilidades e alternativas, inclusive a persuasão e a conciliação, foram tentadas e esgotadas. Se as forças policiais do Mississippi fossem usadas para apoiar as decisões do tribunal, em vez de para as obstruírem deliberada ou ilegalmente, se a Universidade do Mississippi tivesse cumprido seu padrão de excelência ao admitir tranqüilamente este candidato como tantas outras universidades do Sul fizeram por tantos anos, uma solução pacífica e sensível teria sido possível sem qualquer intervenção federal.

Esta nação tem orgulho dos vários casos em que governadores, educadores e cidadãos comuns do Sul têm mostrado ao mundo as conquistas feitas

James Meredith é escoltado por agentes federais.

por meio da persuasão e da boa vontade em uma sociedade governada pela lei. Em especial, gostaria de aproveitar esta ocasião para expressar os agradecimentos desta nação a todos os sulistas que contribuíram para o progresso de nosso desenvolvimento democrático, com a aceitação de estudantes independentemente da raça para tais importantes instituições como as universidades públicas da Virgínia, da Carolina do Norte, da Geórgia, da Flórida, do Texas, da Louisiana, do Tennessee, do Arkansas e do Kentucky.

Reconheço que o atual período de transição e ajuste na região Sul de nosso país é difícil para muitos. Nem o Mississippi ou nenhum outro estado do Sul merece ser acusado de todos os erros acumulados nos últimos 100 anos de relacionamento entre as raças. Na medida em que ocorreram falhas, a responsabilidade por estas falhas deve ser compartilhada por todos nós, por todos os estados, por todos os cidadãos.

O Mississippi e sua universidade, além do mais, são conhecidos por sua coragem, por sua contribuição de talento e reflexão sobre os assuntos desta nação. Este é o estado de Lucius Lamar e muitos outros que colocaram o bem nacional acima do interesse regional. Este é o estado com quatro ganhadores de Medalhas de Honra só na Guerra da Coréia. Na verdade, a unidade da Guarda Nacional tornada federal cedo, esta manhã, é parte da 155ª Infantaria, um dos dez mais antigos regimentos da União e um dos mais condecorados pelo sacrifício e pela bravura em seis guerras.

Em 1945, um sargento do Mississippi, Jake Lindsey, foi honrado em uma rara sessão conjunta do Congresso. Encerro, portanto, com este apelo aos alunos da Universidade, às pessoas mais preocupadas.

Vocês têm uma grande tradição a defender, uma tradição de honra e coragem conquistada no campo de batalha e no campo de futebol, assim como no universitário. Vocês têm a oportunidade de mostrar que são homens patriotas e íntegros. Pois a forma mais efetiva de preservar a lei não é por meio da polícia estatal, dos agentes federais ou da Guarda Nacional. É por meio de vocês. Depende da coragem de vocês aceitar leis com as quais discordam ou concordam. Os olhos da nação e do mundo todo estão sobre vocês e sobre todos nós. A honra da sua universidade está prestes a ser decidida. Estou certo de que a maioria dos estudantes sustentará esta honra.

Não há razão alguma para não encerrarmos este assunto de forma rápida e silenciosa como ordenado pelo tribunal. Vamos preservar a lei e a paz e, ao curar estas feridas internas, podemos nos voltar para as crises externas maiores, permanecendo unidos como um povo em nosso comprometimento com a liberdade do homem.

Obrigado e boa noite. ”

13. A Crise dos Mísseis

Durante alguns momentos terríveis em outubro de 1962, o mundo se deparou com o impensável. A guerra nuclear entre os Estados Unidos e a União Soviética parecia não só possível, mas provável. Milhões de pessoas morreriam: os que tivessem sorte morreriam imediatamente, os com menos sorte após muito sofrimento. Grandes cidades, centros de arte e comércio, deixariam de existir. Os sobreviventes invejariam os mortos.

A Crise dos Mísseis é talvez o episódio mais conhecido dos anos Kennedy, com boas razões. A mitologia em torno desses dias longos e terríveis, em outubro de 1962, não é exagerada: foi o período mais perigoso da Guerra Fria, o mais próximo que os Estados Unidos e a União Soviética chegaram de usar armas de destruição em massa uns contra os outros.

Como já se disse, tudo que Winston Churchill fez e aprendeu antes da Segunda Guerra Mundial o preparou para enfrentar a crise de 1940, quando a Grã-Bretanha estava sozinha contra a Alemanha nazista. No mesmo sentido, as lições aprendidas por John Kennedy durante seu curto período como presidente o prepararam para este momento, quando o destino de milhões de pessoas estava em suas mãos.

A instalação de mísseis soviéticos em Cuba levou, de fato, à crise, mas esta palavra não corresponde à natureza épica desse confronto assustador. Afinal, o fim da segregação em Ole Miss em 1962 foi uma crise, assim como a Baía dos Porcos e suas conseqüências. A guerra civil no Laos também foi uma crise, e o Vietnã foi uma crise em formação. No entanto, nenhum desses perigosos eventos tinha o potencial de incinerar milhões de pessoas e destruir cidades em um instante.

O discurso de John Kennedy à nação, em 22 de outubro de 1962, foi, de muitas formas, o ápice de outros discursos. Juntava não somente as palavras desafiadoras de sua posse, mas também os sérios avisos pós-Viena, proferidos em 25 de julho de 1961, quando encorajou os norte-americanos a se prepararem para a guerra nuclear, construindo abrigos e criando uma rede de defesa civil mais forte. JFK prometera que a nação não pagaria nenhum preço por promover a causa da liberdade. Havia revelado ao país o que este preço acarretaria e agora teria de preparar seus cidadãos para o impensável, que se tornava real.

"Na semana passada, provas claras comprovaram o fato de que uma série de plataformas para o lançamento de mísseis ofensivos estão sendo construídos neste momento, nessa ilha aprisionada", disse, referindo-se certamente à Cuba. "O propósito dessas bases só pode ser proporcionar uma capacidade de ataque nuclear contra o hemisfério ocidental."

A Crise dos Mísseis começou, formalmente, na manhã de 16 de outubro, quando o conselheiro de Segurança Nacional de Kennedy, McGeorge Bundy, mostrou ao presidente fotos de Cuba, tiradas por aviões de espionagem U2. As fotos mostraram que os soviéticos e seus aliados cubanos estavam construindo locais para alojar os mísseis na ilha. Tais mísseis seriam capazes de lançar um ataque nuclear contra os Estados Unidos. Kennedy requisitou uma reunião de emergência com seus conselheiros de segurança nacional para mais tarde, naquela manhã.

Durante semanas, houve boatos sobre os mísseis em Cuba. O serviço secreto norte-americano, a princípio, acreditou que os soviéticos pudessem estar construindo locais para mísseis antiaéreos, e, embora aqueles mísseis pudessem carregar uma ogiva nuclear, seu alcance – cerca de 55 quilômetros – apresentava pouca ameaça ofensiva. Khrushchev instruiu um de seus assessores para dizer a Bobby Kennedy que os desenvolvimentos em Cuba eram de caráter estritamente defensivo. O líder soviético disse o mesmo ao secretário do Interior de Kennedy, Stewart Udall, durante sua visita à Rússia no início de setembro. Era muito difícil conseguir informações secretas precisas, já que Kennedy havia concordado em suspender os vôos espiões sobre a ilha, como um gesto para reduzir as tensões.

Críticos republicanos no Congresso exigiram que o presidente agisse de forma mais decisiva diante do que viam como uma ameaça soviética direta. Kennedy respondeu insistindo que uma ação norte-americana agressiva – tal como um ataque preventivo sobre Cuba – seria um erro, em parte porque os fatos pareciam não comprometer a segurança nacional norte-americana. No entanto, como garantia, JFK ordenou a retomada dos vôos sobre Cuba.

Na manhã de 16 de outubro, ao ver as fotos levadas por Bundy ao seu quarto, John Kennedy descobriu que Khrushchev o enganara. As imagens mostravam a construção de plataformas para lançamento de mísseis balísticos, que poderiam facilmente alcançar Washington e outras cidades norte-americanas. Os soviéticos, por meio dos cubanos, haviam iniciado uma provocação espetacular. A crise que ultrapassaria todas as outras crises havia começado. O presidente chamou seu irmão, Robert, e lhe disse: "Temos um grande problema."[1]

A primeira de uma série de reuniões extraordinárias na Casa Branca começou às 11h45 da manhã de 16 de outubro, no Salão do Gabinete. Sem que alguém soubesse, com a exceção do presidente e, talvez, de seu irmão, a sala estava repleta de microfones, colocados lá sob as ordens de Kennedy. JFK queria guardar um registro permanente das deliberações do governo, e, portanto, muitos meses antes, dispositivos de gravação foram instalados nos pontos de iluminação no Salão do Gabinete e na escrivaninha de Kennedy no Salão Oval. Kennedy podia ativar ou desligar os microfones quando achasse adequado. O sistema de gravação era mantido em segredo, e se tornou público somente anos depois, quando o principal adversário político de Kennedy, Richard Nixon, instalou um sistema similar e perdeu seu cargo, em parte, por causa disso.

Um pequeno número de gravações feitas durante a Crise dos Mísseis veio a público em 1983. Finalmente, no final dos anos 1990, todas as fitas tiveram seu conteúdo liberado. Os historiadores Ernest May e Philip Zelikow foram responsáveis pelo longo processo de transcrição das gravações, na maioria das vezes muito difíceis de serem ouvidas. Publicaram-nas, o que veio a se tornar a base do filme *Treze dias que abalaram o mundo*, que retratou o drama e a tensão do gabinete de Kennedy durante a crise.

As transcrições mostram Kennedy mais maduro, um frio tomador de decisões, ávido por informação, rápido em questões ou comentários, e o tempo todo no comando. Ao ser informado, na manhã de 16 de outubro, por Sydney Graybeal, um especialista da CIA em mísseis balísticos, Kennedy demonstrou a curiosidade característica de sua liderança. Graybeal mostrava ao presidente fotos dos mísseis soviéticos transportados por Moscou durante uma parada militar. Acreditava-se que estes mísseis eram similares aos que seriam colocados em Cuba.

O presidente interrompeu Graybeal.

"Eles estão prontos para serem lançados?" perguntou.

"Não, senhor."

"Quanto tempo temos? Não podemos prever o tempo antes do lançamento, podemos?"

"Não, senhor..."

"Mas de onde precisarão ser lançados?"

"Teriam de ser lançados de uma superfície dura e estável", Graybeal respondeu.

Em outros encontros, os diálogos foram semelhantes, com Kennedy constantemente ávido por informações. Enquanto os primeiros dias da crise eram decididos atrás de portas fechadas – e Kennedy tentou, ao máximo, continuar com sua programação pública para manter as aparências –, várias opções militares foram discutidas, inclusive um ataque aéreo surpresa aos locais ou uma invasão à ilha.

Em 18 de outubro, em uma experiência única para os dois homens, o presidente Kennedy se reuniu com o ministro soviético de Relações Exteriores, Andrei Gromyko, e os russos mencionaram que Cuba recebia carregamentos militares de armas defensivas. Kennedy disse, mais tarde, que nunca havia ouvido tantas "mentiras descaradas" em tão pouco tempo.[2]

No dia seguinte, ele foi a Illinois para um evento de campanha conforme as cruciais eleições de meio de mandato se aproximavam.

Enquanto isso, começava a se formar uma espécie de consenso ao redor da idéia de um bloqueio a Cuba, seguido de negociações, destinado a impedir qualquer prosseguimento na escalada militar da ilha. Durante esses encontros tensos, Kennedy enfatizou que a crise cubana não existia em um vácuo, alheio a tudo. Outro ponto crítico – Berlim – também estava em jogo. Ele temia que um ataque norte-americano contra Cuba provocasse um ataque soviético a Berlim Ocidental, levando à guerra nuclear.

Um militar de expressão discordou do presidente e não teve vergonha de dizer isso no Salão do Gabinete. Curtis LeMay era um condecorado ex-piloto de bombardeiro na Segunda Guerra Mundial, e agora era também chefe da Força Aérea na junta do Estado-Maior. Ele disse ao presidente que um bloqueio e negociações seriam uma "resposta fraca" e "quase tão ruim" quanto as ações de Neville Chamberlain em Munique – o equivalente moral ao apaziguamento.[3] Tais argumentos não agradaram o homem que tanto admirava Winston Churchill, a antítese de Chamberlain. Mais tarde, o presidente se queixou de que oficiais militares como LeMay tinham "uma grande vantagem" ao dar conselhos. "Se os ouvirmos e fizermos o que querem, nenhum de nós ficará vivo mais tarde para dizer a eles que estavam errados", afirmou.[4]

Kennedy decidiu, em 20 de outubro, impor uma quarentena naval em torno de Cuba. Ele se recusou enfaticamente a usar a palavra "bloqueio", em parte porque o termo estava associado à tentativa soviética de fazer com que Berlim Ocidental morresse de fome em 1948. Dois dias mais tarde, JFK formalizou o grupo *ad hoc* de consultores com quem contava desde o início da crise. No período, estes 12 homens – entre eles, seu irmão Robert; o secretário de Defesa, Robert McNamara; o secretário de Estado, Dean Rusk; o vice-presidente Johnson; e o general Maxwell Taylor, presidente da junta do Estado-Maior – seriam conhecidos como o Comitê Executivo do Conselho de Segurança Nacional, apelidado de Ex Comm.

Mais tarde, neste mesmo dia, Kennedy reuniu os líderes congressistas para informá-los sobre a situação e sobre sua reação. Os legisladores, pelo

Khrushchev com Fidel Castro.

menos alguns deles, estavam tão impressionados quanto o general LeMay. Eles também usaram a palavra "fraco".

Quando os congressistas saíram, Kennedy chamou seu antigo rival para a nomeação democrata em 1960, o senador Hubert Humphrey, de Minnesota. "Se eu soubesse que o trabalho era tão duro, não teria vencido na Virgínia do Oeste", disse Kennedy. Humphrey riu, e respondeu com humor: "Eu sei, por isso que deixei você vencer."[5]

O trabalho era duro e solitário. Enquanto Kennedy se preparava para discursar à nação, estava sozinho – o momento para encontros e discussões tinha terminado. Ele havia tomado uma decisão que poderia levar a uma catástrofe inaudita na história da humanidade, uma decisão que poderia acabar com a civilização. Será que JFK poderia imaginar tal fardo quando prometeu tolerá-los, mesmo que fossem muito pesados, pela causa da liberdade? Meses depois, comentando sua Presidência em geral, ele diria: "Se você toma a direção errada, o presidente assume justificadamente o ônus da responsabilidade. Os conselheiros, eles passam a dar novos conselhos."[6]

A Casa Branca havia feito um bom trabalho para manter a crise em segredo, pois ninguém sabia exatamente sobre o que o presidente falaria na noite de 22 de outubro. Um dia antes, Kennedy ouviu que alguns jornais estavam escrevendo reportagens sobre a montagem de mísseis em Cuba. Um jornalista, James Reston, do *New York Times*, foi afastado da matéria após o presidente ligar para o editor da publicação, Orville Dryfoos, para pedir que o jornal não publicasse o que sabia. Reston, como observou Richard Reeves, acreditava que o *Times* errara ao se censurar antes do evento na Baía dos Porcos. E, agora, o jornal novamente ocultava informação do público.

Khrushchev certamente estava ciente do que Kennedy tinha em mente. Uma hora antes de o presidente falar à nação, ele entregou uma mensagem ao embaixador soviético, Anatoli Dobrynin. JFK disse a Dobrynin que os Estados Unidos estavam preparados para ir à guerra para remover os mísseis de Cuba, e o embaixador imediatamente retransmitiu a mensagem ao Kremlin.

Cem milhões de norte-americanos – cerca de dois terços da população – assistiam à televisão quando Kennedy começou seu discurso, às 19h no horário da Costa Leste dos Estados Unidos e do Canadá. Telespectadores acostumados a ver seu presidente se divertir com os repórteres durante as entrevistas coletivas se depararam com um Kennedy sério e fechado. Ele tinha notícias difíceis e surpreendentes para dar.

Para ilustrar a natureza dramática e inaceitável da ameaça, Kennedy sintetizou os possíveis alvos que os mísseis em Cuba poderiam alcançar. "Cada um desses mísseis, em resumo, é capaz de atingir Washington, o Canal do

Panamá, Cabo Canaveral, a Cidade do México ou qualquer outra cidade no Sudeste dos Estados Unidos, na América Central, ou na região do Caribe."

"Plataformas adicionais ainda não terminadas", acrescentou, "parecem designadas a comportar mísseis balísticos de alcance intermediário – capazes de voar mais que o dobro da distância – e capazes, deste modo, de atingir até grandes cidades no hemisfério ocidental, que vão da baía de Hudson ao Canadá, e até Lima, no Peru."

Ao falar sobre os alvos potenciais, Kennedy notavelmente não se concentrou apenas nas cidades norte-americanas vulneráveis ao ataque – na verdade, ele não mencionou a maior cidade da nação, Nova York, nem qualquer outra cidade no populoso Nordeste. Mas, ao especificar lugares como a Cidade do México, o Peru e o Canadá, Kennedy enfatizava sutilmente que a ameaça dos mísseis soviéticos em Cuba era hemisférica, e não limitada somente a uma parte dos Estados Unidos. Em uma época em que Washington se preocupava com a vulnerabilidade da América Central e do Sul às insurgências comunistas, a ênfase de Kennedy em questões de segurança hemisférica ampliou a crise para algo além das relações soviético-norte-americanas.

Ao justificar uma reação agressiva, Kennedy elevou o moral abatido por Khrushchev. Ele citou uma declaração pública soviética descrevendo a escalada militar em Cuba como levada à frente somente com o propósito de contribuir com a defesa.

"Esta declaração", disse, "era falsa."

JFK citou uma outra afirmação similar de Gromyko, o ministro das Relações Exteriores:

> "Gromyko me disse, em meu escritório ... e, eu o cito: 'O treinamento de cubanos feito pelos especialistas soviéticos para o manuseio de armamentos defensivos não era de modo algum ofensivo, e se o fosse', Gromyko continuou, 'o governo soviético nunca se envolveria para fornecer tal assistência'."

"Esta declaração", o presidente disse, "também era falsa".

Como em resposta ao general LeMay, que evocou imagens de Neville Chamberlain e Munique para descrever a decisão de Kennedy de impor uma quarentena em torno de Cuba, o presidente disse que "os anos 30 nos ensinaram uma clara lição: a conduta agressiva, se não for desafiada e controlada leva, em último caso, à guerra".

"Esta nação é contra a guerra", afirmou. "Também somos verdadeiros em nossas palavras. Nosso objetivo, portanto, deve ser impedir o uso desses mísseis contra este ou qualquer outro país, e garantir a retirada ou eliminação deles do hemisfério ocidental."

Para realizar esse objetivo, o presidente anunciou sua decisão de fazer com que todo o carregamento soviético de equipamentos militares rumo a Cuba tomasse o caminho de volta. "Quaisquer navios com qualquer tipo de ligação com Cuba, de qualquer nação ou porto serão enviados de volta se encontradas cargas com armas ofensivas." Ele observou enfaticamente que os transportes de "bens necessários à sobrevivência" não seriam obrigados a retornar. Os soviéticos fizeram isso em Berlim em 1948. Os norte-americanos fariam o mesmo em 1962.

Kennedy não ignorava os fatos, e para onde as coisas poderiam caminhar. Ele declarou que "qualquer míssil lançado de Cuba" contra um alvo na América do Norte ou do Sul seria visto como um ataque soviético contra os Estados Unidos, "exigindo uma resposta retaliatória completa contra a União Soviética".

O presidente se dirigiu pessoalmente aos cidadãos de Cuba por meio de um sinal de rádio especial. "Falo com vocês como um amigo", disse:

> "Que conhece sua profunda ligação com sua pátria e compartilha das aspirações de liberdade e justiça para todos...
>
> Estas novas armas não são do seu interesse. Elas não contribuem em nada para a sua paz e bem-estar. Apenas prejudicam. Mas este país não deseja causar sofrimento nenhum a vocês ou ao seu sistema. Sabemos que suas vidas e terras estão sendo usadas como peões por aqueles que lhes negam a liberdade."

Ao concluir este discurso de 17 minutos, Kennedy disse: "Nosso objetivo não é a vitória do poder, mas a defesa dos direitos – não a paz à custa da liberdade, mas tanto a paz quanto a liberdade, aqui neste hemisfério, e, esperamos, em todo o mundo."

O que aconteceu durante os dias seguintes é parte do legado de Kennedy e da história do século XX. Dezenas de navios de guerra norte-americanos foram posicionados em torno de Cuba; as Forças Armadas dos Estados Unidos entraram em alerta; os mísseis balísticos intercontinentais, armados com ogivas nucleares, estavam prontos para serem usados; bombardeiros com armas nucleares estavam no ar; submarinos com mísseis nucleares se concentraram perto da costa soviética. Neste meio tempo, em Moscou, Khrushchev disse a vários empresários norte-americanos em visita ao país que submarinos sovié-ticos destruiriam os navios norte-americanos, se qualquer uma de suas embarcações fosse afundada em Cuba. Tal confronto se encaminharia com facilidade em direção a uma guerra nuclear.

A crise era o único assunto que importava durante a última semana de outubro, à medida que o mundo esperava para ver o que aconteceria quando os navios soviéticos carregados de equipamentos militares se aproximassem de Cuba. Os Estados Unidos defenderam seu argumento nas Nações Unidas, onde Adlai Stevenson brilhantemente expôs a posição norte-americana. Em um momento, Kennedy observou, com sua característica indiferença: "É uma loucura que dois homens, sentados em lados opostos do mundo, possam ser capazes de decidir dar um fim à civilização."[7]

A civilização certamente não acabou. A insanidade não prevaleceu. Enquanto os navios soviéticos se aproximavam de Cuba, a diplomacia, e não a guerra, irrompeu entre Washington e Moscou – mesmo enquanto ambos os lados se preparavam para o conflito. As lições de *Canhões de Agosto*, obra muitas vezes citada por Kennedy, que procura explicar como o mundo chegou à beira do apocalipse, na Primeira Guerra Mundial, foram aprendidas, absorvidas e colocadas em ação.

A crise dos 13 dias terminou em 28 de outubro, dois dias antes dos aviões de guerra norte-americanos estarem programados para bombardear os locais que abrigavam os mísseis. Khrushchev concordou publicamente em desmontar as armas. Kennedy concordou, em particular, em desmontar os mísseis na Turquia. Anos depois, Khrushchev escreveria: "Kennedy era ... alguém em quem podíamos confiar ... Aceitamos a concessão que ele fez e fizemos a nossa própria ao retirar nossas armas nucleares de Cuba."[8]

Dois homens em lados opostos do mundo se viram capazes de impedir o fim da civilização.

Discurso Nacional sobre a Crise dos Mísseis Cubanos

22 de outubro de 1962

"Boa noite a todos:

Este governo, como prometido, manteve uma ampla vigilância com relação à escalada militar soviética na ilha de Cuba. Na semana passada, provas claras comprovaram o fato de que uma série de plataformas para o lançamento de mísseis ofensivos estão sendo construídos neste momento, nesta ilha aprisionada. O propósito dessas bases só pode ser proporcionar uma capacidade de ataque nuclear contra o hemisfério ocidental.

Ao receber as primeiras informações desta natureza, na terça passada, às 9h da manhã, ordenei que nossa vigilância fosse aumentada. E, tendo em mãos agora a confirmação, uma completa avaliação das provas e a nossa decisão sobre que curso de ação tomar, este governo se sente obrigado a relatar a vocês os andamentos desta nova crise, com todos os detalhes.

As características dessas novas plataformas de lançamento de mísseis indicam tipos distintos de instalações. Várias delas incluem mísseis balísticos de médio alcance capazes de carregar uma ogiva nuclear em uma distância de mais de 1.800 quilômetros. Cada um desses mísseis, em resumo, é capaz de atingir Washington, o Canal do Panamá, Cabo Canaveral, a Cidade do México ou qualquer outra cidade no Sudeste dos Estados Unidos, na América Central ou no Caribe.

Plataformas adicionais ainda não terminadas parecem designadas a comportar mísseis balísticos de alcance intermediário – capazes de voar mais que o dobro da distância – e capazes, deste modo, de atingir grandes cidades no hemisfério ocidental, que vão da baía de Hudson ao Canadá, e até Lima, no Peru. Além disso, jatos bombardeiros, capazes de carregar armas nucleares, são agora descarregados e montados em Cuba, enquanto bases aéreas necessárias são preparadas.

Esta urgente transformação de Cuba em uma importante base estratégica – por meio da presença de armas enormes e claramente ofensivas, de súbita destruição em massa –, constitui uma explícita ameaça à paz e à segurança e a toda a América, em um desafio flagrante e deliberado ao Pacto do Rio de Janeiro de 1947*, às tradições desta nação e hemisfério, à resolução conjunta do 87º Congresso, à Carta das Nações Unidas, e a meus próprios alertas públicos aos soviéticos em 4 e 13 de setembro. A medida também

* O Tratado Interamericano de Assistência Recíproca (Tiar). (N.E.)

contradiz as repetidas garantias de porta-vozes soviéticos, feitas em público e em particular, de que a escalada armamentista em Cuba manteria seu caráter defensivo original, e a União Soviética não precisaria ou desejaria posicionar mísseis estratégicos no território de qualquer outra nação.

A magnitude dessa tarefa mostra que ela foi planejada durante meses. No entanto, somente no mês passado, após eu ter esclarecido a distinção relativa à qualquer introdução de mísseis solo-solo e à existência de mísseis antiaéreos defensivos, o governo soviético declarou publicamente em 11 de setembro, e eu o cito, que "os armamentos e equipamento militar enviados a Cuba têm exclusivos objetivos defensivos", e que, e eu cito o governo soviético, "não existe a necessidade do governo soviético deslocar suas armas ... pois em caso de um golpe retaliatório a qualquer outro país, por exemplo Cuba", cito novamente o governo, "a União Soviética tem foguetes tão poderosos para carregar ogivas nucleares que não há a necessidade de buscar outros locais para eles além de suas próprias fronteiras". Esta declaração era falsa.

Somente na última quinta, no momento em que provas desta rápida escalada ofensiva já estavam em minhas mãos, o ministro das Relações Exteriores [Andrei] Gromyko me disse, em meu escritório, que foi instruído a deixar mais uma vez claro, como disse que seu governo já havia feito, que a ajuda soviética a Cuba fora, e o cito, "levada à frente somente com o propósito de contribuir com a defesa das capacidades de Cuba", e, eu o cito: "O treinamento de cubanos feito pelos especialistas soviéticos para o manuseio de armamentos defensivos não era de modo algum ofensivo, e se o fosse", Gromyko continuou, "o governo soviético nunca se envolveria para fornecer tal assistência". Esta declaração também era falsa.

Nem os Estados Unidos nem a comunidade mundial de nações podem tolerar trapaças deliberadas e ameaças ofensivas por parte de qualquer país, pequeno ou grande. Não vivemos mais em um mundo onde apenas o disparo de armas representa um desafio relevante à segurança de uma nação a ponto de constituir o perigo máximo. Armas nucleares são tão destrutivas e mísseis balísticos tão rápidos que qualquer possibilidade substancialmente acentuada do uso delas ou de qualquer mudança súbita em seu posicionamento estratégico pode bem ser vista como uma ameaça definida à paz.

Durante muitos anos, tanto a União Soviética quanto os Estados Unidos, reconhecendo este fato, posicionaram armas nucleares estratégicas com grande cuidado, nunca violando o precário *status quo* que assegurava que estas armas não seriam usadas na ausência de algum desafio vital. Nossos próprios mísseis estratégicos nunca foram transferidos para o território de qualquer outro país em sigilo ou engano; e nossa história – ao contrário da história dos soviéticos, desde o fim da Segunda Guerra Mundial – demonstra que não temos o desejo de dominar ou conquistar qualquer outra nação, ou mesmo impor nosso sistema sobre outras pessoas. Ainda assim, cidadãos norte-americanos se acostumaram a viver diariamente na mira de mísseis soviéticos localizados dentro da URSS ou em submarinos.

Desta forma, os mísseis em Cuba aumentam um perigo já claro e atual – embora se deva observar que as nações da América Latina nunca foram antes sujeitas a uma potencial ameaça nuclear.

Esta secreta, rápida e extraordinária escalada dos mísseis comunistas, em uma área conhecida por ter uma relação especial e histórica com os Estados Unidos e com as nações do hemisfério ocidental, em violação das garantias soviéticas e em desacato à política norte-americana e hemisférica; esta súbita decisão clandestina de posicionar armas estratégicas pela primeira vez fora do terreno soviético é uma mudança deliberadamente provocativa e injustificada no *status quo* que não pode ser aceita por este país, se nossa coragem e compromissos forem confiados novamente por amigos ou inimigos.

Os anos 30 nos ensinaram uma clara lição: a conduta agressiva, se não for desafiada e controlada leva, em último caso, à guerra. Esta nação é contra a guerra. Também somos verdadeiros em nossas palavras. Nosso objetivo, portanto, deve ser impedir o uso desses mísseis contra este ou qualquer outro país, e garantir a retirada ou eliminação deles do hemisfério ocidental.

Nossa política tem sido de paciência e contenção, compatível com uma nação pacífica e poderosa, que leva a uma aliança mundial. Estamos determinados a não nos desviar de nossas preocupações centrais por causa de fanáticos e agitadores. Mas agora é preciso uma ação maior – e isto já foi feito; e estas ações podem ser somente o início. Não arriscaremos prematura ou desnecessariamente os custos da guerra nuclear mundial em que os frutos da vitória seriam cinzas ao vento, nem vamos nos recolher deste risco que a qualquer momento deve ser enfrentado.

Ao agir, portanto, em defesa de nossa própria segurança e da segurança de todo o hemisfério ocidental, e sob a autoridade confiada a mim pela Constituição como endossada pela resolução do Congresso, ordenei as seguintes medidas iniciais para serem imediatamente tomadas:

Primeiro: interromper esta escalada; uma severa quarentena contra todo o equipamento militar ofensivo enviado a Cuba já começou a ser implementada. Quaisquer navios com qualquer tipo de ligação com Cuba, de qualquer nação ou porto serão enviados de volta se encontradas cargas com armas ofensivas. A quarentena será prolongada, se necessário, a outros tipos de cargas e transportes. Neste momento, contudo, não negamos as necessidades vitais, assim como os soviéticos tentaram fazer no bloqueio de Berlim de 1948.

Segundo: ordenei a contínua inspeção cerrada de Cuba e de sua escalada militar. Os ministros das Relações Exteriores da OEA, em seu comunicado de 6 de outubro, rejeitaram o sigilo em tais questões neste hemisfério. Se essas preparações ofensivas continuarem, aumentando assim a ameaça ao hemisfério, uma ação maior será justificada. Instruí as Forças Armadas para se prepararem para quaisquer eventualidades; e confio que, no interesse do povo cubano e dos técnicos soviéticos no local, os riscos a todos os envolvidos em manterem estas ameaças serão reconhecidos.

Terceiro: a política desta nação deverá ser considerar qualquer míssil lançado de Cuba contra qualquer nação no hemisfério ocidental como um ataque da União Soviética contra os Estados Unidos, exigindo uma resposta retaliatória completa contra a União Soviética.

Quarto: como precaução militar necessária, reforcei nossa base em Guantânamo, nossos funcionários foram removidos de lá hoje e ordenei as unidades militares adicionais para ficarem em estado de prontidão.

Exilados cubanos assistem ao discurso de Kennedy, no qual ele anuncia o bloqueio norte-americano a Cuba.

Quinto: convocaremos hoje uma reunião imediata do Órgão de Consulta da a OEA, para considerar esta ameaça à segurança hemisférica e invocar os artigos 6 e 8 do Tratado do Rio em apoio a toda a ação necessária. A Carta das Nações Unidas leva em consideração os arranjos de segurança regional – e as nações deste hemisfério decidiram há muito tempo se opor à presença militar de poderes estrangeiros. Nossos outros aliados no mundo também foram alertados.

Sexto: sob os auspícios da Carta das Nações Unidas, pedimos hoje à noite que uma reunião de emergência seja convocada sem atraso para que medidas sejam tomadas contra esta última ameaça soviética à paz mundial. Nossa resolução pedirá o imediato desmantelamento ou retirada de todas as armas ofensivas em Cuba, sob a supervisão de observadores da ONU, antes da quarentena ser suspensa.

Sétimo e último: convoco o presidente Khrushchev a interromper e eliminar esta ameaça clandestina, temerária e provocativa contra a paz mundial e a estabilizar as relações entre as nossas duas nações. Peço que abandone este caminho da dominação mundial e se una ao empreendimento histórico de acabar com a perigosa corrida armamentista e transformar a história do homem. Ele tem agora a oportunidade de trazer o mundo de volta do abismo da destruição – de retomar as próprias palavras de seu governo de que não precisava posicionar mísseis fora de seu território, e retirar estas armas de Cuba, ao se abster de qualquer ação que aprofunde a atual crise e participar de uma busca por soluções pacíficas e permanentes.

Esta nação está preparada a apresentar seu argumento contra a ameaça da União Soviética à paz e as nossas próprias propostas para um mundo pacífico, a qualquer momento e em qualquer fórum – na OEA, nas Nações Unidas ou qualquer outro local que possa ser útil – sem limitar nossa liberdade de ação. No passado, fizemos grandes esforços para limitar a difusão de armas nucleares. Propusemos a eliminação de todas as armas e bases militares em um tratado de desarmamento justo e efetivo. Estamos preparados para discutir novas propostas para a eliminação das tensões de ambos os lados – inclusive a possibilidade de uma Cuba autenticamente independente, livre para determinar seu próprio destino. Não desejamos ir à guerra com a União Soviética – pois somos um povo pacífico que deseja viver em paz com todos os outros.

Mas é difícil resolver ou até mesmo discutir estes problemas em uma atmosfera de intimidação. É por isso que a ameaça soviética – ou qualquer outra ameaça feita independentemente ou em resposta a nossas ações esta semana – deve e será respondida com determinação. Qualquer movimento hostil no mundo contra a segurança e liberdade das pessoas com as quais estamos comprometidas – inclusive a corajosa população de Berlim Ocidental – será enfrentado pelas vias necessárias.

Finalmente, quero dizer algumas palavras ao povo prisioneiro de Cuba, para o qual este discurso está sendo diretamente transmitido pelo rádio. Falo a vocês como um amigo, que conhece sua profunda ligação com sua pátria e compartilha das aspirações de liberdade e justiça para todos. Eu assisti e o povo norte-americano assistiu com grande pesar como sua revolução nacionalista foi traída – e como sua pátria caiu sob o domínio estrangeiro. Agora seus líderes não são mais líderes cubanos inspirados por ideais cubanos. São fantoches e agentes de uma conspiraçao internacional que colocou Cuba contra seus amigos e vizinhos nas Américas – e a transformaram no primeiro país latino-americano a se tornar um alvo para a guerra nuclear –, o primeiro país latino-americano a ter estas armas no seu território.

Estas novas armas não são do seu interesse. Elas não contribuem em nada para a sua paz e bem-estar. Apenas prejudicam. Mas este país não deseja causar nenhum sofrimento a vocês ou ao seu sistema. Sabemos que suas vidas e terras estão sendo usadas como peões por aqueles que lhes negam a liberdade.

Muitas vezes, no passado, o povo cubano se ergueu para expulsar tiranos que destruíram sua liberdade. E não duvido que a maioria dos cubanos hoje anseia pela época em que estarão realmente livres – livres do domínio externo, livres para escolher seus próprios líderes, livres para escolher seu próprio sistema, livres para possuir suas próprias terras, livres para falar e escrever e rezar sem medo da degradação. E Cuba será então recebida de volta na sociedade de nações livres e nas associações deste hemisfério.

Meus caros cidadãos: que ninguém duvide de que este é um difícil e perigoso empreendimento. Ninguém pode ver com precisão que percurso tomará ou quais custos ou casualidades incorrerá. Muitos meses de sacrifício e autodisciplina estarão adiante – meses em que nossa paciência e desejo serão testados –, meses em que muitas ameaças e denúncias nos manterão cientes de nossos perigos. Mas o maior perigo de todos seria não fazer nada.

O caminho que escolhemos atualmente é cheio de riscos, como todos os caminhos são – mas é o mais consistente com nosso caráter e nossa coragem como nação, e com nossos compromissos com o mundo. O custo da liberdade é sempre alto – e os norte-americanos sempre o pagaram. E um caminho que nunca escolheremos é o da rendição ou da submissão.

Nosso objetivo não é a vitória do poder, mas a defesa dos direitos – não a paz à custa da liberdade, mas tanto a paz quanto a liberdade, aqui neste hemisfério, e, esperamos, em todo o mundo. Se Deus quiser, este objetivo será alcançado.

Obrigado e boa noite. ”

Parte IV

1963

Introdução

No início de 1963, o prestígio de John Kennedy como um líder sensato nas questões de política externa não foi suficiente para persuadir o Congresso a aprovar importantes reformas nacionais. Suas propostas para um grande corte nos impostos, de ajuda federal para todos os níveis de educação, e de seguro médico para os mais idosos foram retidas nos comitês da Câmara. Ironicamente, os direitos civis, uma questão que JFK relutava em apresentar ao Congresso antes da campanha pela reeleição, passou a ocupar o centro de sua atenção e precisou entrar no calendário legislativo.

Para compensar sua cautela em relação aos direitos civis, Kennedy deu um apoio eloqüente à reforma. Em sua mensagem sobre o estado da União, enfatizou que "o direito de votar ... não fosse negado a nenhum cidadão em função de sua raça ou cor". Em uma mensagem subseqüente ao Congresso, JFK declarou o fim da discriminação racial e religiosa como fato interligado ao crescimento econômico. Em fevereiro, ao comemorar o centenário da Proclamação da Emancipação de Lincoln, ele elogiou os defensores dos direitos dos negros por ampliarem a liberdade de todos os norte-americanos e encorajou o país a não descansar "até que a promessa de direitos iguais para todos fosse concretizada". Embora não apresentasse ao Congresso um projeto de lei abrangente a ponto de remediar as injustiças que afligiam os negros norte-americanos, o presidente solicitou que o Congresso tomasse a iniciativa de combater a discriminação e, em específico, a proibição ao voto, bastante comum em todo o Sul.

Durante a primavera de 1963, Martin Luther King e a Conferência da Liderança Cristã do Sul (CLCS) pressionaram Kennedy. Quando Luther King desafiou estatutos de segregação em Birmingham, no Alabama, a cidade mais segregacionista do Sul, provocou confrontos públicos entre manifestantes negros e policiais que constrangeram o país diante do mundo. Uma imagem na primeira página do *New York Times* e nas telas da televisão mostrando um cachorro sendo atiçado a morder um adolescente deixaram Kennedy "enjoado". Em maio, em uma entrevista coletiva, JFK pediu várias vezes aos cidadãos do Alabama que interrompessem "um espetáculo que prejudicava seriamente a reputação de Birmingham e do país". Em uma famosa carta escrita na prisão de Birmingham, onde ficou preso após participar de uma manifestação, Martin Luther King repreendeu os liberais progressistas brancos, incluindo Kennedy implicitamente, por não conseguirem sustentar suas palavras solidárias com ações efetivas.

Quando uma crise subseqüente sobre o fim da segregação na Universidade do Alabama convenceu Kennedy que apelos ao bom senso não conseguiriam fazer com que os sulistas acabassem com seu sistema racista, JFK decidiu apresentar ao Congresso um importante projeto de lei de direitos civis que terminaria com todas as formas de segregação em locais públicos. Em junho, colocou sua solicitação em prática por meio de um discurso televisionado para o país. Este foi um dos melhores discursos de seus primeiros mil dias na Presidência. Foi um apelo sincero em prol de uma causa moral. "Somos confrontados principalmente com uma questão moral", declarou.

> "Tão antiga quanto a Bíblia e tão clara quanto a Constituição norte-americana ...
>
> Cem anos de espera se passaram desde que o presidente Lincoln libertou os escravos. Seus herdeiros e netos, no entanto, não estão completamente livres. Não estamos ainda livres das amarras da injustiça. Não estão ainda livres da opressão social e econômica. E esta nação, apesar de suas esperanças e vanglórias, não estará completamente livre até que todos os seus cidadãos sejam livres ...
>
> Agora chegou o momento desta nação cumprir esta promessa."

O projeto de lei de direitos civis não seria legislado até que Lyndon Johnson aprovasse a proposta de Kennedy no Congresso, no verão de 1964.

Junto com seu apelo pelos direitos civis, os discursos mais memoráveis de Kennedy de 1963 se concentraram nas questões internacionais. Em junho, para persuadir os soviéticos e os norte-americanos a assinarem um tratado de proibição de testes nucleares, JFK disse ao público reunido na Universidade Americana, em Washington D.C., que uma guerra nuclear estava fora de questão. O discurso foi descrito como um dos principais documentos da Presidência norte-americana do século XX. Ambos os lados precisavam encontrar um ponto comum para controlar a construção de armas de destruição em massa. Kennedy encorajou os norte-americanos a reexaminarem suas atitudes com relação à União Soviética, e anunciou o início das negociações de controle de armas em Moscou.

Em julho, após negociadores norte-americanos e soviéticos chegarem a um acordo com relação ao tratado de interrupção de testes nucleares atmosféricos, Kennedy falou novamente ao público sobre o valor de tal compromisso mútuo. Seu discurso apresentava uma visão apocalíptica de um mundo à beira do desastre universal. Uma guerra nuclear, avisou, mataria mais de 300 milhões de pessoas ao redor do globo em menos de uma hora. Citando Khrushchev, Kennedy disse: "Os sobreviventes invejarão os mortos." O tratado não eliminaria os perigos de uma guerra, mas era "um raio de luz varando a escuridão". Era um primeiro passo para se afastar da guerra. Ao apressar a aprovação do Senado, JFK atendeu a vontade do povo e reforçou sua imagem como um grande pacificador.

Kennedy com os líderes do movimento pelos direitos civis nos Estados Unidos. No centro, Martin Luther King.

A impressão de Kennedy como alguém devotado à defesa dos Estados Unidos e da segurança ocidental enquanto buscava um acordo com a União Soviética foi reforçada durante uma viagem de dez dias à Europa, no final de junho. Ao passar quatro dias na Alemanha, quatro na Irlanda e dois na Itália, Kennedy mostrou que era um líder mundial excepcionalmente popular. Em Berlim, onde posteriormente afirmou: "Nunca teremos um outro dia como este enquanto vivermos", Kennedy atingiu o auge da fama como orador público. Seu discurso para centenas de milhares de berlinenses gerou quase uma histeria coletiva. Suas palavras condenaram, de forma inequívoca, a repressão soviética, contrastada com a liberdade desfrutada em Berlim Ocidental. O chanceler* da Alemanha Ocidental Konrad Adenauer ficou, de fato, com medo da reação da multidão. Quando observou seus compatriotas saudando Kennedy, perguntou ao secretário de Defesa dos Estados Unidos, Dean Rusk: "Isso significa que a Alemanha pode, um dia, ter outro Hitler?".

O assassinato de Kennedy em 22 de novembro, em Dallas, no Texas, acabou, abruptamente, com sua Presidência e com sua chance de se estabelecer como um excelente presidente ou, mais provável, quase isso. Sua morte, aos 46 anos, veio em um momento em que a reeleição com uma grande margem de votos parecia certa. O momento permitiria que ele prosseguisse com sua reforma nacional e continuasse com os desafios lançados em seu discurso na Universidade Americana. Ao morrer, a presença de Kennedy na imaginação do país só se fortaleceu. Pesquisas de opinião, durante os 40 anos posteriores a sua morte, demonstram um respeito público incomum por ele. Apesar de seu tempo limitado na Presidência, os norte-americanos o posicionam sistematicamente entre os quatro ou cinco principais presidentes da história do país. Sua retórica cativante continua a inspirar a esperança e a emoção que poucos presidentes conseguem manter após deixar o cargo.

* Primeiro-ministro. (N.E.)

14. Uma visão de paz

Por que grandes impérios da Europa mobilizaram seus exércitos em agosto de 1914, um prelúdio ao histórico massacre lembrado como a Primeira Guerra Mundial? "Ah, se ao menos alguém soubesse", disse um diplomata alemão, segundo a historiadora Barbara Tuchman, vencedora do prêmio Pulitzer por seu livro *Canhões de Agosto*.

Se ao menos alguém soubesse – a frase assombrava John F. Kennedy, que não só leu o livro de Tuchman, mas o recomendou aos seus assessores. A brilhante reconstrução que a obra faz das falhas de comunicação, dos mal-entendidos e das falsas suposições que levaram à catástrofe apresentava uma lição não muito sutil para os tomadores de decisão em Washington, no início dos anos 1960.

Se ao menos alguém soubesse – por que as grandes nações lançaram seus exércitos umas contra as outras, roubando seus tesouros e exaurindo seus recursos? Foi somente um simples erro? Será que os milhões de mortos, o colapso dos impérios e o incontável sofrimento poderiam ter sido impedidos se Berlim tivesse entendido melhor Londres, ou se Paris tivesse dialogado com Viena? Se ao menos alguém soubesse.

Em outubro de 1962, a possibilidade de uma catástrofe bem maior – a guerra nuclear – foi evitada, em parte, por causa de comunicações diretas e secretas entre Washington e Moscou. E, graças ao sistema de gravação instalado na Casa Branca, por ordens de JFK, a história guardou um registro dessas deliberações. Sabemos em detalhes como o mundo esteve próximo do apocalipse, e, talvez, Kennedy tenha tido exatamente esta intenção, embora ninguém esteja certo quanto ao motivo que o levou a instalar o sistema de gravação nas salas da Casa Branca. Sabemos que ele queria um registro claro das difíceis decisões a serem tomadas. JFK afirmou certa vez que:

> "Se este planeta for, em algum momento, destruído pela guerra nuclear – e se os sobreviventes desta devastação puderem resistir ao fogo, ao veneno, ao caos e à catástrofe –, não quero que nenhum deles pergunte ao outro, 'Como isso tudo aconteceu?', e receba a inacreditável resposta: 'Ah, se ao menos alguém soubesse'.[1]"

Como presidente no perigoso início dos anos 1960, John Kennedy passou muitas horas pensando sobre o impensável, discutindo o indiscutível – a possibilidade de uma troca nuclear com a União Soviética. JFK sabia que alguns políticos e comandantes militares falavam quase que de forma casual sobre um conflito que faria as duas guerras mundiais parecerem lutas menores, que exterminaria grandes cidades do mapa e que deixaria uma terra envenenada como legado.

Kennedy disse aos norte-americanos e ao resto do mundo que os Estados Unidos suportariam qualquer ônus na busca pela liberdade. Mas o encargo do confronto interminável com a União Soviética era pesado, na verdade, mais pesado do que John Kennedy poderia imaginar em seu discurso de posse em 20 de janeiro de 1961. Seus concidadãos pareciam quase resignados à possibilidade de que a luta crepuscular resultaria em uma escuridão completa: 60% dos entrevistados em uma pesquisa, em março de 1963, disseram acreditar que a União Soviética lançaria um ataque nuclear contra os Estados Unidos. Enquanto 37% disseram acreditar que os Estados Unidos e a Rússia nunca conseguiriam resolver suas diferenças de modo pacífico.

Os dois lados continuavam a se preparar para a guerra, testando armas nucleares debaixo da terra e na atmosfera. Resíduos tóxicos dos testes atmosféricos começavam a aparecer ao redor do planeta nos alimentos. Kennedy, certa vez, perguntou a um assessor como os materiais radioativos voltavam à Terra após uma explosão nuclear. Pela chuva, ele disse. Segundo relatado no livro de Richard Reeves, Kennedy olhou para fora de uma das janelas do Salão Oval, e chovia. "Você quer dizer, está na chuva lá fora?" Sim, respondeu o assessor.[2]

Os Estados Unidos e a União Soviética envenenavam o planeta com testes nucleares, e ainda mais assustador era a possibilidade de outras nações desenvolverem e testarem suas armas de destruição em massa. Kennedy admitiu que estava "assombrado" com a perspectiva de dez nações possuírem armas nucleares em 1970, e talvez até 20 em 1975. "Vejo a possibilidade, nos anos 70, do presidente dos Estados Unidos ter de enfrentar um mundo no qual 15, 20 ou 25 países talvez tenham armas [nucleares]", afirmou em uma entrevista coletiva.[3] A realidade de onde a luta crepuscular poderia levar –

não a uma guerra fria, mas a uma guerra de disparos, uma que invariavelmente acabaria em uma catástrofe nuclear –, tinha um impacto profundo em seu pensamento, e em seus discursos.

Na primavera de 1963, meses depois do quase apocalipse da Crise dos Mísseis, John Kennedy decidiu que o encargo de um confronto constante com os soviéticos era muito pesado para sua nação e para o mundo. Além disso, a equação estava prestes a mudar. Os comunistas na China, mais hostis e estranhos do que Khrushchev, estavam prontos para se tornarem uma potência nuclear. Eles acreditavam que Khrushchev era muito brando com relação ao capitalismo, e muito flexível com os Estados Unidos. Queriam uma frente comunista mais agressiva no mundo e esperavam que os soviéticos estivessem na vanguarda. Não queriam que o aliado russo fizesse acordos com os Estados Unidos. Um mundo que já era perigoso estava se tornando ainda mais perigoso.

Em 10 de junho, o presidente Kennedy fez um dos discursos mais importantes da década, e certamente o mais notável de toda a sua Presidência. Nele, justificou não o argumento favorável da luta crepuscular, mas o da coexistência pacífica. Não fez promessas de tolerar os encargos de uma luta prolongada. Mas pediu aos norte-americanos que assumissem um tipo diferente de responsabilidade – a de examinar sua própria atitude com relação aos soviéticos, de buscar o acordo e a paz.

Após as crises em Berlim e em Cuba, e após o fracasso de encontrar um ponto comum em Viena, depois de agüentar até o final encontros em que homens falavam trivialmente sobre a morte de milhões, John Kennedy, em 10 de junho de 1963, desafiou seus concidadãos a pensarem sobre a paz, ao invés da guerra.

A afirmação era tão impressionante que Kennedy discutiu o conteúdo do discurso somente com alguns consultores mais próximos, nem todos estavam presentes. O discurso foi deliberadamente mantido a distância do secretário de Defesa, Robert McNamara, e do secretário de Estado, Dean Rusk. As agências, Kennedy sabia, contestariam qualquer sugestão de que os Estados Unidos e a União Soviética pudessem coexistir em paz, embora o próprio Rusk parecesse acreditar que uma mudança drástica era necessária. A Crise dos Mísseis ainda estava muito próxima. Rusk disse ao presidente que "ninguém que passasse pela Crise dos Mísseis sairia da mesma maneira que entrou".[4]

O que ficou conhecido como o "discurso da paz" levou meses para ser elaborado. Khrushchev havia enviado uma mensagem conciliatória a Kennedy após a Crise dos Mísseis, sugerindo que chegara o momento de interromper os testes nucleares. Em dezembro de 1962, Kennedy soube que o jornalista Norman Cousins estava viajando a Moscou em uma missão particular do papa João XXIII, que estava preocupado com o destino dos padres católicos por trás da Cortina de Ferro. Kennedy chamou Cousins, com quem tinha boa relação, à Casa Branca e lhe disse que, se o líder soviético sugerisse que os Estados Unidos não tinham intenção de reduzir as tensões, "ele deveria ser corrigido com relação a isso".

"Explique o seguinte", Kennedy disse a Cousins, segundo Richard Reeves. "Não há ninguém, em ambos os lados, mais ansioso por conseguir um acordo sobre o controle de armas do que eu."[5]

Cousins passou a mensagem e os soviéticos responderam do mesmo modo. "Algo que o presidente e eu devemos fazer, de imediato, é concluir um tratado que declare os testes com armas nucleares ilegais", Khrushchev disse a Cousins.

As negociações continuaram durante a primavera de 1963. Cousins voltou à Moscou em abril e incitou o soviético a fazer o acordo com Kennedy para proibir os testes nucleares. Finalmente, o loquaz Khrushchev disse: "Você quer que eu deixe todos os mal-entendidos de lado e comece tudo de novo? Tudo bem, concordo com um novo início."[6]

Cousins incentivou Kennedy a fazer o mesmo. "Agora é o momento para o discurso mais importante de sua Presidência", escreveu.[7] Kennedy decidiu fazê-lo em uma cerimônia de formatura, cuja sua participação fora agendada com antecedência, na Universidade Americana, uma instituição em Washington D.C. dedicada ao treinamento de estudantes para o serviço público. A universidade estava entre as primeiras instituições de ensino superior na capital do país a aceitar voluntariamente estudantes negros em 1937.

Vestido com uma beca que cobria seu terno e gravata, com a cabeça descoberta enquanto os acadêmicos no palco em torno dele usavam um capelo, Kennedy estava radiante ao falar para os formandos da universidade – pioneiros da nova fronteira.

O longo discurso do presidente, em 10 de junho, não foi proferido pelo entusiástico combatente da Guerra Fria. Foi o discurso de um estadista que envelhecia aos poucos e compreendia as conseqüências de palavras imprudentes e mal-entendidos. Grandes potências sempre manobraram seus rivais para alcançar a superioridade e a vitória, mas, agora, quando estas nações eram capazes de destruir o mundo, as regras e o próprio jogo haviam mudado.

Embora o discurso parecesse visionário ao ser lido e ouvido no século XXI, Kennedy sabia que corria o risco de ser criticado no país por aqueles que o veriam como conciliador ao extremo e até mesmo derrotista, mas JFK decidiu que valia a pena correr o risco.

Kennedy explicou que viera falar sobre nada menos que "o assunto mais importante da Terra: a paz mundial". Havia escolhido um ambiente universitário para tal discurso porque era, nas palavras do poeta britânico John Masefield, "um lugar onde aqueles que odeiam a ignorância podem se esforçar para aprender, e onde aqueles que conhecem a verdade podem lutar para que outros a enxerguem".

Em seguida defendeu seu argumento. Falou sobre a paz e a " nova face da guerra".

> "Uma guerra total não faz sentido em uma época em que grandes potências podem manter uma ampla e relativamente invulnerável capacidade nuclear, e podem se recusar a se render sem que tal capacidade seja utilizada, afirmou. Isso não faz sentido em uma época em que uma única arma nuclear contém quase dez vezes a força explosiva produzida por todas as Forças Aéreas aliadas na Segunda Guerra Mundial. Não faz sentido em uma época em que venenos mortais produzidos em uma troca nuclear seriam carregados pelo vento, pela água e pelo solo e disseminados nos cantos mais longínquos do mundo e para as gerações futuras.
>
> Hoje a despesa de bilhões de dólares a cada ano com armas adquiridas com o propósito de garantir que nunca precisemos usá-las é essencial para manter a paz. Mas certamente a aquisição de tais estoques inúteis – que só podem destruir e nunca criar – não é o único, muito menos o mais eficiente, meio de garantir a paz.
>
> Falo da paz, portanto, como a finalidade racional necessária dos homens racionais. Percebo que a busca pela paz não é tão dramática quanto a busca pela guerra – e com freqüência as palavras de quem busca a paz esbarram em ouvidos surdos. Mas esta é a nossa tarefa mais urgente."

Em uma reverência aos seus críticos no Congresso e às Forças Armadas, JFK admitiu que alguns acreditavam ser "inútil" falar sobre a paz antes dos líderes da União Soviética adotarem uma "atitude mais esclarecida". Kennedy esperava que um dia eles fizessem isso, e talvez os Estados Unidos pudessem auxiliar no processo. Enquanto isso, no entanto, Kennedy tinha dois desafios a seus concidadãos. Ele os encorajou a examinarem suas atitudes "em relação às possibilidades da paz" e a reexaminarem a atitude do país "em relação à União Soviética".

Muitos, afirmou, acreditavam que a paz fosse inalcançável. Quanto a isso, respondeu: "Nenhum problema do destino humano está além dos seres humanos."

Mais impressionante foi sua afirmação de que os norte-americanos deveriam reconhecer o que tinham em comum com os cidadãos da União Soviética. Ambas as nações desejavam a paz, e ambas enfrentavam a possibilidade de aniquilação em um conflito nuclear. Esta certeza única e assustadora unia homens e mulheres de Moscou e Washington, de Leningrado e Nova York, de Stalingrado e Los Angeles. Tudo o que os norte-americanos e os russos tinham construído podia ser destruído em 24 horas. Outros dois povos não teriam um destino entrelaçado de forma semelhante. Do mesmo modo, os norte-americanos deveriam se lembrar do que mais tinham em comum com os russos, características que não estavam relacionadas à Guerra Fria e suas tensões, mas sim à natureza humana comum. "Todos respiramos o mesmo ar", disse. "Todos cultivamos esperança pelo futuro das nossas crianças. E todos somos mortais."

Portanto, embora os norte-americanos achem o comunismo "repugnante", Kennedy disse ser importante lembrar que "nenhum governo ou sistema social é tão perverso que seu povo seja considerado sem virtudes". Aqui, Kennedy faz uma distinção entre uma instituição – um sistema social ou um governo – e os seres humanos.

Era um argumento que a maioria dos norte-americanos acharia razoável em 1963. Afinal, os Estados Unidos haviam lutado e derrotado o nazismo e o fascismo na Segunda Guerra Mundial, mas agora as pessoas que viviam sob estes sistemas – na Alemanha Ocidental, na Itália e no Japão – eram amigos e aliados leais. Poucos, em 1963, argumentariam que os alemães ocidentais "não tinham virtudes" porque viveram sob e apoiaram o regime nazista. Na verdade, os habitantes da Alemanha Ocidental eram agora saudados como amigos da liberdade, que viviam nas linhas de frente da Guerra Fria.

De fato, a aliança da Segunda Guerra Mundial entre a União Soviética e os Estados Unidos ilustrava esse ponto – os norte-americanos, no início e na metade dos anos 1940, haviam aprendido a distinguir entre o sistema soviético e o povo russo, assim como distinguiram entre o nazismo e os alemães comuns.

Não havia razões para negar as diferenças entre a União Soviética e os Estados Unidos, Kennedy disse, "vamos também dirigir nossa atenção aos nossos interesses comuns e aos meios pelos quais estas diferenças podem ser resolvidas. E se não pudermos acabar com as nossas diferenças, pelo menos podemos ajudar a tornar o mundo mais seguro para a diversidade".

Igualmente importante, a melhoria das comunicações e dos entendimentos mútuos poderiam impedir outro agosto de 1914 – este bem mais mortal. Com as lições de *Canhões de Agosto* claras em sua mente, Kennedy observou que desejava tomar as "medidas iniciais de controle de armas, destinadas a limitar a intensidade da corrida armamentista e reduzir os riscos de uma guerra acidental".

Na busca por esses objetivos, o presidente anunciou que ele, Khrushchev e o primeiro-ministro britânico, Harold Macmillan, haviam concordado em iniciar intensas discussões em Moscou destinadas a delinear um tratado que proibiria os testes nucleares. Em uma demonstração de boa vontade, anunciou que os Estados Unidos parariam de testar suas armas nucleares na atmosfera "contanto que outros Estados fizessem o mesmo". Tal declaração, comentou, "não substitui um documento obrigatório formal, mas espero que nos ajude a concretizá-lo".

Foi o que aconteceu, e mais ainda. Menos de duas semanas após o discurso – elogiado por Khrushchev como a "melhor declaração feita por qualquer presidente desde Roosevelt" –, os soviéticos e os norte-americanos concordaram em estabelecer uma linha direta de comunicação entre Moscou e Washington.[8] Em alguns meses, os dois países assinaram um tratado de proibição de testes limitados, estabelecendo a base para um tratado mais abrangente, um marco no abrandamento da corrida armamentista.

De forma extraordinária, o discurso de Kennedy na Universidade Americana não chamou muita atenção, talvez porque o foco da mídia estivesse voltado para os eventos no Sul, onde o governador do Alabama George Wallace levantava barricadas em defesa da segregação. Ou talvez, como Kennedy mesmo notou, "a busca pela paz não é tão dramática quanto a busca pela guerra".

JFK declarou que não existia uma questão mais urgente que a busca pela paz. Em breve aprenderia, no entanto, que não haveria escassez de assuntos urgentes para o presidente dos Estados Unidos em 1963.

Discurso em uma cerimônia de formatura na Universidade Americana, Washington D.C.
10 de junho de 1963

"Reitor Anderson, membros da faculdade, conselho de gestão, distintos convidados, meu antigo colega senador Bob Byrd, que recebeu seu diploma depois de freqüentar por tantos anos a faculdade de Direito à noite – enquanto eu receberei o meu nos próximos 30 minutos –, distintos convidados, senhoras e senhores:

Participo com grande orgulho desta cerimônia da Universidade Americana, patrocinada pela Igreja Metodista, fundada pelo bispo John Fletcher Hurst e inaugurada pelo presidente Woodrow Wilson em 1914. Esta é uma universidade jovem e em desenvolvimento, mas já realizou a esperança iluminada do bispo Hurst em prol do estudo da história e das questões públicas em uma cidade dedicada à construção da história e à conduta dos assuntos públicos. Ao patrocinar esta instituição de ensino superior para todos que desejam aprender, não importa sua cor ou crença, os metodistas desta região e da nação merecem o agradecimento do país, e eu louvo a todos que se formam hoje.

O professor Woodrow Wilson disse certa vez que todo homem que acaba de sair de uma universidade deveria ser um homem de sua nação tanto quanto um homem de seu tempo, e tenho a confiança de que homens e mulheres com a honra de se graduar nesta instituição continuarão gerando, por meio de suas vidas, de seus talentos e de seu trabalho, um serviço público e uma atuação pública de alto nível.

"Pouco neste mundo é mais belo que a universidade", escreveu John Masefield em sua homenagem às universidades inglesas – e suas palavras também são verdadeiras hoje. Ele não se referiu a torres, à grama do campus ou a muros cobertos de hera. Ele admirou a esplêndida beleza da universidade, porque, afirmou, trata-se de "um local onde aqueles que odeiam a ignorância podem se esforçar para aprender, e onde aqueles que conhecessem a verdade podem lutar para que outros a enxerguem".

Escolhi, portanto, este momento e local para discutir um tema sobre o qual a ignorância surge muitas vezes em excesso e a verdade é raramente percebida – mesmo assim, é o assunto mais importante da Terra: a paz mundial.

A qual tipo de paz me refiro? Qual tipo de paz buscamos? Não a *Pax Americana* imposta ao mundo pelas armas norte-americanas da guerra. Nem a paz dos cemitérios ou a segurança dos escravos. Falo sobre a paz genuína, o tipo de paz que faz a vida valer a pena, que permite homens e nações crescer e tentar uma vida melhor para seus filhos – não simplesmente a paz para os norte-americanos, mas a paz para todos os homens e mulheres –; não meramente a paz do nosso tempo, mas a de todos os tempos.

Falo de paz por causa da nova face da guerra. Uma guerra total não faz sentido em uma época em que grandes potências podem manter uma ampla e relativamente invulnerável capacidade nuclear, e podem se recusar a se render sem que tal capacidade seja utilizada. Isso não faz sentido em uma época em que uma única arma nuclear contém quase dez vezes a força explosiva produzida por todas as Forças Aéreas aliadas na Segunda Guerra Mundial. Não faz sentido em uma época em que venenos mortais produzidos em uma troca nuclear seriam carregados pelo vento, pela água e pelo solo e disseminados nos cantos mais longínquos do mundo e para as gerações futuras.

Hoje a despesa de bilhões de dólares a cada ano com armas adquiridas com o propósito de garantir que nunca precisemos usá-las é essencial para manter a paz. Mas certamente a aquisição de tais estoques inúteis – que só podem destruir e nunca criar – não é o único, muito menos o mais eficiente, meio de garantir a paz.

Falo de paz, portanto, como a finalidade racional necessária dos homens racionais. Percebo que a busca pela paz não é tão dramática quanto a busca pela guerra – e com freqüência as palavras de quem busca a paz esbarram em ouvidos surdos. Mas esta é a nossa tarefa mais urgente.

Alguns dizem que é inútil falar sobre a paz mundial, ou sobre a lei mundial, ou sobre o desarmamento mundial, e será inútil até que os líderes da União Soviética adotem uma atitude mais esclarecida. Eu espero que sim. Acredito que possamos ajudá-los a fazer isso. Mas também acredito que devemos reexaminar nossa própria atitude – como indivíduos e como nação –, pois ela é tão essencial quanto a deles. E todo o aluno formado nesta faculdade, todo cidadão que reflita sobre os desesperos da guerra e queira a paz, deve começar a olhar para dentro – examinar sua própria atitude em relação às possibilidades da paz, à União Soviética, ao curso da Guerra Fria e à liberdade e à paz aqui neste país.

Primeiro: vamos examinar nossa atitude com relação à própria paz. Muitos de nós pensamos ser impossível. Muitos pensam ser irreal. Mas esta é uma crença perigosa, derrotista. Leva à conclusão de que a guerra é inevitável – que a humanidade está amaldiçoada – e que somos tomados por forças que não podemos controlar.

Não precisamos aceitar esta visão. Nossos problemas são criados pelo homem – portanto, podem ser resolvidos pelo homem. E o homem pode ser tão grandioso quanto quiser. Nenhum problema do destino humano está além dos seres humanos. A razão e o espírito do homem resolveram muitas vezes o que parecia não ter solução – e acreditamos que podem fazer isso mais uma vez.

Não me refiro ao conceito absoluto e infinito da paz e da boa vontade com a qual sonham utópicos e fanáticos. Não nego o valor de esperanças e sonhos, mas apenas reforçamos o desencorajamento e a incredulidade ao fazer disso nosso único e urgente objetivo

Vamos nos concentrar em vez disso em uma paz mais prática e alcançável – com base não em uma repentina revolução na natureza humana, mas em uma evolução gradual das instituições humanas –, em uma série de ações concretas e de acordos efetivos do interesse de todos os envolvidos. Não há uma solução única e simples para a paz – nenhuma fórmula mágica a ser adotada por um ou dois poderes. A paz genuína deve ser o produto de muitas nações, a soma de muitos atos. Deve ser dinâmica, não estática, algo que muda para enfrentar o desafio de cada nova geração. Pois a paz é um processo – uma forma de solucionar problemas.

Com esta paz, ainda haverá disputas e interesses conflitantes, como há em famílias e nações. A paz mundial, como a comunidade da paz, não requer que cada homem ame seu vizinho – mas somente que vivam juntos em tolerância mútua, submetendo suas disputas a um acordo justo e pacífico. E a história nos ensina que hostilidades entre nações, como entre indivíduos, não duram muito. Por mais predeterminadas que sejam as suas posições, as tendências da época e dos eventos sempre trarão mudanças surpreendentes nas relações entre países e vizinhos.

Portanto, que nós perseveremos. A paz não precisa ser impraticável, e a guerra não precisa ser inevitável. Ao definir nosso objetivo de modo mais claro, ao torná-lo mais controlável e menos remoto, podemos ajudar todas as pessoas a vê-lo, a tirarem dele, esperanças; a seguir de modo irresistível em direção a ele.

Segundo: vamos reexaminar nossa atitude com relação à União Soviética. É desencorajador pensar que seus líderes podem realmente acreditar no que seus propagandistas escrevem. É desencorajador ler um texto soviético recente e autoritário sobre a sua estratégia militar e descobrir, página após página, que este é completamente desprovido de base e possui afirmações incríveis – como a alegação de que "círculos imperialistas norte-americanos se preparam para desencadear diferentes tipos de guerra ... de que há uma ameaça bastante real de uma guerra preventiva sendo ocasionada pelo imperialismo norte-americano contra a União Soviética ... [e que] os objetivos políticos dos imperialistas norte-americanos são escravizar econômica e politicamente os europeus e outros países capitalistas ... [e] conseguir a dominação mundial ... por meio de guerras agressivas".

Certamente, como foi escrito há muito tempo: "Os ímpios fogem sem que haja ninguém a persegui-los."[9] É triste ler, no entanto, essas declarações soviéticas – perceber a extensão do mar que nos separa. Mas trata-se também de um alerta – um alerta para que o povo norte-americano não caia na mesma armadilha como os soviéticos; não tenha uma visão apenas, distorcida e desesperada sobre o outro lado; não veja conflitos como inevitáveis, adaptações como impossíveis e a comunicação como nada mais que uma troca de ameaças.

Nenhum governo ou sistema social é tão perverso que seu povo seja considerado sem virtudes. Como norte-americanos, achamos o comunismo repugnante como uma negação da liberdade e da dignidade pessoal. Mas ainda podemos saudar o povo russo por suas várias realizações – na ciência e no espaço, no crescimento econômico e industrial, na cultura e nos seus atos de coragem.

Mao Tse-tung e Nikita Khrushchev em 1958.

Entre as muitas características comuns entre as populações dos dois países, nenhuma é mais forte que a nossa aversão mútua pela guerra. Fato praticamente único entre as principais potências do mundo, nunca estivemos em guerra um com o outro. E nenhuma nação na história das batalhas já sofreu mais que a União Soviética durante a Segunda Guerra Mundial. Pelo menos 20 milhões perderam suas vidas. Milhões de casas e fazendas foram queimadas ou saqueadas. Um terço do território da nação foi devastado, incluindo quase dois terços de sua base industrial – uma perda equivalente à devastação de todo este país a Leste de Chicago.

Hoje, se a guerra total estourasse de novo – não importa como –, nossos dois países se tornariam os alvos principais. É um fato irônico, mas preciso, que os dois poderes mais fortes são os dois mais sujeitos à ameaça da devastação. Tudo o que construímos, tudo pelo qual trabalhamos, seria destruído nas primeiras 24 horas. E mesmo na Guerra Fria, que acarreta encargos e responsabilidades para tantos países, inclusive para os aliados mais próximos desta nação, nossos dois países sustentam os encargos mais pesados. Pois ambos dedicamos grandes quantias de dinheiro a armas que poderiam ser dedicadas ao combate da ignorância, da pobreza e da doença. Ambos fomos envolvidos em um ciclo vicioso e perigoso no qual a suspeita de um lado gera a suspeita de outro, e novas armas provocam mais armas.

Em resumo, tanto os Estados Unidos e seus aliados, e a União Soviética e seus aliados, têm um interesse profundo em uma paz justa e autêntica e em interromper a corrida armamentista. Acordos neste sentido são tanto do interesse da União Soviética quanto nosso, e pode-se esperar que mesmo as nações mais hostis irão aceitar e manter estas obrigações vinculadas aos tratados, e somente estas obrigações, que são do seu próprio interesse.

Portanto, não vamos ficar cegos às nossas diferenças – vamos também dirigir nossa atenção aos nossos interesses comuns e aos meios pelos quais estas diferenças podem ser resolvidas. E se não pudermos acabar com as nossas diferenças, pelo menos podemos ajudar a tornar o mundo mais seguro para a diversidade. Pois, no fim, nossa ligação comum básica é a de que vivemos neste pequeno planeta. Todos respiramos o mesmo ar. Todos cultivamos esperança pelo futuro das nossas crianças. E todos somos mortais.

Terceiro: vamos reexaminar nossa atitude com relação à Guerra Fria, lembrando que não estamos envolvidos em um debate, onde tentamos acumular pontos. Não estamos aqui apontando a culpa ou julgando ninguém. Precisamos lidar com o mundo como ele é, e não como poderia ter sido se a história dos últimos 18 anos tivesse sido diferente.

Devemos, portanto, perseverar na busca pela paz com a esperança de que mudanças construtivas dentro do bloco comunista possam produzir soluções que parecem estar além de nós. Devemos conduzir nossos assuntos de tal forma que seja do interesse dos comunistas concordarem com uma paz genuína. Acima de tudo, enquanto defendemos nossos interesses vitais, os poderes nucleares devem evitar estes confrontos que levam um adversário a escolher uma retirada humilhante ou uma guerra atômica. Adotar este tipo de percurso em uma era nuclear seria prova somente da falência de nossa política – ou de um desejo coletivo de morte para o mundo.

Para garantir estes objetivos, as armas norte-americanas não são provocativas, são cuidadosamente controladas, designadas a deter e capazes de uso seletivo. Nossas forças militares estão comprometidas com a paz e disciplinadas pelo autocontrole.

Pois podemos buscar uma flexibilização das tensões sem afrouxar nossa guarda. E, de nossa parte, não precisamos usar ameaças para provar que estamos determinados. Não precisamos interferir em transmissões estrangeiras com medo de que nossa fé seja desgastada. Relutamos em impor nosso sistema sobre qualquer povo relutante – mas estamos dispostos e somos capazes de nos engajar em uma competição pacífica com qualquer povo do mundo.

Enquanto isso, procuramos fortalecer as Nações Unidas, ajudar a resolver seus problemas financeiros, a torná-la um instrumento mais efetivo para a paz, para que se desenvolva em um autêntico sistema de segurança mundial – um sistema capaz de resolver disputas por meio da lei, de garantir a segurança dos grandes e dos pequenos e de criar condições sob as quais as armas possam ser finalmente abolidas.

Ao mesmo tempo, buscamos a paz dentro do mundo não-comunista, onde muitas nações, todas amigas, estão divididas com relação a questões que enfraquecem a unidade ocidental, atraem a intervenção comunista ou ameaçam com a deflagração de guerras. Nossos esforços na Nova Guiné, no Congo, no Oriente Médio e no subcontinente indiano têm sido persistentes e pacientes apesar de críticas de ambos os lados. Também tentamos estabelecer um exemplo para outros, ao buscar ajustar diferenças pequenas, mas significativas com nossos vizinhos mais próximos no México e no Canadá.

Ao me referir a outras nações, quero deixar claro um ponto importante. Estamos vinculados a muitas nações por meio de alianças. Estas alianças existem porque nossa preocupação e a deles coincidem substancialmente. Nosso compromisso de defender a Europa Ocidental e Berlim Ocidental, por exemplo, permanece o mesmo, em função da identidade de nossos interesses vitais. Os Estados Unidos não farão qualquer acordo com a União Soviética à custa de outras nações e outros povos, não simplesmente porque são nossos parceiros, mas também porque nossos interesses convergem com os deles.

Nossos interesses convergem, contudo, não só na defesa das fronteiras da liberdade, mas no caminho para a paz. É nossa esperança – e o propósito de políticas aliadas – convencer a União Soviética de que esta, também, deveria deixar cada país escolher seu próprio futuro, contanto que a escolha não interfira com as escolhas de outros. A iniciativa comunista de impor seu sistema político e econômico sobre outros é atualmente a principal causa de tensão. Pois não se pode duvidar disso, se todas as nações pudessem se abster de interferir na autodeterminação de outros, a paz estaria bem mais garantida.

Tudo isso exigirá um novo esforço para realizar a lei mundial – um novo contexto para discussões mundiais. Exigirá um entendimento cada vez maior entre nós e os soviéticos. E um entendimento cada vez maior exigirá um contato e uma comunicação cada vez mais freqüentes. Uma medida nesta direção é o arranjo proposto para uma linha direta entre Moscou e Washington, para evitar em cada lado os perigosos impedimentos, mal-entendidos e erros de interpretação das ações do outro, que poderiam ocorrer em um momento de crise.

Em Genebra, também começamos a tomar outras medidas iniciais de controle de armas, destinadas a limitar a intensidade da corrida armamentista e reduzir os riscos de uma guerra acidental. Nosso principal interesse de longo alcance em Genebra, contudo, é o desarmamento geral e completo – designado a ocorrer em estágios, permitindo desenvolvimentos políticos paralelos que construam as novas instituições de paz, que substituiriam as armas. A busca do desarmamento tem sido o esforço deste governo desde os anos 20, também procurado com urgência nas três últimas administrações. E por mais sombrias que sejam as possibilidades hoje, pretendemos continuar com esta tentativa – continuá-la de modo que todos os países, inclusive o nosso, possam compreender melhor quais os problemas e as possibilidades que o desarmamento acarreta.

A principal questão dessas negociações, cujo objetivo é iminente, mas onde, no entanto, um novo começo é extremamente necessário, trata-se de um tratado que tornará testes nucleares ilegais. A conclusão de tal tratado, tão próximo e distante ao mesmo tempo, controlaria a progressiva corrida armamentista em uma de suas áreas mais perigosas. Colocaria as potências nucleares em uma posição de lidar de forma mais efetiva com um dos maiores riscos enfrentados pelo homem em 1963: a difusão das armas nucleares. Aumentaria a nossa segurança – diminuiria as possibilidades da guerra. Certamente, este objetivo é importante o suficiente para exigir a nossa busca constante, sem que se caia na tentação de minar os esforços por garantias vitais e responsáveis; sem que se caia na tentação de desistirmos na insistência por garantias vitais e responsáveis.

Aproveito esta oportunidade, portanto, para anunciar duas importantes decisões neste aspecto.

Primeiro: o presidente Khrushchev, o primeiro-ministro Macmillan e eu concordamos que discussões de alto escalão começarão imediatamente em Moscou visando a um acordo inicial para um tratado de proibição de testes. Nossas esperanças devem ser amenizadas com a cautela da história – mas junto com as nossas, estão as esperanças da humanidade.

Segundo: para esclarecer nossa boa-fé e nossas sérias convicções sobre este assunto, declaro agora que os Estados Unidos não conduzirão testes nucleares na atmosfera enquanto outros Estados não fizerem o mesmo. Não seremos os primeiros a retomar estes testes. Tal declaração não substitui um documento obrigatório formal, mas espero que nos ajude a concretizá-lo.

Finalmente, caros cidadãos, vamos examinar nossa atitude com relação à paz e à liberdade aqui mesmo em nosso país. A qualidade e o espírito de nossa própria sociedade devem justificar e apoiar nossos esforços no exterior. Devemos mostrar isso tudo na dedicação de nossas vidas – como muitos de vocês que se formam hoje terão a oportunidade única de fazer, servindo no Corpo da Paz no exterior ou no proposto Corpo de Serviço Nacional aqui.

Mas onde quer que estejamos, devemos todos, em nossas vidas diárias, viver de acordo com a antiga crença de que a paz e a liberdade caminham juntas. Em muitas de nossas cidades, hoje, a paz não está garantida, porque a liberdade não é total.

É responsabilidade do Executivo em todos os níveis de governo – local, estadual e nacional – fornecer e proteger a liberdade para todos os nossos cidadãos utilizando-se de todos os meios dentro de sua autoridade. É responsabilidade do Legislativo, em todos os níveis, onde quer que sua autoridade não seja agora adequada, torná-la adequada. E é responsabilidade de todos os cidadãos em todos os setores deste país respeitar os direitos de todos os outros e respeitar a lei da nação.

E isso não está desvinculado da paz mundial. "Sendo os caminhos do homem agradáveis ao Senhor", dizem as escrituras, "até a seus inimigos faz que tenham paz com ele."[10] E a paz não é, em última análise, basicamente uma questão de direitos humanos? O direito de viver sem medo da devastação? O direito de respirar o ar fornecido pela natureza? O direito de gerações futuras a uma existência saudável?

Enquanto procedemos para garantir nossos interesses nacionais, vamos também proteger os interesses humanos. E a eliminação da guerra e das armas é certamente de nosso interesse. Nenhum tratado, contudo, por mais que seja vantajoso para todos, por mais firme que seja expresso, pode fornecer segurança absoluta contra os riscos da decepção e da evasão. Mas pode – se for suficientemente efetivo em sua aplicação e do interesse de seus signatários – oferecer bem mais segurança e bem menos riscos que uma corrida armamentista ininterrupta, descontrolada e imprevisível.

Os Estados Unidos, como o mundo sabe, nunca começarão uma guerra. Não queremos uma guerra. Não esperamos uma guerra. Esta geração de norte-americanos já teve o suficiente – mais do que suficiente – de guerras, ódio e opressão. Devemos estar preparados se outros quiserem. Devemos estar alertas para tentar interromper isso. Mas também devemos fazer a nossa parte para construir um mundo de paz onde os fracos estejam salvos e os fortes sejam justos. Não estamos indefesos diante desta tarefa ou de seu sucesso. Confiantes e sem medo, trabalhamos, não em uma estratégia de aniquilação, mas em uma estratégia para a paz. ”

15. A crise moral da nação

Na mesma época em que John Kennedy lembrava ao seu povo que os russos eram seres humanos, os negros norte-americanos marchavam no Sul, reivindicando sua própria humanidade. E, enquanto JFK se mantinha ligado às questões de guerra e paz com um antagonista estrangeiro a quilômetros de distância, um confronto potencialmente explosivo se formava no país, em Tuscaloosa, no Alabama.

Em 11 de junho de 1963, um dia após o discurso de Kennedy na Universidade Americana, dois jovens negros aguardavam para se matricular em um curso de verão na Universidade do Alabama, uma instituição composta, de forma provocativa, somente de brancos. O novo governador do estado, um demagogo agressivo chamado George Wallace, havia prometido lutar a favor da segregação o quanto fosse preciso. Os tribunais, contudo, haviam decretado que os dois jovens deveriam ter permissão para se matricular.

O cenário não era totalmente novo para a Casa Branca ou para o país. De Little Rock, no Arkansas, durante o governo Eisenhower, a Oxford, no Mississippi, nos primeiros dias da gestão Kennedy, certas imagens haviam se tornado perturbadoramente familiares: brancos enraivecidos e homicidas em potencial combatendo estudantes negros protegidos por tropas federais bem armadas e de aparência cruel. O 11 de junho de 1963 se cristalizava como outro dia terrível na batalha para persuadir os brancos norte-americanos de que os negros respiravam o mesmo ar que eles e tinham os mesmos sonhos para seus filhos – assim como os russos.

Kennedy certamente tinha a avultante crise – sem mencionar a ampla luta por direitos civis – em mente quando fez seu histórico discurso de paz em 10 de junho. Ao concluir suas observações, lançou mais um desafio, pedindo aos norte-americanos que analisassem suas atitudes "em relação à paz e à liberdade em casa".

"Devemos todos, em nossas vidas diárias, viver de acordo com a antiga crença de que a paz e a liberdade caminham juntas", afirmou. "Em muitas de nossas cidades, hoje, a paz não está garantida, porque a liberdade não é total." Governos locais devem "fornecer e proteger a liberdade" de "todos os nossos cidadãos". E estes cidadãos devem "respeitar os direitos de todos os outros e respeitar a lei da nação". Ele nunca mencionou as palavras "direitos civis", nunca falou sobre norte-americanos brancos e negros, mas a mensagem era clara, tanto para as autoridades civis brancas quanto para os líderes de direitos civis negros.

No Alabama, autoridades federais lideradas pelo vice-procurador geral Nicholas Katzenbach se preparavam para um confronto, mas eles não sabiam como o confronto se daria. Wallace prometera impedir pessoalmente os dois estudantes de entrar na universidade estatal. Ao fazer isso, arriscava ser preso. Será que encenaria uma mera demonstração de desacato e, em seguida, voltaria atrás? Ou as autoridades federais teriam de removê-lo à força e prendê-lo? Ninguém na Casa Branca de Kennedy poderia prever com certeza como os eventos se desdobrariam.

O presidente, logo depois de fazer o discurso histórico "Uma visão de paz", agora era pressionado a preparar outro, para a televisão, no dia seguinte: 11 de junho.

Policial ataca manifestante pelos direitos civis nos Estados unidos.

O redator de discursos Ted Sorensen foi o primeiro a mencionar o assunto. O presidente estava relutante em fazer isso. Como sempre, Kennedy ficava instintivamente cauteloso com relação ao tema dos direitos civis, negando-se, até o momento, a introduzir uma legislação abrangente sobre o assunto, mesmo diante do racismo intransigente no Sul. A questão era um pesadelo político – mais ainda com a proximidade da campanha de reeleição. Kennedy não queria se indispor com os democratas sulistas brancos no Congresso, muitos dos quais presidiam poderosos comitês, com a capacidade de protelar a agenda legislativa do presidente. Além disso, os estados do Sul constituíam um eleitorado democrata importante, embora isso começasse a mudar.[1]

Apesar disso, os direitos civis, como muitas outras preocupações nacionais, pareciam, em última análise, uma distração da prioridade do presidente, às questões internacionais. "A política interna pode apenas nos derrotar", afirmou JFK, certa vez. "A política externa pode nos matar."[2]

Conforme o presidente parecia recusar a idéia de Sorensen de um discurso transmitido nacionalmente sobre a crise no Alabama e sobre o movimento dos direitos civis em geral, Robert Kennedy interveio. Segundo a biografia de Kennedy escrita por Richard Reeves, o procurador-geral afirmou que um discurso presidencial seria "útil", pois prepararia o cenário para a nova legislação dos direitos civis. A opinião pública precisaria ser mobilizada e membros indecisos do Congresso, pressionados. Robert acrescentou: "Não acho que você consiga ir adiante sem isso." O público tinha de ouvir do próprio presidente algo sobre a crise.[3]

Na manhã de 11 de junho, Nicholas Katzenbach levou dois estudantes negros, Vivian Malone e James Hood, de carro, ao campus da Universidade do Alabama. De acordo com o plano elaborado na Casa Branca, Katzenbach deixou os estudantes no carro e foi sozinho até o edifício de inscrições da universidade. Ainda não era nem meio-dia, mas a temperatura em Tuscaloosa já se aproximava dos 37 graus.

O governador Wallace ficou atrás de um pódio, de frente para a porta do auditório Foster. Ele queria parecer desafiador diante das câmeras, presentes para registrar o confronto entre o estado do Alabama e um emissário do presidente dos Estados Unidos.

Centenas de soldados da Guarda Nacional estavam prontos para serem chamados ao campus. Mas por quem? Wallace era o comandante-chefe da Guarda Nacional do Alabama, mas John Kennedy tinha o poder de torná-la federal, para ajudar a impor a ordem das cortes. O presidente preferiu aguardar antes de remover a Guarda Nacional do comando de Wallace. Se a

Universidade do Alabama pudesse ser integrada sem violência, o país poderia ser poupado de outro golpe contra a sua imagem.

Katzenbach se aproximou da posição de Wallace, que o ordenou que parasse. Os dois se olharam no opressivo calor sulista e Katzenbach declarou a Wallace que o presidente estava determinado a ver os dois estudantes matriculados, segundo a ordem do tribunal. Ele pediu a garantia de Wallace de que o processo não seria obstruído.

Wallace não cedeu. Ele leu uma declaração condenando "esta ação ilegal e indesejada do governo central", afirmando que o "governo central" suprimia os "direitos, privilégios e a soberania deste estado". Wallace escolheu suas palavras com cuidado. Ele não disse "governo federal". Em vez disso, usou a capciosa expressão "governo central", aludindo à instituição totalitária que dirigia a União Soviética, o Comitê Central. Walllace brincava com as câmeras. Seu público entenderia a mensagem: Kennedy e seus amigos liberais do Nordeste agiam como comunistas, passando por cima dos direitos dos pequenos governos.[4]

Wallace representou seu papel de protetor da raça branca, e Katzenbach, como planejado, voltou ao carro e levou os estudantes para os dormitórios da universidade. E declarou que estavam matriculados.

Em Washington, Robert Kennedy e seus assessores ficaram furiosos ao verem a encenação de Wallace na televisão. Robert ligou para o seu irmão, o presidente, e pediu que ele assinasse uma ordem executiva para federalizar a Guarda Nacional do Alabama. O presidente fez isso imediatamente. Soldados foram posicionados no campus e cerca de 400 soldados do Exército regular ficaram de prontidão. Wallace saiu do campus após a Guarda Nacional aparecer, deixando o caminho livre para os jovens se matricularem em paz. A segregação chegou ao fim na Universidade do Alabama.

Kennedy decidiu que havia chegado o momento de um discurso nacional sobre os direitos civis. Ele faria um naquela noite mesmo, disse à sua equipe. Sua condição física não facilitava em nada a difícil decisão. Mais uma vez, apesar dos esteróides e outras medicações que tomava, a coluna de Kennedy estava bem comprometida. Sua famosa cadeira de balanço não aliviava muito a dor, embora ele quase sempre buscasse conforto na piscina da Casa Branca, onde a água era aquecida a 26 graus. Para mitigar a dor, mergulhou na piscina antes de fazer um dos discursos mais importantes de sua Presidência.

Para negros e brancos que defendiam os direitos civis, a percepção repentina de Kennedy sobre a questão veio com demora. Líderes de direitos civis, como Martin Luther King e intelectuais como James Baldwin, estabeleciam a agenda do movimento que foi chamado por um documentário televisivo da NBC de "A Revolução Americana de 63". Por todo o Sul, os negros confrontavam a segregação e a injustiça, provocando reações violentas de cidadãos brancos, de políticos locais e da polícia. No final de maio, enquanto o presidente considerava os efeitos políticos da introdução de um novo projeto de lei de direitos civis, JFK observou com tristeza que "as pessoas no Sul não tinham feito nada com relação à integração em 100 anos, e quando alguém de fora intervinha, o mandavam embora, pois resolveriam tudo por conta própria – o que não faziam".[5]

O presidente teria de cuidar disso sozinho.

Durante a tarde e o início da noite de 11 de junho, os redatores do presidente, inclusive Sorensen, demarcaram um prazo final enquanto tentavam escrever um discurso considerado quase tão fundamental quanto o "discurso de paz" de JFK, na Universidade Americana, no dia anterior. Seria mais que uma explicação sobre os acontecimentos do dia no Alabama. O discurso estabeleceria o aspecto moral para a introdução, finalmente, de uma legislação indiscriminada de direitos civis.

O vice-presidente estava pressionando o presidente a fazer tal discurso há meses. Johnson enfatizava a importância de enquadrar os direitos civis como uma questão moral e prometeu que os sulistas responderiam de acordo. Ele

Protesto é interrompido pela polícia.

disse a Sorensen que, se Kennedy viajasse ao Sul, olhasse os sulistas brancos nos olhos, "e apresentasse a questão moral e a questão cristã, e se o fizesse pessoalmente, estes sulistas pelo menos respeitariam sua coragem".[6]

O presidente não tinha mais tempo para tal persuasão pessoal. Ele defenderia o argumento moral, certamente – uma ação também defendida por Robert Kennedy, mas faria isso aos olhos da nação, pela televisão.

Uma hora antes do discurso do presidente, marcado para as 8h da noite, Sorensen e seus colegas ainda tinham de terminar o texto. Sorensen, Robert Kennedy e outro assessor, Burke Marshall, trabalhavam no gabinete da Casa Branca quando o presidente entrou e olhou algumas notas e rascunhos parciais empilhados em cima da mesa. Era tudo o que tinham no momento, e o horário do show se aproximava.

Após às 19h30, o presidente e seu irmão se reuniram no Salão Oval, esquematizando os tópicos de um pronunciamento improvisado, caso os redatores não terminassem o discurso a tempo. Cinco minutos antes da transmissão, Sorensen irrompeu e entregou a Kennedy o texto. O presidente deu uma olhada, fez algumas modificações, e se preparou para enfrentar a nação.

Como o discurso do dia anterior, o dos direitos civis de Kennedy de 11 de junho, feito às pressas, transcendeu a retórica e se tornou parte da história.

Graças às muitas horas de discussão sobre a questão com seus assessores, Kennedy de forma decisiva deixou de lado o texto, defendendo a idéia da eqüidade do negro nos Estados Unidos branco. "Uma criança negra nascida nos Estados Unidos hoje", disse:

> "Independentemente da região onde nasceu, tem metade da chance de terminar o segundo grau em relação a um garoto branco nascido no mesmo lugar e no mesmo dia; um terço da chance de acabar a faculdade, um terço da oportunidade de se tornar um profissional; o dobro da chance de ficar desempregado, cerca de um sétimo da possibilidade de ganhar 10 mil dólares por ano, uma expectativa de vida sete anos mais curta e a esperança de ganhar somente metade do salário de um branco, quando muito.
>
> Esta não é uma questão regional ... não é uma questão partidária ... não é nem mesmo uma questão legislativa ou jurídica. É melhor resolver estas questões nos tribunais do que nas ruas, e novas leis são necessárias em todos os níveis; mas a lei sozinha não pode fazer o homem enxergar direito.
>
> Somos confrontados principalmente com uma questão moral tão antiga quanto a Bíblia e tão clara quanto a Constituição norte-americana.

> O que está em jogo nesta questão é se todos os norte-americanos têm direitos e oportunidades iguais, se vamos tratar nossos compatriotas norte-americanos como queremos ser tratados. Se um norte-americano, porque sua pele é negra, não puder almoçar em um restaurante aberto ao público, se não puder colocar seus filhos na melhor escola pública disponível, se não puder votar nos políticos que o representarão, se, em resumo, não puder desfrutar da vida plena e livre que todos queremos, então quem entre nós ficaria satisfeito de ter a cor de sua pele alterada e trocar de lugar com eles? Quem entre nós ficaria satisfeito com os conselhos de paciência e espera?

Muitas vezes, John Kennedy deixava a moral para seu irmão virtuoso e mais religioso, Robert. O presidente era pragmático, frio e calculista, e não totalmente à vontade com sermões públicos e questões morais. Portanto, o uso da linguagem virtuosa em seu discurso era um indício de como ele se sentia confiante, até mesmo quando a maioria dos líderes em prol dos direitos civis questionavam sua dedicação à causa.

Assim como no discurso do dia anterior, Kennedy convocou "todos os norte-americanos, independentemente de onde vivessem" a "examinarem sua consciência" sobre a questão dos direitos civis. A promessa da Proclamação da Emancipação de 1863 ainda precisava ser realizada em seu centenário.

O discurso também refletia seus esforços prévios para conter o preconceito contra os católicos nos anos 1960 e suas constantes preocupações sobre a Guerra Fria. "Hoje estamos comprometidos com uma luta mundial para promover e proteger os direitos de todos que desejam ser livres", disse.

> E quando os norte-americanos são enviados ao Vietnã ou à Berlim Ocidental, não convocamos somente os brancos. Deveria ser possível, portanto, para estudantes norte-americanos de qualquer cor freqüentarem qualquer instituição pública que escolherem sem precisarem ser apoiados por tropas.

Em 1960, JFK usou seu serviço militar, e a morte de seu irmão Joseph, para argumentar contra aqueles que acreditavam que um católico não era adequado para a Casa Branca. Se podiam confiar nele para vestir um uniforme e arriscar sua vida pelo país, quem poderia dizer que sua religião o desqualificaria para a Presidência? De modo semelhante, se os negros pudessem servir ao país no Exército, também poderiam se servir em lanchonetes e serem admitidos em instituições públicas.

Após sua justificativa moral e pragmática, Kennedy anunciou como esperava transformar suas palavras em ações. "Na próxima semana devo pedir ao Congresso dos Estados Unidos para agir, para assumir um compromisso, que ainda não assumiu completamente neste século, sobre a proposição de que a raça não tem lugar na vida ou no direito norte-americano", afirmou. Entre suas propostas estava a legislação que forçaria locais públicos – "restaurantes, teatros, lojas e outros" – a servir todos os clientes, independentemente de sua cor. Isso, admitiu, "este me parece ser um direito elementar. Sua negação é uma indignidade arbitrária que nenhum norte-americano em 1963 deveria sofrer, mas muitos ainda sofrem".

JFK também prometeu que o governo federal se tornaria mais agressivo para acabar com a segregação nas escolas, observando que o ritmo da dessegregação desde a sentença da Corte Suprema *Brown vs. Board of Education*[*] estava "muito lento".

Após anunciar estas medidas, JFK se voltou novamente para um tema mais amplo, e, de novo, tentou apelar às boas almas do país. "Não podemos negar o direito a 10% da população; que seus filhos não podem ter a oportunidade de desenvolver quaisquer talentos que possuam; que manifestações nas ruas são a única forma de conseguirem seus direitos. Penso que devemos a eles e a nós mesmos um país melhor que este."

Tais apelos eram destinados não só a formular a agenda legislativa do presidente, mas também aos democratas sulistas no Congresso que, Kennedy sabia, impediriam qualquer iniciativa que ele tomasse com relação aos direitos civis. E, de qualquer maneira, JFK reiterava sua crença de que para resolver a crise moral da nação seria preciso mais que um pedaço de papel emitido pelo Capitólio. "A questão", disse, "deve ser solucionada nos lares de cada cidadão norte-americano em todas as comunidades do país".

No dia seguinte, Medgar Evers, um veterano da Segunda Guerra Mundial e um dos líderes de direitos civis mais influentes do Mississippi, foi morto com um tiro nas costas na porta de sua casa, em Jackson, por um partidário da

[*] De 1954, *Brown vs. Board of Education of Topeka* trata-se de uma sentença paradigmática que tornou ilegal a segregação racial em instituições públicas de ensino nos Estados Unidos. A ação foi iniciada em 1951, aberta por 13 pais contra o Departamento de Educação de Topeka, no Kansas, em favor de 20 crianças discriminadas racialmente pelas escolas públicas da cidade. Instituições de ensino elementar segregadas eram administradas pelo Departamento com o aval da lei estadual de 1879, que permitia, mas não obrigava, os distritos a manter escolas separadas para negros e brancos em 12 comunidades com populações acima de 15 mil pessoas. (N.E.)

supremacia branca. Seus três filhos e esposa assistiram à cena do pai e marido sangrando até a morte, sem poder fazer nada.

Em 19 de junho, Kennedy enviou um projeto de lei de direitos civis a Washington. Seu irmão Robert disse, mais tarde, que o presidente acreditava que o projeto, tão detestado pelos democratas sulistas, seria "seu canto do cisne político".[7]

Comunicado ao povo norte-americano sobre os direitos civis
11 de junho de 1963

"Caros cidadãos, boa noite.

Nesta tarde, após uma série de ameaças e declarações desafiadoras, a presença da Guarda Nacional do Alabama foi necessária na Universidade do Alabama para impor a clara e inequívoca ordem da corte distrital dos Estados Unidos no Norte do Alabama. A ordem pedia a admissão de dois jovens claramente qualificados residentes do local, porém negros.

Eles foram admitidos de forma pacífica no campus devido, em grande parte, à conduta dos estudantes da Universidade do Alabama, que cumpriram suas responsabilidades de modo construtivo.

Espero que todo norte-americano, independentemente de onde viva, pare e examine sua consciência sobre este e outros incidentes relacionados. Este país foi fundado por homens de muitas nações e origens. Foi fundado no princípio de que todos os homens são criados iguais, e os direitos de todo homem diminuem quando os de outro são ameaçados.

Hoje estamos comprometidos com uma luta mundial para promover e proteger os direitos de todos que desejam ser livres. E quando os norte-americanos são enviados ao Vietnã ou à Berlim Ocidental, não convocamos somente os brancos. Deveria ser possível, portanto, para estudantes norte-americanos de qualquer cor freqüentarem qualquer instituição pública que escolherem sem precisarem ser apoiados por tropas.

Deveria ser possível para consumidores norte-americanos de qualquer cor serem atendidos de forma igual em locais públicos como hotéis, restaurantes, teatros e lojas de varejo, sem serem forçados a recorrer a protestos nas ruas, e deveria ser possível para cidadãos norte-americanos de qualquer cor registrarem seu voto em uma eleição livre sem interferência ou medo de represália.

Deveria ser possível, em resumo, para todo norte-americano desfrutar dos privilégios de ser norte-americano sem que sejam consideradas sua raça ou sua cor. Em resumo, todo norte-americano deveria ter o direito de ser tratado como gostaria, como gostaria que seus filhos fossem tratados. Mas este não é o caso.

Uma criança negra nascida nos Estados Unidos hoje, independentemente da região onde nasceu, tem metade da chance de terminar o segundo grau em relação a um garoto branco nascido no mesmo lugar e no mesmo dia; um terço da chance de acabar a faculdade; um terço da oportunidade de se tornar um profissional; o dobro da chance de ficar desempregado, cerca de um sétimo da possibilidade de ganhar 10 mil dólares por ano, uma expectativa de vida sete anos mais curta e a esperança de ganhar metade do salário de um branco, quando muito.

Esta não é uma questão regional. Em toda cidade, em todos os estados da União, há dificuldades relativas à segregação e à discriminação, produzindo em muitas cidades uma tendência crescente ao descontentamento, que ameaça a segurança pública. Esta também não é uma questão partidária. Em um momento de crise interna, homens de boa vontade e generosidade deveriam ser capazes de se unirem sem levar em conta posições partidárias ou políticas. Esta não é nem mesmo uma questão legislativa ou jurídica. É melhor resolver estas questões nos tribunais do que nas ruas, e novas leis são necessárias em todos os níveis; mas a lei sozinha não pode fazer o homem enxergar direito.

Somos confrontados principalmente com uma questão moral tão antiga quanto a Bíblia e tão clara quanto a Constituição norte-americana.

O que está em jogo nesta questão é se todos os norte-americanos têm direitos e oportunidades iguais, se vamos tratar nossos compatriotas norte-americanos como queremos ser tratados. Se um norte-americano, porque sua pele é negra, não puder almoçar em um restaurante aberto ao público, se não puder colocar seus filhos na melhor escola pública disponível, se não puder votar nos políticos que o representarão, se, em resumo, não puder desfrutar da vida plena e livre que todos queremos, então quem entre nós estaria satisfeito de ter a cor de sua pele alterada e trocar de lugar com eles? Quem entre nós ficaria satisfeito com os conselhos de paciência e espera?

Cem anos de espera se passaram desde que o presidente Lincoln libertou os escravos. Seus herdeiros e netos, no entanto, não estão completamente livres. Não estão ainda livres das amarras da injustiça. Não estão ainda livres da opressão social e econômica. E esta nação, apesar de suas esperanças e vanglórias, não estará completamente livre até que todos os cidadãos estejam livres.

Pregamos a liberdade no mundo todo, e damos importância a ela, e nutrimos nossa liberdade aqui em nosso país, mas podemos dizer para o mundo e, bem mais importante, uns aos outros que esta é a terra dos homens livres, com exceção dos negros; que não temos cidadãos de segunda classe, com exceção dos negros; não temos um sistema de classes ou castas, nenhum gueto, nenhuma raça dominante exceto com relação aos negros?

Agora chegou o momento desta nação cumprir esta promessa. Os eventos em Birmingham e outros locais têm aumentado os protestos por igualdade que nenhuma cidade, estado ou órgão legislativo pode cautelosamente escolher ignorar.

As chamas da frustração e da discórdia queimam em todas as cidades, no Norte e no Sul, onde soluções jurídicas não estão disponíveis. As pessoas nas ruas, nos protestos e manifestações buscam uma reparação que cria tensões, ameaça com violência à vida. Enfrentamos, portanto, uma crise moral, como um país e um povo, uma crise que não pode ser solucionada por meio da ação policial repressiva, que não pode ser deixada de lado, multiplicando as manifestações de rua. Não pode ser silenciada por meio de conversas ou movimentos simbólicos. É o momento de agir no Congresso, no estado de vocês ou no órgão legislativo local e, acima de tudo, em todo o nosso dia-a-dia.

Não é suficiente apontar a culpa dos outros, dizer que este é um problema de uma parte do país ou de outra, ou lastimar o fato de que a enfrentamos. Uma grande mudança está ao nosso alcance, e nossa tarefa, nossa obrigação, é fazer esta revolução, esta mudança, pacífica e construtiva para todos.

Os que nada fazem contribuem para a vergonha e a violência e os que agem com coragem reconhecem o direito e a realidade.

Na próxima semana devo pedir ao Congresso dos Estados Unidos para agir, para assumir um compromisso que ainda não assumiu completamente neste século, sobre a proposição de que a raça não tem lugar na vida ou no direito norte-americano. O judiciário federal sustentou essa proposição ao conduzir suas questões, inclusive no que diz respeito à contratação de funcionários federais, à utilização de instalações federais e à venda de habitações financiadas pela autoridade federal.

Mas há outras medidas necessárias que somente o Congresso pode tomar, e isso deve ser feito neste âmbito. O antigo código da lei de igualdade sob o qual vivemos ordena que as injustiças devam ser corrigidas, mas em muitas comunidades, em muitas partes do país, injustiças são infligidas contra cidadãos negros e correções não são feitas. A não ser que o Congresso aja, a única correção para essas pessoas será feita nas ruas.

Peço, portanto, ao Congresso, para que promulgue a legislação que proporciona a todos os norte-americanos o direito de serem servidos em locais abertos ao público como restaurantes, teatros, lojas e outros.

Este me parece ser um direito elementar. Sua negação é uma indignidade arbitrária que nenhum norte-americano em 1963 deveria sofrer, mas muitos ainda sofrem.

Recentemente me encontrei com um grupo de empresários e os incentivei a voluntariamente acabar com essa discriminação, e fui encorajado pela reação deles. Nas últimas duas semanas, vi progresso em mais de 75 cidades, que se propuseram a terminar com a segregação nos locais públicos. Mas muitos relutam em agir sozinhos e, por isso, a legislação nacional é necessária, se quisermos transferir o problemas das ruas para os tribunais.

Também peço ao Congresso para autorizar o governo federal a participar de forma mais integral em processos destinados a acabar com a segregação na educação pública. Conseguimos persuadir vários distritos a fazerem isso voluntariamente. Milhares admitiram negros sem violência. Hoje, um negro pelo menos freqüenta uma instituição pública em cada um de nossos 50 estados, mas o ritmo ainda é lento.

Muitas crianças negras que entraram em escolas primárias segregadas na época da decisão da Suprema Corte, há nove anos, entrarão este ano em escolas secundárias segregadas, tendo sofrido uma perda que jamais será recuperada. A falta de uma educação adequada nega ao negro a chance de conseguir um emprego decente.

A implementação da decisão da Suprema Corte, portanto, não pode estar sozinha no auxílio daqueles que talvez não tenham recursos para iniciar uma ação jurídica e estejam sujeitos ao importuno.

Outros aspectos serão solicitados, inclusive mais proteção para o direito de votar. Mas a legislação, repito, não pode solucionar sozinha o problema. A questão deve ser solucionada nos lares de cada cidadão norte americano em todas as comunidades do país.

Quanto a isso, quero homenagear os cidadãos do Norte e do Sul que têm trabalhado em suas comunidades para conseguir uma vida melhor para todos. Eles agem não em função de uma noção de obrigação legal, mas de decência humana.

Como nossos soldados e marinheiros em todas as partes do mundo, eles enfrentam o desafio da liberdade na linha de fogo, e eu os cumprimento por sua honra e coragem.

Meus compatriotas norte-americanos, este é um problema que atinge a todos nós – em cada cidade do Norte e do Sul. Hoje, muitos negros estão desempregados, duas ou três vezes mais que os brancos; têm educação inadequada; vão para cidades grandes e são incapazes de encontrar trabalho. Os jovens, em particular, sem empregos, não têm esperança, seus direitos iguais são negados, assim como a oportunidade de comer em um restaurante ou lanchonete, ou ir ao teatro. Também são negados seus direitos a uma educação decente e de freqüentar uma universidade, mesmo que sejam qualificados. Acredito que estas questões envolvem a todos nós, não simplesmente presidentes, congressistas ou governadores, mas todo cidadão dos Estados Unidos.

Este é um país único. É um país único por nossa causa e de todas as pessoas que vieram para cá e tiveram a chance de desenvolver seus talentos.

Não podemos negar o direito a 10% da população; que seus filhos não podem ter a oportunidade de desenvolver quaisquer talentos que possuam; que manifestações nas ruas são a única forma de conseguirem seus direitos. Penso que devemos a eles e a nós mesmos um país melhor que este.

Neste sentido, peço a ajuda de vocês para facilitar esta transição e proporcionar o tipo de tratamento equalitário que gostaríamos para nós mesmos; para dar uma chance a cada criança de estudar e explorar seus talentos.

Como disse antes, nem toda criança tem talento, habilidade ou motivação iguais, mas toda criança deveria ter o direito de desenvolver seus talentos, habilidades e motivações.

Temos o direito de esperar que a comunidade negra seja responsável, preserve a lei, mas eles também têm o direito de esperar que a lei seja justa, que a Constituição seja cega para a cor, como o juiz Harlan disse na virada do século.

É sobre isso que estamos falando e esta é uma questão que envolve este país e o que ele representa. Para colocá-la em prática, peço o apoio de todos os cidadãos.

Muito obrigado. ”

16. *Ich bin ein Berliner*

John F. Kennedy jamais vira um público tão grande.

A multidão estava aglomerada na praça abaixo dele – eram dezenas de milhares de alemães, residentes de Berlim, a maioria com memórias da guerra que havia devastado sua nação e sua cidade. Eles aplaudiam e gritavam para o presidente dos Estados Unidos, líder de um país cujas tropas ainda ocupavam o solo germânico.

Os alemães viam este homem, este jovem presidente, como um defensor deles, não como o líder de um exército ocupante. Há apenas dois anos, JFK afirmou ao seu próprio povo que os Estados Unidos iriam à guerra para defender a liberdade em Berlim Ocidental. Esta parte da antiga capital era, como ele disse, uma cidadela da liberdade, rodeada por todos os lados das transgressoras forças da opressão.

A alguns passos da multidão estava o odioso símbolo da humilhação, da derrota e da partilha da cidade: o Muro de Berlim. Alemães morreram ao desafiá-lo, derrubados por balas soviéticas. Soldados estavam lá agora, por todo o Muro, invisíveis, sem sorrir, como guardas de uma prisão.

A multidão saudou John F. Kennedy não como um salvador, mas como um defensor. A adulação era impressionante. Levou a um dos momentos mais memoráveis e a um dos discursos mais lembrados daquela Presidência. As palavras do jovem presidente e sua voz repleta de uma indignação autêntica são familiares até mesmo aos norte-americanos sem memória dos anos Kennedy. O lema emocional do discurso – *Ich bin ein Berliner* – transcendeu a política para se tornar parte da cultura popular ocidental.

O poder do discurso vem não só das palavras, descritas pelo autor Michael Beschloss como "um tipo de poesia furiosa", mas também da noção de que ele oferecia um vislumbre improvisado do desprezo de John Kennedy pelo comunismo soviético e pelas injustiças que o Muro simbolizava.[1] Até mesmo a retórica brilhante de seu discurso de posse parece uma dissimulação quando comparada à indignação incandescente do discurso de Berlim.

A sensação de espontaneidade é realçada quando o discurso de Berlim é colocado ao lado do pronunciamento sobre a paz, na Universidade Americana, realizado havia apenas 16 dias. A maioria dos admiradores de Kennedy considera o discurso da paz o melhor de seu legado. Certamente era primoroso, e, sem dúvida, o resultado de muita discussão entre os melhores assessores de seu governo. Fora moldado por uma realidade difícil e cruel – os soviéticos não poderiam desaparecer em um passe de mágica, e nem ser exterminados sem o risco de destruir a civilização.

O discurso de Berlim, áspero e duro, balançou a sutileza diplomática. Ele fazia pouco daqueles que acreditavam que as democracias ocidentais poderiam cooperar com os comunistas. E, ainda assim, pouco menos de três semanas antes, o próprio John Kennedy havia sugerido aos norte-americanos que adotassem uma nova atitude com relação à União Soviética; havia dito que, de fato, havia formas para que norte-americanos e soviéticos colaborassem para evitar a guerra e ampliar o conhecimento científico e espacial da humanidade.

Não há dúvidas de que John Kennedy estava sendo sincero no seu discurso de paz. O mesmo também é verdade sobre o discurso de Berlim. Ele entendia que o povo norte-americano e o povo russo precisavam compreender um ao outro, e que os dois países não poderiam mais coexistir à beira da guerra, perto de matar milhões.

Ele detestava, no entanto, o comunismo soviético e a terrível extensão do domínio russo pelo Leste europeu. A paz era necessária, mas, neste dia, em Berlim Ocidental, a verdade também.

A viagem de Kennedy à Alemanha coincidiu com o quinto aniversário da "ponte aérea de Berlim", antiga expressão da Guerra Fria sobre esta cidade dividida. Os soviéticos, em 1948, haviam negado aos Aliados o acesso terrestre à parte ocidental da capital alemã, em uma tentativa de pressionar as forças ocupantes norte-americanas, britânicas e francesas a se retirarem. Quando isso acontecesse, os soviéticos, por meio de seus aliados na Alemanha Oriental, ganhariam o controle sobre toda a cidade.

Em vez disso, os Estados Unidos e seus aliados abasteceram Berlim Ocidental por ar. O comandante norte-americano em Berlim, general Lucius Clay, se tornou um símbolo da determinação do país de defender cidadãos livres em uma cidade que, recentemente, fora alvo de bombardeios da Força Aérea dos Estados Unidos. Agora, aviões de guerra norte-americanos lançavam alimentos e remédios, em vez de explosivos.

A ponte aérea funcionou; o bloqueio comunista de Berlim Ocidental fracassou. Quinze anos mais tarde, John Kennedy – cujo irmão, Joseph, foi o responsável por missões de bombardeio sobre a Alemanha antes de morrer – viajou à Alemanha Ocidental e a Berlim Ocidental para reiterar o apoio a seu antigo inimigo.

Ao partir de Washington, em 22 de junho, para uma viagem por quatro países europeus, Kennedy refletiu sobre outra razão importante para sua visita à Alemanha. O então chanceler* da Alemanha Ocidental, Konrad Adenauer, havia começado a se alinhar ao presidente francês Charles de Gaulle em questões que abrangiam temas como o Mercado Comum Europeu à segurança do Velho Continente. De Gaulle acreditava que o futuro da Europa estava em uma aliança tácita entre Paris e a capital da Alemanha Ocidental, Bonn. A visão de Kennedy era mais anglocêntrica – seu aliado mais próximo na Europa era o primeiro-ministro britânico Harold Macmillan, e Kennedy considerava as questões européias pelo prisma da relação especial entre Washington e Londres.

De Gaulle havia visitado a Alemanha em setembro de 1962 e conquistado o antigo adversário de seu país ao falar várias frases em alemão – um tributo e tanto vindo de um nacionalista francês. Os conselheiros de Kennedy estavam bastante cautelosos com relação a este tipo de relação ainda não-experimentada. Eles acreditavam que de Gaulle inspirava as chamas do latente nacionalismo alemão em um esforço de diluir a influência dos Estados Unidos e da Grã-Bretanha nos assuntos europeus. Um memorando preparado para Kennedy enfatizava que não importava o que os alemães pensassem sobre os gestos ou o galanteio do presidente francês. No fim das contas "suas únicas defesas eram ... a força e o compromisso norte-americano".[2]

Cabia a Kennedy lembrá-los deste ponto considerável.

O presidente chegou a Bonn em 23 de junho e viajou pela cidade, indo também a Colônia e Frankfurt. As multidões saudaram-no como o líder de uma nação cujos bombardeiros haviam, há tão pouco tempo, espalhado a morte e a devastação por aquelas cidades. Era espantoso e espontâneo e, na maior parte, inesperado. Os alemães gritavam o nome de Kennedy enquanto sua comitiva passava pelas ruas.

Em 26 de junho, JFK deixou as fronteiras da Alemanha Ocidental e voou para Berlim Ocidental, bem no centro da Alemanha Oriental, controlada pelos soviéticos. Sua comitiva passou por ruas apinhadas de cidadãos enquanto ia em direção à Prefeitura, adjacente ao Muro, e local de um dos

---

* Primeiro-ministro. (N.E.)

dois discursos que faria. Por duas vezes, Kennedy parou a comitiva, saiu do carro e subiu nas torres de guarda que vigiavam o cinzento Muro de Berlim Oriental. Um vislumbre da vida por trás da Cortina de Ferro o repelia. As ruas do outro lado, próximo ao Portão de Brandemburgo, estavam vazias – não havia o tumulto e a liberdade de movimento presentes do lado do Muro onde estava o presidente. Em uma das paradas, contudo, enquanto Kennedy olhava sobre o Muro, viu três mulheres acenando para ele de suas janelas. Um jornalista que viajava com JFK, Hugh Sidey, assistiu à reação do presidente conforme ele descia da plataforma. "Ele parecia um homem que acabara de ver o inferno", disse Sidey.

Kennedy havia programado fazer um discurso bem diplomático na Prefeitura, comemorando o sucesso da "ponte aérea" e homenageando o espírito de Berlim Ocidental. Depois de ver o Muro e o que havia por trás dele, JFK não pôde mais fazer o discurso. Kennedy mostrou um resumo do que havia preparado ao general James Polke, então comandante dos Estados Unidos em Berlim, que viajava na comitiva do presidente. Polke disse a Kennedy que achou o discurso "terrível". Kennedy concordou.[3]

Durante o vôo para a Alemanha, Kennedy demonstrou ter algo em mente para sua visita de Berlim além do discurso estereotipado a ser feito na Prefeitura de Berlim Ocidental. Ele falou com o assistente Kenneth O' Donnell sobre "a frase de vanglória dos romanos", e pediu a McGeorge Bundy para adaptá-la de "Sou um cidadão de Roma" para o alemão, aplicando-a a Berlim. Kennedy, como observado anteriormente, não era um conhecedor de línguas estrangeiras, e escreveu a frase em um cartão, soletrando-a foneticamente. A frase não estava exata. Ele deveria ter dito *Ich bin Berliner*. A expressão *ein Berliner* era um jargão local que designava um *donut*. Porém, ninguém na multidão pareceu se importar.

Agora, enquanto o presidente se dirigia para a praça em frente à Prefeitura de Berlim Ocidental, viu uma enorme aglomeração de pessoas entusiasmadas. Seu discurso cuidadosamente preparado foi deixado de lado. Em seu lugar, fez observações que certamente não eram cuidadosas, tépidas ou diplomáticas, palavras que repercutiriam pelas gerações seguintes.

"Há dois mil anos, os romanos ostentavam seu orgulho ao dizer *civis Romanus sum*. Hoje, no mundo da liberdade, é preciso falar com orgulho: *Ich bin ein Berliner*."

A multidão irrompeu em aplausos, e Kennedy sorriu e comentou. "Agradeço a tradução do meu alemão feita pelo meu intérprete!"

De pé ao lado do símbolo das divisões e das tensões da Guerra Fria – mas também de seus compromissos e realidades –, John Kennedy deu sentido e propósito à luta crepuscular realizada de forma tão ávida durante sua curta e turbulenta Presidência. Como outros líderes em horas de perigo máximo, ele sabia que devia uma explicação sobre por que colocaria vidas em risco na busca de seus ideais. Durante a batalha da Grã-Bretanha, Churchill disse aos cidadãos ingleses que deveriam permanecer firmes, já que seus sacrifícios permitiriam que a humanidade "caminhasse em montanhas vastas e iluminadas", em vez de afundar nos pântanos da "ciência perversa". Em Gettysburg, Lincoln disse que os sacrifícios dos mortos inspirariam um novo nascimento da liberdade, e garantiriam a sobrevivência de uma nação concebida na liberdade. Em Berlim, em 1963, o presidente Kennedy explicou por que estava disposto a arriscar uma guerra, até mesmo uma guerra nuclear, pelo bem de uma cidade que fora a capital da Alemanha nazista. Ele explicou aos berlinenses por que os norte-americanos não os abandonariam – a liberdade nos Estados Unidos, disse, dependia da contínua liberdade em Berlim.

> "Muitas pessoas no mundo realmente não entendem, ou dizem que não entendem qual a grande questão entre o mundo livre e o comunista. Que eles venham a Berlim! E há alguns que dizem, na Europa e em outros locais, que podemos trabalhar junto com os comunistas. Que eles venham a Berlim! E há até alguns poucos que dizem acreditar que o comunismo é um sistema maligno, mas que também nos permite alcançar o progresso econômico. *Lass' sie nach Berlin kommen.* Que eles venham a Berlim!"

Mais uma vez, os berlinenses aplaudiram.

Em seguida, em uma única frase que admitia os problemas nacionais deixados para trás, ele usou o Muro para defender a democracia e atacar o totalitarismo. "A liberdade tem muitas dificuldades e a democracia não é perfeita", disse, "mas nunca tivemos de colocar um Muro para conter nosso povo, e impedi-lo de ir embora." A frase indelicada deixava transparecer espontaneidade e sinceridade. As próprias palavras indicavam como JFK se sentia em relação ao Muro e a tudo o que ele representava.

> "Mesmo que o Muro seja a demonstração mais óbvia e vívida dos fracassos do sistema comunista, ali para que todo o mundo o veja, não nos regozijamos com isso, pois ele é, como o prefeito de vocês disse, uma ofensa não só contra a história, mas contra a humanidade, separando

famílias, dividindo maridos e esposas, irmãos e irmãs, dividindo um povo que deseja estar unido novamente."

Ao lado do Muro de Berlim, John Kennedy não precisava de ameaças para defender seus argumentos. Ele não dependia de atitudes temerárias. Não precisava listar as depredações contra as nações do Leste europeu. Tudo o que lhe bastava era o Muro e sua própria indignação. O Muro oferecia um grande pretexto moral, e ele o aproveitou sem relutar.

Com 500 palavras perfeitamente justas, John Kennedy criou um elo entre os Estados Unidos e Berlim Ocidental – e toda a Alemanha Ocidental – que nenhum sucessor poderia romper, e que todos respeitavam. John Kennedy havia validado os sacrifícios dos berlinenses ocidentais, acolhido todos de volta à comunidade de povos civilizados, inspirado todos a sonharem com um futuro melhor, e, na verdade, se declarado como um deles. *Ich bin ein Berliner*.

Ao concluir, os aplausos prosseguiram por muito tempo. O então prefeito de Berlim Ocidental, Willy Brandt, subiu no palanque para tentar fazer seu discurso, mas os berlinenses não o deixaram sequer começar. Eles gritavam para que Kennedy retornasse para falar ainda mais. Do outro lado do Atlânti-

Uma mulher no lado ocidental do Muro de Berlim.

co, os norte-americanos que ouviram o discurso no rádio ou na televisão entenderiam por que lhes era pedido que pagassem o preço, e talvez morressem, pela liberdade de uma cidade alemã.

Mesmo com interrupções, o discurso durou somente alguns minutos, mas mudou a estrutura de poder na Europa central. Os Estados Unidos tinham conseguido uma vantagem com relação à França na batalha pelo coração da Alemanha Ocidental. Kennedy lembrou a Berlim Ocidental e a toda a Europa que os Estados Unidos eram sua melhor e, na verdade, única proteção contra a agressão comunista. E os norte-americanos foram lembrados de que, quase 20 anos após o fim da Segunda Guerra Mundial, ainda eram considerados libertadores, e que seu presidente realmente era, nas palavras de Richard Reeves, o príncipe do mundo.

Kennedy fez um outro discurso naquele dia, mas um que ficou tão esquecido quanto o interminável discurso de Edward Everett em Gettysburg, em 1863. Durante sua ida à Universidade Livre de Berlim Ocidental, o presidente estava mais moderado, diplomático e lia mais do que improvisava. Ele disse que acreditava na "necessidade das grandes potências colaborarem para preservar a raça humana".[4]

Embora suas ações mostrassem que JFK acreditava nessa necessidade, suas palavras anteriores falavam por si só para esta parte da humanidade que vivia atrás do Muro de Berlim e da Cortina de Ferro. Ele foi aclamado com gritos de gratidão pelas pessoas que prometera defender. Kennedy disse a Adenauer que deixaria uma nota para futuros presidentes, que poderiam passar por momentos difíceis. "Vão à Alemanha", estaria escrito no bilhete.

Quando deixou a Alemanha, Kennedy disse: "Nunca mais teremos um dia como este enquanto vivermos."[5]

O momento mágico da influência e da popularidade norte-americana logo desapareceu. Kennedy teve somente mais cinco meses de vida e os Estados Unidos logo perderiam seu prestígio moral, no momento em que os negros norte-americanos lembrassem ao mundo as imperfeições da democracia e quando soldados do país atacassem os campos do Vietnã em apoio a um regime dúbio.

Mas as palavras sobreviveram. Kennedy tinha dito a verdade, registrado seu desprezo, inspirado espíritos exauridos de uma cidade pronta para o combate e dignificado as exigências direcionadas a seu próprio país.

Discurso no Muro de Berlim

26 de junho de 1963

"Tenho orgulho de vir a esta cidade como convidado do seu ilustre prefeito, que tem simbolizado por todo o mundo o espírito combatente de Berlim Ocidental. Tenho orgulho de visitar a República Federal com seu distinto chanceler que, por tantos anos, comprometeu a Alemanha com a democracia, a liberdade e o progresso, e de vir aqui na companhia do meu compatriota norte-americano, o general Clay, que esteve nesta cidade durante seu maior momento de crise e estará aqui de novo se for necessário.

Há dois mil anos, os romanos ostentavam seu orgulho ao dizer *civis Romanus sum*. Hoje, no mundo da liberdade, é preciso falar com orgulho: *Ich bin ein Berliner.*

Agradeço a tradução do meu alemão feita pelo meu intérprete!

Muitas pessoas no mundo realmente não entendem, ou dizem que não entendem qual a grande questão entre o mundo livre e o comunista. Que eles venham a Berlim! E há alguns que dizem, na Europa e em outros locais, que podemos trabalhar junto com os comunistas. Que eles venham a Berlim! E há até alguns poucos que dizem acreditar que o comunismo é um sistema maligno, mas que também nos permite alcançar o progresso econômico. *Lass' sie nach Berlin kommen.* Que eles venham a Berlim!

A liberdade tem muitas dificuldades e a democracia não é perfeita, mas nunca tivemos de colocar um Muro para conter nosso povo, e impedi-lo de ir embora. Quero dizer em nome de meus compatriotas, que vivem a muitos quilômetros do outro lado do Atlântico, que estão tão distantes de vocês, que assumam com orgulho a história que foram capazes de compartilhar com vocês, mesmo à distância, dos últimos 18 anos. Mesmo que o Muro seja a demonstração mais óbvia e vívida dos fracassos do sistema comunista, ali para que todo o mundo veja, não nos regozijamos com isso, pois ele é, como o prefeito de vocês disse, uma ofensa não só contra a história, mas contra a humanidade, separando famílias, dividindo maridos e esposas, irmãos e irmãs, dividindo um povo que deseja estar unido novamente.

O que é verdade sobre esta cidade também é sobre a Alemanha – a paz real e duradoura na Europa não pode estar jamais garantida enquanto o direito elementar da liberdade dos homens for negado a um em cada quatro alemães: o de fazer uma escolha livre. Em 18 anos de boa-fé, esta geração de alemães conquistou o direito de ser livre, inclusive o direito de unir suas famílias e sua nação em uma paz permanente, em boa vontade para com todos os povos. Vocês vivem em uma ilha defendida de liberdade, mas suas vidas fazem parte do todo. Portanto, enquanto termino, vou pedir a vocês que elevem os olhos para além dos perigos de hoje, em direção às esperanças do amanhã; para além simplesmente da liberdade desta cidade, Berlim, ou de seu país, a Alemanha, mas em direção ao avanço da liberdade em todos os lugares; para além do Muro, em direção ao dia de paz com justiça; para além de nós mesmos e de vocês mesmos e em direção à humanidade.

A liberdade é indivisível. Quando um homem é escravizado, todos não estão livres. Quando todos estiverem livres, então poderemos esperar o dia em que esta cidade estará unida como uma só; e este país e este grande continente da Europa, em um mundo pacífico e cheio de esperanças. Quando este dia finalmente chegar, como acontecerá, o povo de Berlim Ocidental poderá ficar satisfeito com o fato de que esteve na linha de frente por quase duas décadas.

Todos os homens livres, onde quer que vivam, são cidadãos de Berlim e, portanto, como um homem livre, tenho orgulho de pronunciar: *Ich bin ein Berliner*.

17. Um espírito de esperança

Muitas vezes, quando John Kennedy fazia um discurso televisivo em rede nacional, o tema era uma crise – como Berlim, Cuba, Alabama. Mas, em 26 de julho de 1963, Kennedy começou seu discurso à nação com palavras de otimismo. "Falo a vocês esta noite com um espírito de esperança".

Esta esperança vinha de um tratado entre os Estados Unidos e a União Soviética, destinado a interromper os testes com armas nucleares na atmosfera. Um dia antes do discurso do presidente, negociadores das duas potências se encontraram em Moscou e assinaram o acordo histórico. Kennedy monitorava as conversas de hora em hora na sala de estar da Casa Branca.

O tratado estava, há anos, em preparação e foi o resultado de uma intensiva diplomacia pública e privada envolvendo não só Washington e Moscou, mas também Londres. O primeiro-ministro britânico Harold Macmillan, que tinha uma relação próxima com Kennedy, foi um parceiro essencial nas negociações.

Para Kennedy, o tratado era uma enorme vitória pessoal e política.

"Ontem", disse, "um raio de luz cortou a escuridão. As negociações com relação a um tratado para proibir todos os testes nucleares na atmosfera, no espaço e debaixo da água, em Moscou."

Kennedy sabia que nem todos concordariam – em particular os mais radicais contra o comunismo, no Senado norte-americano, onde o tratado precisaria ser ratificado, e nas Forças Armadas. Portanto, neste discurso, JFK buscava conquistar a opinião pública ao enfatizar os perigos do *status quo*.

> "Em uma época em que ambos os lados passaram a ter poder nuclear suficiente para destruir várias vezes a raça humana, o mundo do comunismo e o mundo do livre-arbítrio se descobriram presos a um ciclo vicioso

de interesses e ideologias conflitantes. Cada aumento da tensão tem produzido um aumento de armas; cada aumento de armas tem produzido um aumento da tensão."

Parte desse ciclo vicioso era o teste de armas nucleares cada vez mais poderosas. Tais testes eram uma característica regular da Guerra Fria até 1958, quando tanto os soviéticos quanto os norte-americanos os interromperam voluntariamente, diante de provas de que as explosões representavam um risco ambiental e um pesadelo à imagem de ambos. Um dos poucos pontos positivos da cúpula de Viena, em 1961, foi a promessa de Khrushchev de que os soviéticos não seriam os primeiros a retomar os testes. Mas mesmo enquanto Khrushchev fazia sua promessa, os soviéticos se preparavam para acabar com o adiamento auto-imposto dos testes. Em 1º de setembro de 1961, uma enorme explosão nuclear na Ásia central indicou o fim da contenção soviética. Outra explosão ocorreu dois dias depois. E, quando Khrushchev discursou para o Congresso do Partido Comunista, em outubro, anunciou que uma série de testes culminaria com a detonação de uma bomba de hidrogênio de 50 megatones – com o impacto explosivo de 50 milhões de toneladas de TNT. Além disso, o russo anunciou que, embora tivessem uma bomba nuclear de 100 megatones, eles não a testariam "porque mesmo se fizessem isso no local mais remoto, todas as nossas janelas explodiriam".

A Casa Branca de Kennedy ficou furiosa. "Cretinos!", exclamou Kennedy ao ouvir a notícia. Ele condenou os soviéticos por seu "total desrespeito pelo desejo da humanidade de desacelerar a corrida armamentista". Com a colaboração e aprovação do presidente, um oficial do Departamento de Defesa chamado Roswell Gilpatric fez um ataque verbal contra os soviéticos, na Virgínia, no final de outubro. Em uma linguagem não-diplomática, Gilpatric enfatizou a superioridade nuclear norte-americana e garantiu ao seu público que os Estados Unidos poderiam contra-atacar e destruir os soviéticos mesmo que estes fizessem uma investida surpresa.[1]

Dois dias depois, os soviéticos explodiram uma arma nuclear de 30 megatones – a mais poderosa já testada. A Guerra Fria, mais uma vez, estava à beira da fervura.

Em 2 de março de 1962, Kennedy anunciou que os Estados Unidos reagiriam do mesmo modo. E, em 25 de abril, amanhecia nas Ilhas Christmas, no Oceano Pacífico, enquanto os Estados Unidos detonavam um dispositivo nuclear acima do chão pela primeira vez, desde a moratória de 1958. Um correspondente da revista *Life* observou que o céu acima do Pacífico se tornou "vermelho como sangue. Era como se alguém tivesse derramado um balde de sangue no céu". O teste das Ilhas Christmas seria o primeiro de uma série de 40 durante os seis meses seguintes.[2]

Esses terríveis testes infligiam danos incalculáveis ao meio ambiente e aos seres humanos expostos aos efeitos colaterais radioativos.

Conversas sobre uma proibição formal de testes nucleares datavam do governo Eisenhower, e a questão fora levantada periodicamente desde que Kennedy assumira. O tema ganhou força na primavera de 1963, quando Kennedy e Khrushchev se afastaram da política de confronto. O discurso de JFK, em 10 de junho, na Universidade Americana, ajudou a preparar o cenário para suas palavras de esperança no dia 26 de julho.

O tratado de proibição de testes era um acordo de controle de armas em uma era nuclear, ou, pelo menos, era isso o que Kennedy esperava. Seu objetivo era não só desacelerar a corrida armamentista entre os soviéticos e o Ocidente, mas também impedir a proliferação nuclear pelo mundo. Os países que assinassem o tratado teriam menos probabilidade de desenvolver armas nucleares próprias, já que teriam se comprometido com uma proibição contra todos os testes, exceto os subterrâneos.

Como no discurso da Universidade Americana, as palavras de esperança de Kennedy, em 26 de julho, contrastavam bastante com suas palavras de janeiro de 1961, quando falou de uma longa luta crepuscular contra o comunismo. Desde então, tanto Kennedy quanto Khrushchev haviam encarado a aniquilação nuclear. Eles tinham noção que haviam se aproximado ao máximo da guerra, e sabiam que poderiam voltar a este caminho a qualquer momento. Ambos consideravam o tratado de proibição de testes uma grande conquista para aliviar as tensões que ameaçavam a vida de milhões de pessoas.

Os comunistas chineses ficaram à espreita das negociações relativas à proibição dos testes. A militância e o fanatismo chinês ajudaram na improvável união de soviéticos e norte-americanos. Nenhum deles queria ver a China com armas nucleares; na verdade, negociadores dos dois lados falavam sobre compartilhar informações secretas sobre o programa nuclear chinês, e talvez até fazer um ataque conjunto contra a China, para se apossar de seu programa nuclear.

Os chineses acusaram Khrushchev de ser condescendente com o capitalismo, e de ceder muito fácil a Kennedy e à aliança ocidental. Os soviéticos, na metade de 1963, lançaram uma ofensiva bombástica contra os chineses enquanto se preparavam para concluir, de modo bem-sucedido, as negociações de proibição dos testes. O jornal soviético *Pravda* acusou os chineses de serem descuidados com relação ao conflito nuclear. O *Pravda*, em essência, afirmou que os chineses estavam preparados para aceitar o assassinato de milhões em busca de seus objetivos.

Mesmo enquanto negociava o tratado com Averell Harriman – o enviado de Kennedy –, Khrushchev atacou seus companheiros comunistas na Ásia. "O que querem? Eles dizem que devemos começar uma revolução, uma guerra e que, sobre cadáveres e ruínas, uma sociedade mais próspera será criada. E quem permaneceria nessa sociedade? Os vivos invejariam os mortos."[3]

Em uma demonstração de quanto o mundo estava mudando, John Kennedy citaria esses argumentos – palavras de um comunista criticando seus supostos camaradas – para explicar ao povo norte-americano por que um tratado de proibição de testes era tão importante.

"Um conflito hoje ou amanhã, se levar à guerra nuclear, não será como qualquer outro conflito da história", disse.

> "Uma troca nuclear em escala total, durando menos de 60 minutos, com as armas atuais, poderia exterminar mais de 300 milhões de norte-americanos, europeus e russos, bem como um número incalculável nas outras partes do globo. Os sobreviventes, como o presidente Khrushchev alertou aos chineses comunistas, 'invejariam os mortos'. Pois herdariam um mundo tão devastado por explosões, contaminação e incêndios que hoje não podemos nem mesmo conceber tais horrores. Então, que nós possamos afastar o mundo da guerra. Que nós possamos aproveitar esta oportunidade, e toda oportunidade, ao máximo, para reduzir as tensões, diminuir os perigos de uma corrida nuclear armamentista e controlar a inclinação do mundo em direção à aniquilação total."

Embora o tratado não fosse um tratado de paz, embora não colocasse um fim às tensões entre o Ocidente e o Oriente, Kennedy disse que ele "simbolizaria o fim de uma era e o início de outra", uma era na qual as negociações poderiam substituir atitudes temerárias.

Aqueles que assinassem o tratado – soviéticos, norte-americanos, britânicos e quaisquer outros que quisessem participar – se comprometeriam a não conduzir testes nucleares na atmosfera, no espaço ou nos oceanos. (Os franceses, que insistiam em decidir sozinhos o que era melhor para a França, disseram que não assinariam o tratado.) Testes subterrâneos não estavam incluídos, e o tratado não exigia inspeções locais ou monitoramento por uma agência internacional.

Ainda assim, por mais que houvesse falhas, Kennedy manteve a esperança de que o acordo não só aliviaria as tensões, mas impediria futuras inquietações. Em pouco tempo, disse, armas nucleares poderiam estar "nas mãos de países grandes e pequenos, estáveis e instáveis, responsáveis e irresponsáveis, espalhadas pelo mundo". As potências nucleares – Estados Unidos, União Soviética, Grã-Bretanha e França – tinham a "obrigação" de "impedir a difusão de armas nucleares, de persuadir outros países a não testarem ... ou produzirem tais armas".

Estas esperanças provariam ser falsas, como Kennedy devia saber naquele dia de 1963, quando somente quatro países possuíam armas nucleares. Os temores do presidente quanto à proliferação se tornariam verdade, e, em seguida, se agravariam. Nos primeiros anos do século XXI, a União Soviética deixou de existir, mas o espectro da catástrofe nuclear ainda não desapareceu. A China de ontem é o Irã ou a Coréia do Norte de hoje –, regimes considerados indiferentes às terríveis possibilidades de uma explosão nuclear. Ainda mais assustadora é a possibilidade de um ataque nuclear lançado por terroristas suicidas e fanáticos que vivem em cavernas.

O mundo ainda não se transformou na forma como Kennedy queria em 1963. Ainda assim, seu raciocínio não estava errado. Ao citar a máxima da nação, considerada na época pelos norte-americanos a maior ameaça à paz mundial, afirmou:

> "Ninguém pode ter certeza do futuro. Ninguém pode dizer se chegou o momento de abrandar a luta. Mas a história e a nossa consciência nos julgarão de forma mais severa se não nos esforçarmos ao máximo agora para testar nossas esperanças por meio da ação, e é preciso começar agora.
>
> Segundo um antigo provérbio chinês: "Uma jornada de mil quilômetros deve começar com um único passo".
>
> Cidadãos norte-americanos, que nós demos este primeiro passo."

Nas semanas seguintes, o presidente viajou pelos Estados Unidos para convencer a opinião pública a apoiar o tratado.

Os argumentos do presidente prevaleceram. Em setembro, o Senado aprovou o tratado em maioria, e Kennedy o assinou em 7 de outubro.

Discurso à nação norte-americana sobre o Tratado Limitado de Proibição de Testes Nucleares

26 de julho de 1963

"Boa noite, caros cidadãos:

Falo a vocês esta noite com um espírito de esperança. Há 18 anos, o advento das armas nucleares mudou o curso do mundo e da guerra. Desde então, toda a humanidade tem lutado para escapar da possibilidade sombria da destruição em massa. Em uma época em que ambos os lados passaram a ter poder nuclear suficiente para destruir várias vezes a raça humana, o mundo do comunismo e o mundo do livre-arbítrio se descobriram presos a um ciclo vicioso de interesses e ideologias conflitantes. Cada aumento da tensão tem produzido um aumento de armas; cada aumento de armas tem produzido um aumento da tensão.

Durante todos esses anos, o diálogo entre os Estados Unidos e a União Soviética foi intermediado muitas vezes por suspeitas e alertas de ambas as partes, mas raramente pela esperança. Nossos representantes se encontraram nos momentos mais tensos; em Washington e Moscou; em Genebra e nas Nações Unidas. Mas muitas vezes esses encontros produziram apenas discórdia, desilusão e escuridão.

Ontem, um raio de luz cortou a escuridão. As negociações com relação a um tratado para proibir todos os testes nucleares na atmosfera, no espaço e debaixo da água foram concluídas, em Moscou. Pela primeira vez, consegue-se um acordo para trazer as forças da destruição nuclear para o controle internacional – um objetivo tentado desde 1946, quando Bernard Baruch apresentou um abrangente plano deste tipo às Nações Unidas.*

O plano de Baruch, e muitos planos subseqüentes de desarmamento, amplos ou restritos, foram impedidos por aqueles contrários à inspeção internacional. Uma proibição contra os testes, contudo, requer inspeções locais somente para testes subterrâneos. Esta nação possui uma variedade de técnicas para descobrir os testes nucleares de outros países conduzidos no ar ou debaixo da água, pois eles produzem sinais evidentes que nossos modernos instrumentos podem captar.

O tratado iniciado ontem, portanto, é um tratado restrito que permite a continuação de testes subterrâneos e proíbe somente aqueles testes que pode-

---

* Bernard Mannes Baruch nasceu em 1870 e morreu em 1965, foi assessor dos governos democratas de Woodrow Wilson (1913-21) e Franklin Roosevelt (1933-45). (N.E.)

mos policiar. Ele não requer postos de controle, inspeções locais e nenhum órgão internacional.

Também devemos entender que o tratado possui outras limitações. Qualquer nação que assine o tratado terá a oportunidade de retirar sua assinatura se achar que seus interesses supremos estão ameaçados por eventos relacionados ao tratado; e o direito de autodefesa de nenhuma nação será prejudicado. Este tratado também não significa um término da ameaça de guerra nuclear. Não reduzirá estoques nucleares; não interromperá a produção de armas nucleares; não restringirá o uso delas em tempos de guerra.

Apesar disso, este tratado limitado reduzirá de forma radical os testes nucleares que, caso contrário, seriam conduzidos por ambos os lados; proibirá os Estados Unidos, o Reino Unido, a União Soviética, e todos os outros que o assinarem, de se engajarem em testes atmosféricos que já alarmaram tanto a humanidade; e oferece ao mundo um sinal de esperança.

Pois esta não é uma moratória unilateral, mas uma determinada e solene obrigação legal. Embora não impeça esta nação de realizar testes nucleares, ou de estar pronta para conduzir testes atmosféricos se as ações de outros provocarem isso, ele nos fornece uma oportunidade concreta de ampliação dos seus limites a outros países e, no futuro, a outras formas de testes nucleares.

Este tratado é em parte o produto da paciência e da vigilância ocidental. Deixamos claro – mais recentemente em Berlim e em Cuba – nossa firme resolução de proteger nossa segurança e liberdade contra qualquer forma de agressão. Também deixamos claro nossa determinação de restringir a corrida armamentista. Em três governos, nossos soldados e diplomatas têm trabalhado com esta finalidade, sempre com apoio da Grã Bretanha. O primeiro-ministro Macmillan se uniu ao presidente Eisenhower para propor um tratado limitado de proibição em 1959, e a mim, mais uma vez, em 1961 e 1962.

Mas a realização desta meta não é uma vitória de um lado ou de outro – mas da humanidade. Não reflete concessões feitas à União Soviética. Reflete simplesmente nosso reconhecimento comum dos perigos gerados por testes adicionais.

Este não é o tratado do milênio. Não resolverá os conflitos, ou fará os comunistas desistirem de suas ambições, ou eliminará os perigos da guerra. Não reduzirá nossa necessidade de armas, aliados ou programas de assistência. Mas é uma primeira medida importante voltada para a paz, voltada para a razão, um passo a mais para longe da guerra.

Eis o que esta medida pode significar para vocês, seu filhos e seus vizinhos:

Primeiro, este tratado pode ser um passo em direção à redução da tensão mundial e a áreas mais amplas de acordo. As negociações de Moscou não chegaram a um acordo sobre nenhum outro assunto, nem este tratado está condicionado a qualquer outro assunto. O secretário Harriman esclareceu que quaisquer arranjos de não-agressão com relação à divisão da Europa exigiriam uma consulta direta com nossos aliados e a atenção total dos interessados. Ele também deixou claro nossa firme preferência por um tratado mais abrangente de proibição dos testes em toda parte, e nossa esperança definitiva

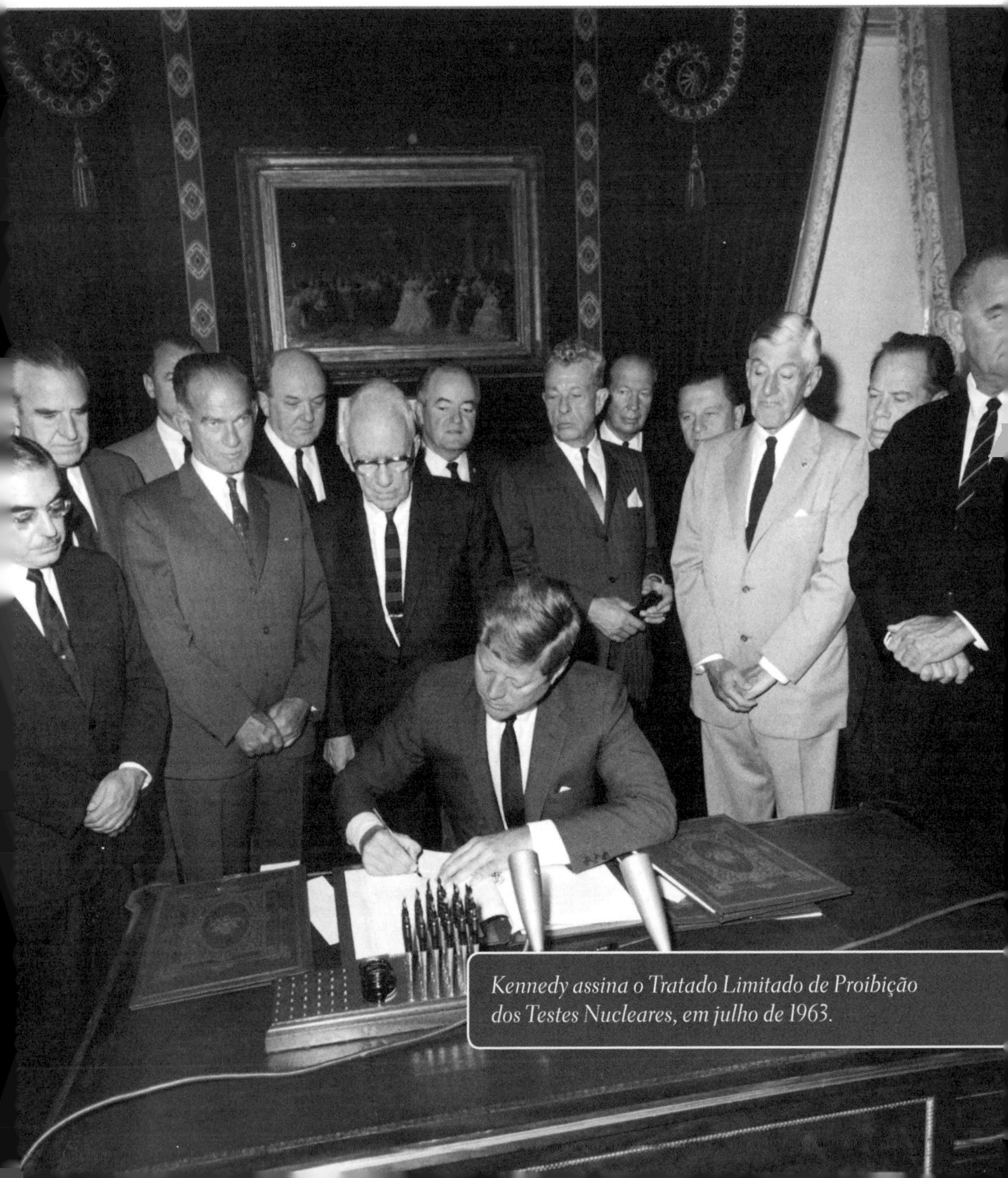

Kennedy assina o Tratado Limitado de Proibição dos Testes Nucleares, em julho de 1963.

por um desarmamento geral e completo. O governo soviético, contudo, ainda reluta em aceitar a inspeção que tais objetivos requerem.

Ninguém pode prever com certeza, portanto, quais acordos adicionais, se é que haverá algum, podem ser construídos sobre as fundações deste primeiro. Eles poderiam incluir controles relativos a preparações para ataques surpresas, ou à quantidade e tipo de armamentos. Poderiam haver outras limitações sobre a difusão de armas nucleares. O importante é que os esforços para a busca de novos acordos continuarão.

A dificuldade de prever o próximo passo não é um motivo para relutarmos. As negociações relativas a um tratado de proibição dos testes têm sido há muito tempo um símbolo do desacordo Ocidente-Oriente. Se este tratado puder também ser um símbolo – se puder simbolizar o fim de uma era e o início de outra –, se ambos os lados puderem por meio dele ganhar confiança e experiência na colaboração pacífica – então este tratado simples e curto pode bem se tornar um marco histórico na antiga busca do homem pela paz.

Há muito tempo, as ações do Ocidente tentam persuadir a União Soviética a renunciar a agressão, direta ou indireta, de modo que seu povo e todos os povos possam viver em paz e deixar que outros vivam em paz. O teste ilimitado de novas armas de guerra não teria a capacidade de nos levar a este ponto – mas este tratado pode ser seguido de outros progressos, pode certamente caminhar nesta direção.

Não digo que um mundo sem agressão ou ameaças de guerra seria um mundo fácil. Surgiriam novos problemas, novos desafios gerados pelos comunistas, novos perigos ao relaxarmos nossa vigilância ou mal interpretarmos a intenção deles.

Mas estes perigos perdem importância em comparação àqueles da crescente corrida armamentista e são uma rota de colisão em direção à guerra. Desde o início da história, a guerra tem sido a constante companheira do homem. Tem sido a regra, não a exceção. Até mesmo uma nação tão jovem e favorável à paz quanto a nossa já participou de oito guerras. E por três vezes nos últimos dois anos e meio precisei me dirigir a vocês como presidente para relatar que esta nação e a União Soviética estavam à margem de um confronto militar direto – no Laos, em Berlim e em Cuba.

Um conflito hoje ou amanhã, se levar à guerra nuclear, não será como qualquer outro conflito da história. Uma troca nuclear em escala total, durando menos de 60 minutos, com as armas atuais, poderia exterminar mais de 300 milhões de norte-americanos, europeus e russos, bem como um número incalculável nas outras partes do globo. Os sobreviventes, como o presidente Khrushchev alertou aos chineses comunistas, 'invejariam os mortos'. Pois herdariam um mundo tão devastado por explosões, contaminação e incêndios que hoje não podemos nem mesmo conceber tais horrores. Então, que nós possamos afastar o mundo da guerra. Que nós possamos aproveitar esta oportunidade, e toda oportunidade, ao máximo, para reduzir as tensões, diminuir os perigos de uma corrida nuclear armamentista e controlar a inclinação do mundo em direção à aniquilação total.

Em segundo lugar, este tratado pode ser um passo a mais no sentido de libertar o mundo dos medos e perigos da radioatividade. Nossos próprios testes atmosféricos no último ano foram conduzidos sob condições que restringiam a explosão radioativa a um mínimo possível. Mas com os anos, o número e a produção de armas testadas aumentou rapidamente, bem como os perigos radioativos de tais testes. A continuidade sem restrição dos testes feitos pelas potências nucleares, somadas a outros países menos adeptos a limitar a poluição, contaminaria de forma crescente o ar que todos nós devemos respirar.

Mesmo assim, o número de crianças com câncer nos ossos, leucemia no sangue ou veneno nos pulmões pode parecer estatisticamente pequeno para alguns, em comparação aos riscos naturais da saúde. Mas este não é um risco natural à saúde – e não é uma questão de estatística. A perda até mesmo de uma vida humana, ou a má-formação de um só bebê – que pode nascer bem depois de termos morrido – deveria ser uma preocupação para todos nós. Nossos filhos e netos não são simplesmente estatísticas para as quais podemos ser indiferentes.

Tudo isso também não afeta somente as potências nucleares. Tais testes poluem o ar de todos os homens e de todas as nações, envolvidas ou não, sem o seu conhecimento ou consentimento. É por isso que a continuação de testes atmosféricos faz tantos países considerarem as potências nucleares como entidades igualmente perversas; e podemos esperar que sua prevenção permitirá a estes países enxergarem o mundo com mais clareza, enquanto o mundo respira com mais tranquilidade.

Em terceiro lugar, este tratado pode ser um passo à frente contra a difusão de armas nucleares a nações que hoje não as possuem. Durante os próximos anos, além das atuais quatro potências, um número pequeno, mas significativo, de países terão os recursos intelectuais, físicos e financeiros para produzir tanto as próprias armas nucleares como também os meios de lançá-las. Com o tempo, acredita-se, muitos outros países terão essa capacidade ou mesmo outras formas de obter ogivas nucleares, como mísseis que hoje podem ser comercialmente adquiridos.

Peço que vocês parem e pensem por um momento o que significaria ter armas nucleares em tantas mãos, nas mãos de países grandes e pequenos, estáveis e instáveis, responsáveis e irresponsáveis, espalhadas por todo o mundo. Não se poderia ter paz, estabilidade, segurança e nenhuma chance de um desarmamento efetivo. Apenas a possibilidade cada vez maior de uma guerra acidental, e a enorme necessidade das grandes potências de se envolverem no que seriam, caso contrário, conflitos locais.

Se uma bomba termonuclear fosse lançada contra qualquer cidade norte-americana, russa ou contra outro local; se fosse lançada acidental ou propositalmente, por um louco ou um inimigo, por um país grande ou pequeno de qualquer canto do mundo, esta única bomba poderia liberar mais poder destrutivo sobre os habitantes desta indefesa cidade que todas as bombas lançadas na Segunda Guerra Mundial.

Nem os Estados Unidos, a União Soviética, o Reino Unido ou a França podem esperar por este dia com unanimidade. Temos uma grande obrigação, todas as quatro potências nucleares têm a obrigação de usar o tempo pela frente para impedir a difusão de armas nucleares, para persuadir outros países a não testarem, transferirem, adquirirem, possuírem ou produzirem tais armas.

Este tratado pode abrir o caminho para esta campanha. Ele determina que nenhuma das partes poderá ajudar outras nações a fazer testes nos ambientes proibidos. Propicia mais acordos para o controle de armas nucleares, e está disponível para que todas as nações o assinem, pois é do interesse de todos, e já estamos cientes de uma série de países que desejam se unir a nós de imediato.

Em quarto lugar e finalmente, este tratado pode limitar a corrida armamentista nuclear de uma forma que, em geral, fortalecerá a segurança da nossa nação bem mais do que a continuação sem restrição dos testes. Pois no mundo de hoje, a segurança de um país nem sempre aumenta conforme aumenta o número de suas armas, quando seu adversário faz o mesmo e quando a competição ilimitada no desenvolvimento e teste de novos tipos de armas nucleares destrutivas não torna o mundo mais seguro para nenhum lado. Com a influência deste tratado limitado, por outro lado, os testes realizados por outros países nunca poderão ser suficientes a ponto de compensar a capacidade de nossas forças estratégicas de deter ou sobreviver a um ataque nuclear, e de penetrar ou destruir a pátria agressora.

Temos, e com este tratado continuaremos a ter, a força nuclear que precisamos. É verdade que os soviéticos testaram armas nucleares em uma proporção bem maior do que achamos ser necessária, mas a bomba de 100 megatones mencionada por eles há anos não mudou e não mudará a balança estratégica de poder. Os Estados Unidos escolheram, deliberadamente, se concentrar em armas mais rápidas e variadas, com uma produção menor mas suficiente, e nossa segurança não é, portanto, prejudicada pelo tratado que discuto.

Também é verdade, como o senhor Khrushchev concordaria, que as nações não podem, neste aspecto, se permitir contar simplesmente com a boa-fé de seus adversários. Não deixamos passar, no entanto, o risco de violações secretas. Atualmente, é possível que bem distante no espaço, a centenas ou milhões de quilômetros de distância da Terra, testes ilegais sejam realizados sem serem detectados. Mas já temos a capacidade de construir um sistema de observação que tornaria tais testes quase impossíveis de serem ocultos, e podemos decidir a qualquer momento se tal sistema é necessário em vista do risco limitado gerado a nós e o benefício limitado produzido por violações tentadas nesta distância. Pois quaisquer testes que poderiam ser conduzidos no espaço, e não poderiam ser realizados de forma mais fácil, eficiente e legítima abaixo da superfície, seriam necessariamente de tal magnitude que seria muito difícil escondê-los. Também podemos empregar novos mecanismos para checar o teste de armas menores na atmosfera mais baixa. Qualquer violação, além do mais, envolve, em conjunto, o risco de detecção, o término do tratado e conseqüências de alcance mundial para o infrator.

Violações secretas são possíveis e preparações secretas para um súbito retrocesso também, e, deste modo, nossa própria vigilância e força devem ser mantidas, enquanto nos preparamos para retroceder e retomar todas as formas de testes, se preciso. Mas seria um erro assumir que este tratado será logo infringido. As vantagens dos testes ilegais são certamente pequenas se comparadas a seu custo, e ao risco da descoberta. Os países que assinaram e assinarão este tratado preferem, na minha opinião, na garantia de seus próprios interesses, este tratado a testes sem restrições. E todas as nações têm o interesse de limitar a corrida armamentista, de conter a difusão das armas nucleares e de respirar um ar que não seja radioativo. Apesar de ser teoricamente possível demonstrar riscos inerentes a qualquer tratado, e tais riscos neste tratado são pequenos, os perigos maiores a nossa segurança são gerados pelos testes sem restrições, por uma corrida nuclear armamentista, por novas potências nucleares, pela poluição e pela guerra nuclear.

Este tratado limitado de proibição, em nossa análise mais cautelosa, é mais seguro para os Estados Unidos do que uma corrida nuclear armamentista ilimitada. Por todas essas razões, tenho a esperança de que esta nação aprovará de imediato este tratado. Vamos certamente debater o assunto no Senado e no país. A Constituição requer de modo sábio o conselho e o consentimento do Senado para todos os tratados, e este processo já começou. Tudo está sendo feito como deve ser. Um documento que poderá marcar uma oportunidade histórica e construtiva para o mundo merece um debate histórico e construtivo.

Espero que todos vocês tomem parte neste debate, pois este tratado é para todos nós. É, em particular, para nossos filhos e netos, e nenhum lobby os defende aqui Washington. Este debate envolverá especialistas militares, científicos e políticos, mas não deve ser somente restrito a eles. O direito e a responsabilidade também são de vocês.

Se estamos prontos para abrir novos caminhos para a paz, prontos para aproveitar esta rara oportunidade rumo ao progresso, prontos para sermos tão corajosos e visionários em nosso controle de armas como fomos na sua invenção, mostraremos então a todo o mundo deste lado do Muro e do outro que um Estados Unidos forte também defende a paz. Não há causa maior de satisfação.

No passado, aprendemos que o espírito de um momento ou local pode desaparecer em outros. Já nos desapontamos mais de uma vez, e hoje não temos ilusões de que há atalhos na estrada para a paz. Em muitos pontos do mundo, os comunistas continuam com suas tentativas de explorar a fraqueza e a pobreza. A concentração de armas nucleares e convencionais deles deve continuar sendo contida.

A competição familiar entre escolha e coerção e os locais familiares de perigo e conflito ainda estão lá em Cuba, no Sudeste da Ásia, em Berlim, e em todo o mundo, exigindo ainda toda a força e vigilância que pudermos reunir. Nada poderia prejudicar mais nossa causa do que acreditarmos, nós e nossos aliados, que a paz já foi alcançada, e que nossa força e unidade não são mais relevantes.

Mas agora, pela primeira vez em muitos anos, o caminho para a paz está aberto. Ninguém pode ter certeza do futuro. Ninguém pode dizer se chegou o momento de abrandar a luta. Mas a história e a nossa consciência nos julgarão de forma mais severa se não nos esforçarmos ao máximo agora para testar nossas esperanças por meio da ação, e é preciso começar agora.

Segundo um antigo provérbio chinês: "Uma jornada de mil quilômetros deve começar com um único passo."

Cidadãos norte-americanos, que nós demos este primeiro passo. Que nós, se pudermos, recuemos das sombras da guerra e busquemos o caminho da paz. E se esta jornada for de mil quilômetros, ou mais, que a história registre que nós, nesta pátria, demos o primeiro passo.

Obrigado e boa noite.

18. As nuvens se dissiparam

O percurso da oratória do presidente Kennedy sobre a Guerra Fria começou com seu discurso de posse, centrado nas dificuldades da luta crepuscular, e terminou com este discurso, dois meses antes de sua morte.

Este discurso é uma continuação do pronunciamento histórico da Universidade Americana, e um distanciamento daquelas palavras que inflamaram tensões e ajudaram a desencadear eventos que saíram do controle após a Cúpula de Viena e durante a Crise dos Mísseis. O próprio Kennedy observou, no início deste discurso, que o mundo havia mudado bastante desde que falou, pela primeira vez, na Assembléia Geral, há três anos, em 25 de setembro de 1961. Antes do pronunciamento sobre a "espada nuclear de Dâmocles, pendurada pelo fio mais delgado".

Nesta ocasião, o fio que sustentava a espada de Dâmocles parecia um pouco mais resistente do que em 1961. E as chances de acidente ou erro de cálculo – e talvez até de loucura – haviam sido reduzidas, talvez apenas um pouco, mas o suficiente para que o presidente pudesse falar sobre uma "pausa" na Guerra Fria.

"Hoje as nuvens se dissiparam um pouco para que os novos raios de esperança pudessem atravessá-las", disse Kennedy, à Assembléia Geral, retomando a linguagem usada quando anunciou o acordo sobre o tratado de proibição dos testes nucleares – "um raio de luz" que "cortou a escuridão". JFK advertiu, no entanto: "O mundo ainda não escapou da escuridão." A questão para os soviéticos, para os norte-americanos, e para todos os povos, era o quanto poderiam tolerar a escuridão, e quanta luz estavam dispostos a deixar entrar.

Neste último grande discurso de política externa para um público internacional, John Kennedy mostrou, como o fez na Universidade Americana, o quanto queria se afastar da catástrofe, o quanto a proximidade com o inimaginável mudou sua personalidade e sua forma de escolher as palavras.

Como Robert Frost[*], John Kennedy tinha familiaridade com a noite. Essa intimidade se formou em sua vida pessoal – com as mortes de seu irmão Joseph e de sua irmã Kathleen, sua própria experiência em tempos de guerra na lancha PT 109, e com suas batalhas constantes contra os problemas de saúde – e durante o seu mandato como presidente, quando o fio delgado que sustentava a espada de Dâmocles parecia a um passo de se romper.

Neste discurso, John Kennedy procurou fazer com que o mundo e seu país ultrapassassem rapidamente aquelas horas tão sombrias que antecediam o amanhecer. Suas primeiras palavras à Assembléia Geral foram: "Nos encontramos de novo na busca pela paz." Esta busca agora revitalizava sua retórica e seus pensamentos.

"O mundo ainda não escapou da escuridão", afirmou.

> "As longas sombras do conflito e da crise ainda nos cercam. Mas nos encontramos hoje em uma atmosfera de crescente esperança, e um momento de relativa calma. Minha presença aqui não é um sinal de crise, mas de confiança. Não estou aqui para relatar uma nova ameaça à paz ou novos sinais de guerra. Vim para saudar as Nações Unidas e mostrar o apoio do povo norte-americano a favor das deliberações diárias desta instituição."

Em seu primeiro discurso como presidente, John Kennedy disse: "Que nós nunca negociemos por medo. Mas que nunca tenhamos medo de negociar." Com o tratado de proibição de testes, ele havia demonstrado às Nações Unidas e ao mundo que os Estados Unidos poderiam, de fato, conversar com os soviéticos. O abismo entre o Ocidente e o Oriente, o comunismo e o capitalismo, não era tão vasto quanto JFK pode ter feito as pessoas acreditarem. E esta cabeça de ponte de cooperação poderia, na verdade, trazer de volta a selva da suspeita.

Após quase três anos no cargo, John Kennedy estava mais otimista do que na época de sua posse. Sem ignorar as diferenças que continuariam a dividir o mundo livre do comunista, Kennedy declarou que ambas as superpotências tinham responsabilidades comuns, e que estas exigiam que "nossas duas nações se concentrassem menos em nossas diferenças".

Um momento de cooperação, de reconhecimento da humanidade de cada um, parecia próximo.

Se, disse Kennedy na ONU:

---

[*] Robert Lee Frost (1874-1963) foi um dos mais importantes poetas norte-americanos do século XX, tendo recebido quatro prêmios Pulitzer com a sua obra. (N.E.)

> "Se pudermos prolongar esta pausa [na Guerra Fria] para um período de cooperação, se ambos os lados puderem ganhar confiança e experiência em entendimentos concretos pela paz, então, certamente, este primeiro pequeno passo pode ser o início de uma longa e proveitosa jornada."

Um ano antes, em seu discurso na Universidade Rice, John Kennedy apresentou seu projeto de levar um norte-americano à Lua até o final da década, conectando a viagem espacial à competição da Guerra Fria. O programa espacial, como Lyndon Johnson lhe disse, era uma forma de ganhar prestígio, de ostentar o conhecimento norte-americano, de persuadir os não-aliados de que os Estados Unidos prevaleceriam sobre os soviéticos.

Neste discurso, Kennedy sugeriu que a marca da nova fronteira representava um provável aumento da cooperação entre os dois adversários. "O espaço não apresenta problemas de soberania... Por que, então, o primeiro vôo do homem à Lua deveria ser uma questão de competição nacional?" perguntou. "Por que os Estados Unidos e a União Soviética, ao se prepararem para tais expedições, se envolveriam em uma imensa duplicação das pesquisas, das construções necessárias e das despesas?"

Este era um gesto extraordinário da parte de Kennedy. Extremamente competitivo, ele insistia que o esforço da corrida à Lua só compensaria se os Estados Unidos se comprometessem a ser os primeiros, a vencer. Agora, ele abria mão e oferecia um empate a seus adversários.

Ainda assim, JFK não declarou o fim da disputa entre as nações, os interesses e as ideologias. Essa disputa, declarou na ONU, continuaria: "A disputa continuará – entre aqueles que enxergam um mundo monolítico e os que acreditam na diversidade." E Kennedy estava de braços abertos para essa disputa.

Tal competição, no entanto, só valeria a pena se fosse capaz de melhorar as chances de paz e de tornar a vida melhor para todos os seres humanos. JFK concluiu com uma outra referência clássica do tipo que poucos políticos norte-americanos, 40 ou 50 anos mais tarde, ousariam fazer, por medo de serem classificados como elitistas. O tratado de proibição dos testes nucleares, disse, "não garantirá liberdade para todos":

> "Mas pode ser um impulso, e Arquimedes, ao explicar os princípios desta força, declarou a seus amigos: 'Dêem-me um ponto de apoio e eu moverei o mundo'. Meus amigos habitantes deste planeta: que nós tenhamos um ponto de apoio aqui nesta assembléia de nações."

Discurso à Assembléia Geral das Nações Unidas, em Nova York

20 de setembro de 1963

"Senhor presidente*, como alguém que acompanha com certo interesse escolhas de presidentes, eu gostaria de parabenizá-lo em sua eleição para este importante cargo; senhor secretário-geral, representantes das Nações Unidas, senhoras e senhores:

Nos encontramos novamente em busca da paz.

Há 24 meses, na última vez em que tive a honra de discursar neste plenário, a sombra de medo pairava sobre o mundo. A liberdade de Berlim Ocidental estava sob perigo imediato. O acordo sobre um Laos neutro parecia remoto. O mandato das Nações Unidas no Congo estava sendo atacado. O panorama financeiro desta organização estava em dúvida. Dag Hammarskjöld** estava morto. A doutrina da troika*** era imposta e os testes atmosféricos tinham sido retomados pela União Soviética.

Aqueles foram dias angustiantes para a humanidade – e alguns homens se questionavam se esta organização poderia sobreviver. Mas as 16ª e 17ª Assembléias conseguiram não apenas a sobrevivência, mas o progresso. Assumindo sua responsabilidade, as Nações Unidas ajudaram a reduzir as tensões e a conter a escuridão.

Hoje as nuvens se dissiparam um pouco para que novos raios de esperança pudessem atravessá-las. As pressões em Berlim Ocidental parecem ter se acalmado temporariamente. A unidade política no Congo tem sido restaurada em grande parte. Uma coalizão neutra no Laos, embora ainda em dificuldade, está pelo menos em andamento. A integridade do Secretariado das Nações Unidas tem sido reafirmada. Uma Década do Desenvolvimento a ser promovida pelas Nações Unidas também se concretiza. E, pela primeira vez, em 17 anos de esforço, uma medida específica foi tomada para limitar a corrida nuclear armamentista.

Refiro-me, certamente, ao tratado de proibição de testes nucleares na atmosfera, no espaço e debaixo da água – concluído pela União Soviética, o Reino Unido e os Estados Unidos – e já assinado por quase 100 países. O acordo foi bem recebido por pessoas no mundo todo, gratas por estarem livres

---

* Da 18ª Assembléia-Geral da ONU: senhor Carlos Sosa Rodriguez, da Venezuela. (N.E.)

** Sobre isso, ver "A espada nuclear de Dâmocles". (N.E.)

*** Apoiada pelos soviéticos e segundo a qual três vice-secretários-gerais, representando diferentes grupos políticos, tomariam decisões em conjunto. (N.E.)

das ameaças de uma explosão radioativa, e tenho confiança de que na próxima terça-feira, às 10h30 da manhã, o texto ganhará o endosso aclamatório do Senado dos Estados Unidos.

O mundo ainda não escapou da escuridão. As longas sombras do conflito e da crise ainda nos cercam. Mas nos encontramos hoje em uma atmosfera de crescente esperança, e um momento de relativa calma. Minha presença aqui não é um sinal de crise, mas de confiança. Não estou aqui para relatar uma nova ameaça à paz ou novos sinais de guerra. Vim para saudar as Nações Unidas e mostrar o apoio do povo norte-americano a favor das deliberações diárias desta instituição.

Pois o valor dos esforços desta organização não depende da presença de emergências – nem o triunfo da paz pode consistir somente de vitórias dramáticas. A paz é um processo diário, semanal, mensal, que muda gradualmente as opiniões, desgasta barreiras de forma lenta, constrói silenciosamente novas estruturas. E por mais dramática que seja sua busca, ela deve prosseguir.

Hoje talvez se tenha alcançado uma pausa na Guerra Fria – mas esta não é uma paz duradoura. Um tratado de proibição de testes é um começo – mas não um fim. Não estamos liberados de nossas obrigações – recebemos uma oportunidade. E se não conseguirmos aproveitar ao máximo este momento; se convertermos nossas recém-descobertas esperanças e entendimentos em novos muros e armas de hostilidade; se esta pausa na Guerra Fria simplesmente levar à sua renovação e não ao seu fim, a acusação da posteridade apontará com razão seu dedo para todos nós. Mas se pudermos prolongar esta pausa para um período de cooperação, se ambos os lados puderem ganhar confiança e experiência em entendimentos concretos pela paz, então, certamente, este primeiro pequeno passo pode ser o início de uma longa e proveitosa jornada.

A tarefa de construir a paz está nas mãos dos líderes de cada nação, grande e pequena. Pois as grandes potências não têm o monopólio do conflito ou da ambição. A Guerra Fria não é a única expressão da tensão neste mundo – e a nuclear não é a única corrida armamentista. Até mesmo as guerras pequenas são perigosas em um mundo nuclear. O longo trabalho da paz é uma obrigação de todos os países – e neste esforço nenhum de nós pode permanecer desalinhado. Não podemos deixar de nos comprometer com esta meta.

A redução da tensão global não deve ser uma desculpa para a limitada busca do auto-interesse. Se a União Soviética e os Estados Unidos, com todos os seus interesses globais e comprometimentos ideológicos conflitantes, e com armas nucleares ainda hoje apontadas para cada um, podem encontrar áreas de interesse e acordo comum, e outras nações podem, certamente, fazer o mesmo – nações presas em conflitos regionais, em questões raciais ou nas agonias do antigo colonialismo. Disputas crônicas que desviam recursos preciosos das necessidades das pessoas ou esgotam as energias de ambos os lados não servem ao interesse de ninguém – e a insígnia da responsabilidade no mundo moderno é o desejo de se buscar soluções pacíficas.

Nunca é muito cedo para tentar; e nunca, muito tarde para dialogar; este é o momento das muitas disputas presentes na agenda desta Assembléia passarem do debate à negociação.

Um fato que ainda permanece é o de que os Estados Unidos, como uma importante potência nuclear, têm uma responsabilidade especial no mundo. É, na verdade, uma responsabilidade tripla – com nossos próprios cidadãos; com o povo de todo o mundo, agora afetado por nossas decisões; e com a próxima geração da humanidade. Acreditamos que a União Soviética também tenha essas três responsabilidades – que exigem que nossas duas nações se concentrem menos em nossas diferenças e mais nos meios de resolvê-las de modo pacífico. Por muito tempo, aumentamos nossos orçamentos militares, nossas reservas nucleares e nossa capacidade de destruir toda a vida neste hemisfério – humana, animal, vegetal – sem qualquer aumento correspondente em nossa segurança.

Nossos conflitos são, certamente, reais. Nossos conceitos do mundo são diferentes. Nenhum serviço é prestado se os desacordos não forem esclarecidos. Uma diferença central é a crença do povo norte-americano na autodeterminação de todos os povos.

Acreditamos que o povo alemão e Berlim devem ser livres para unificar sua capital e seu país.

Acreditamos que o povo de Cuba deve ser livre para garantir os frutos da revolução, que foram traídos por dentro e explorados por fora.

Em síntese, acreditamos que em todo o mundo – na Europa Oriental como Ocidental, no Sul e no Norte da África, em antigas e novas nações – as pessoas devem ser livres para escolher seu próprio futuro, sem discriminação ou despotismo, sem coerção ou subversão.

Estas são as diferenças básicas entre a União Soviética e os Estados Unidos, que não podem estar escondidas. Na medida em que existirem, estabelecem limites ao entendimento, e proíbem a flexibilização de nossa vigilância. Nossa defesa ao redor do mudo será mantida para a proteção da liberdade – e nossa determinação de proteger esta liberdade será equivalente a qualquer ameaça ou desafio.

Mas eu diria aos líderes da União Soviética, e ao seu povo, que para algum dos nossos países estar totalmente protegido, será preciso uma arma bem mais poderosa que a bomba de hidrogênio – uma arma mais poderosa

O jornalista da CBS Walter Conkrite entrevista Kennedy no Cabo Cod.

que mísseis balísticos ou submarinos nucleares – e esta arma mais poderosa é a cooperação pacífica.

Nós chegamos a um acordo, nos últimos anos, sobre um tratado limitado de proibição de testes, um elo de comunicação emergencial entre nossas capitais, uma declaração de princípios de desarmamento, um aumento no intercâmbio cultural, a cooperação no espaço, a exploração pacífica do Antártico e o abrandamento da crise do ano passado sobre Cuba.

Acredito, portanto, que a União Soviética e os Estados Unidos, em conjunto com seus aliados, podem alcançar mais acordos – acordos originados por nossos interesses mútuos de evitar a destruição mútua.

Não pode haver qualquer dúvida sobre a pauta de nossas próximas ações. Devemos continuar a buscar acordos sobre medidas que impedem a guerra por acidente ou erro de cálculo. Devemos continuar a procurar acordos sobre garantias contra ataques surpresa, o que inclui postos de observação em lugares vitais. Temos de continuar a buscar acordos sobre medidas para conter a corrida nuclear armamentista, controlar a transferência de armas nucleares, para converter elementos passíveis de fissão em objetivos pacíficos e banir testes subterrâneos, com a inspeção e a execução adequadas. Devemos continuar a buscar um acordo sobre o fluxo de informações e pessoas do Oriente para o Ocidente e vice-versa.

Devemos continuar a buscar acordos para manter as armas de destruição em massa longe do espaço, encorajados pela reação positiva de ontem a esta proposta do ministro soviético das Relações Exteriores. Vamos trazer nossas negociações de volta para a mesa e elaborar um acordo viável para essa finalidade.

Neste e em outros caminhos, vamos ultrapassar os obstáculos para conseguir um desarmamento abrangente, garantindo uma confiança mútua por meio da verificação mútua, e construindo instituições de paz conforme desmantelamos os mecanismos da guerra. Não podemos permitir que a falta de unanimidade em todos os pontos atrase acordos quando estes forem possíveis. E não podemos apresentar propostas com objetivos propagandistas.

Finalmente, em um campo onde os Estados Unidos e a União Soviética têm uma capacidade especial – na área espacial –, há possibilidade de cooperação para mais esforços conjuntos na regulação e exploração do espaço. Incluo entre estas possibilidades uma expedição conjunta à Lua. O espaço não apresenta problemas de soberania; por meio de uma resolução desta Assembléia, os membros das Nações Unidas prometeram abdicar de quaisquer reivindicações territoriais no espaço ou em corpos celestes e declararam válidos, nesta questão, o direito internacional e a Carta das Nações Unidas.

Por que, então, o primeiro vôo do homem à Lua deveria ser uma questão de competição nacional? Por que os Estados Unidos e a União Soviética, ao se prepararem para tais expedições, se envolveriam em uma imensa duplicação das pesquisas, das construções necessárias e das despesas? Certamente devemos investigar se os cientistas e astronautas de nossos dois países – na verdade de todo o mundo – não podem trabalhar em conjunto na conquista do espaço, enviando à Lua, em algum dia desta década, não os representantes de uma única nação, mas de todos os países.

Essas e outras medidas voltadas a uma cooperação pacífica podem ser possíveis. A maioria delas exigirá de nossa parte consultas integrais com nossos aliados – pois os interesses deles estão tão envolvidos quanto os nossos, e não faremos qualquer acordo à custa deles. A maioria delas exigirá longas e cuidadosas negociações e uma nova abordagem para a Guerra Fria – um desejo não de "enterrar" um adversário, mas de competir em uma série de arenas pacíficas, nas idéias, na produção e, por fim, no serviço a toda a humanidade.

A disputa continuará – entre aqueles que enxergam um mundo monolítico e os que acreditam na diversidade –, mas deve ser uma disputa centrada na liderança e na responsabilidade em vez de na destruição, na realização em vez de na intimidação. Em nome dos Estados Unidos, dou as boas-vindas a esta disputa. Pois acreditamos que a verdade é mais forte que o erro – e a liberdade é mais resistente que a coerção. E na disputa por uma vida melhor, todo o mundo pode sair vencedor.

A tentativa de melhorar as condições do homem, no entanto, não é uma tarefa para poucos. É de todas as nações – agindo sozinhas, em grupos, agindo nas Nações Unidas, porque as pragas e pestes, a pilhagem e a poluição, os riscos da natureza e a fome das crianças são inimigos de todos as nações. A terra, o mar e o ar são preocupações de todas as nações. E a ciência, a tecnologia e a educação podem ser aliadas de todas as nações.

Nunca antes o homem teve tamanha capacidade de controlar seu próprio ambiente, de acabar com a sede e a fome, de dissipar a pobreza e a doença, de banir o analfabetismo e a grande miséria humana. Temos o poder de tornar esta geração a melhor da humanidade na história do mundo – ou a última.

Desde o final da guerra, os Estados Unidos enviaram mais de 100 bilhões de dólares em ajuda às nações em busca da viabilidade econômica. E há dois anos, nesta mesma semana, formamos o Corpo da Paz, para auxiliar países interessados a satisfazer a demanda por mão-de-obra treinada. Outras nações industrializadas, as quais ajudamos na reconstrução recente de suas economias, reconhecem, por sua vez, a responsabilidade com relação a outras menos desenvolvidas.

A provisão da assistência ao desenvolvimento por nações individuais deve prosseguir. Mas as Nações Unidas também devem ter um papel mais significativo, no intuito de propiciar os frutos da ciência moderna e da indústria a todos os homens. A conferência das Nações Unidas sobre este tema, realizada no início deste ano em Genebra, abriu novas perspectivas para os países em desenvolvimento. No próximo ano, a Conferência das Nações Unidas para o Comércio levará em consideração as necessidades destas nações em novos mercados. E mais de quatro quintos de todo o sistema da ONU podem ser vistos hoje mobilizando as armas da ciência e da tecnologia em prol da Década do Desenvolvimento.

Mas é possível fazer mais.

• Um centro mundial de informações sobre a saúde, sob a Organização Mundial de Saúde, poderia alertar sobre epidemias e efeitos adversos de certas drogas, assim como transmitir os resultados de novos experimentos e novas descobertas.

• Centros regionais de pesquisa poderiam promover nosso conhecimento médico comum e treinar novos cientistas e médicos para nações mais recentes.

• Um sistema global de satélites poderia fornecer um elo de comunicação e um conjunto de informações meteorológicas para todos os cantos do mundo.

• Um programa mundial de conservação poderia proteger reservas florestais e selvagens agora em perigo de extinção, incrementar a coleta Marinha de alimentos dos oceanos e impedir a contaminação do ar e da água pela poluição industrial e nuclear.

• E, finalmente, um programa mundial de produtividade agrícola e de distribuição de alimentos, similar ao nosso programa "Alimentos pela Paz", poderia dar hoje a alimentação necessária a todas as crianças do mundo.

Mas o homem não vive só de pão – e os membros desta organização estão comprometidos pela Carta a promover e respeitar os direitos humanos. Estes direitos não são respeitados quando um padre budista é expulso de seu templo, quando uma sinagoga é fechada, quando uma igreja protestante não pode abrir uma missão, quando um cardeal é forçado a se esconder, ou uma missa lotada é bombardeada. Os Estados Unidos da América são contra a discriminação e a perseguição religiosa e racial em qualquer parte do mundo, inclusive em nossa própria nação. Estamos trabalhando para consertar os erros de nosso próprio país.

Por meio da ação legislativa e administrativa, do compromisso moral e legal, este governo lançou um esforço determinado de livrar nossa nação da discriminação que já existiu por tempo demais – na educação, na habitação, no transporte, no emprego, no serviço público, nas diversões e nos locais públicos. E, portanto, neste ou em qualquer outro fórum, não hesitamos em condenar a injustiça racial ou religiosa cometida ou permitida por amigos ou inimigos.

Sei que alguns de vocês têm vivenciado a discriminação neste país. Mas peço que acreditem em mim quando digo que esta não é a vontade da maioria dos norte-americanos – compartilhamos seus lamentos e ressentimentos – e pretendemos acabar com tais práticas para sempre, não só pelos nossos visitantes, mas também pelos nossos cidadãos.

Espero que não só a nossa nação, mas todas as outras sociedades multirraciais cumpram esses padrões de justiça. Somos contra o apartheid e todas as formas de opressão humana. Não defendemos os direitos de negros africanos de expulsar brancos africanos. Nossa preocupação é com o direito de todos os homens à igual proteção da lei – e como os direitos humanos são indivisíveis, este órgão não pode ficar de fora quando estes direitos são abusados e negligenciados por qualquer Estado-membro.

Novos esforços são necessários para dar total significado à Declaração de Direitos Humanos desta Assembléia, agora com 15 anos. E novos meios de promover a livre expressão e o comércio de idéias precisam ser encontrados – por meio de viagens, da comunicação e do intercâmbio cada vez mais intenso de pessoas, livros e programas de rádio e TV. Pois conforme o mundo renuncia à competição das armas, a competição de idéias deve florescer – e esta competição deve ser tão completa e justa quanto possível.

A delegação dos Estados Unidos estará preparada para sugerir às Nações Unidas iniciativas na busca de todos esses objetivos. Pois esta é uma organização a favor da paz – e a paz não pode surgir sem trabalho e progresso.

O desempenho das operações de paz da ONU é de causar orgulho, mesmo que suas tarefas sejam sempre muito difíceis. Temos sorte de dispor das habilidades do nosso ilustre secretário-geral e dos corajosos esforços daqueles que têm servido na causa da paz no Congo, no Oriente Médio, na Coréia e na Caxemira, na Nova Guiné Ocidental e na Malásia. Mas o que as Nações Unidas fizeram no passado é menos importante que suas tarefas futuras. Não podemos achar que este mecanismo de manutenção da paz estará disponível para sempre. O sistema deve ser corretamente financiado – o que não pode acontecer se alguns membros puderem impedi-lo de cumprir suas obrigações ao não conseguirem cumprir com a sua própria. As Nações Unidas devem contar com o amparo de todos os que aqui exercem sua representação. E as operações das Nações Unidas devem ser sustentadas até o fim.

Muitas vezes, um projeto é empreendido em um momento crítico e posteriormente começa a perder seu apelo conforme os problemas se arrastam e as contas se acumulam. Mas precisamos ser firmes para que todas as iniciativas cheguem até o fim.

É importante, por exemplo, não arriscar os ganhos extraordinários das Nações Unidas no Congo. A nação que buscou a ajuda desta organização somente há três anos pediu agora a presença da ONU por mais tempo. Acredito que esta Assembléia deveria fazer o necessário para preservar os ganhos já conseguidos e proteger essa nova nação em sua luta pelo progresso. Vamos completar o que iniciamos. Pois "Ninguém, que lança mão do arado e olha para trás", como diz a Bíblia, "Ninguém que lança mão do arado e olha para trás, é apto para o reino de Deus".[1]

Também espero que a recente iniciativa de vários Estados-membros de prontificar forças reservas de paz para as Nações Unidas encorajará compromissos semelhantes de outros. Os Estados Unidos continuam prontos para prover apoio material e logístico necessário.

O policiamento, além do mais, não é suficiente sem que sejam criadas condições para os acordos de paz. Deveríamos recorrer mais a missões especiais de investigação de fatos e conciliação, utilizar mais o Tribunal Internacional de Justiça e acelerar o trabalho da Comissão de Direito Internacional.

As Nações Unidas não podem sobreviver como uma organização estática. Suas obrigações estão aumentando assim como seu tamanho. A Carta deve ser modificada e também seus hábitos. Os autores da Carta não planejaram que ela permanecesse eternamente imutável. A ciência das armas e da guerra fez de todos nós – muito mais do que há 18 anos, em São Francisco – um só mundo e uma só raça humana, com um destino comum. Em tal mundo, a soberania absoluta não garante mais a segurança absoluta. As convenções da paz devem estar atualizadas e na frente das invenções da guerra. As Nações Unidas, ao construírem seu futuro e aprenderem com seus fracassos, devem ser desenvolvidas até o ponto de um autêntico sistema de segurança mundial.

Mas a paz não se baseia somente em cartas e convenções. Ela está no coração e na mente das pessoas. Se for posta para fora de lá, nenhum ato, pacto, tratado, nenhuma organização pode esperar preservá-la sem o apoio e o compromisso sincero de todos os povos. Desta forma, que nós não descansemos nossas esperanças em pergaminhos e documentos; que nós lutemos pela construção da paz, pelo desejo de paz, pela disposição de se trabalhar pela paz, nos corações e mentes de todas as pessoas. Acredito que somos capazes. Acredito que os problemas do destino humano não estão fora do alcance do ser humano.

Há dois anos, disse a esta organização que os Estados Unidos tinham proposto, e estavam dispostos a assinar, um tratado limitado de proibição de testes. Hoje este tratado foi assinado. Ele não colocará um fim à guerra. Não eliminará os conflitos. Não garantirá liberdade para todos. Mas pode ser um impulso, e Arquimedes, ao explicar os princípios desta força, declarou a seus amigos: Dêem-me um ponto de apoio e eu moverei o mundo." Meus amigos habitantes deste planeta: que nós tenhamos um ponto de apoio aqui nesta assembléia de nações. E vejamos se nós, em nosso próprio tempo, poderemos mover o mundo em direção a uma paz justa e duradoura.

19. Guardiões nos muros da liberdade

No outono de 1963, John Kennedy foi impulsionado em duas direções – sua campanha pela reeleição começava a ser formulada enquanto eventos do outro lado do mundo, no Vietnã do Sul, exigiam sua atenção.

Embora o presidente estivesse prestes a entrar no ciclo da reeleição como favorito para conquistar o segundo mandato, havia motivos para preocupação. Pelo menos uma pesquisa nacional, do Instituto Gallup, mostrava que a popularidade de Kennedy havia caído acentuadamente em 1963. Segundo o Gallup, 59% dos norte-americanos aprovavam a performance do presidente – não era um número ruim, mas não era a taxa de 76% de aprovação que teve no início do ano.

Haveria um desafio para Kennedy logo nas primárias de 1964, proveniente do representante branco do Sul – o governador do Alabama, George Wallace. Embora Wallace não tivesse chances de impedir o lançamento da candidatura Kennedy à reeleição, a presença de JFK em poucos estados, durante as primárias, ameaçava incitar o ressentimento dos democratas sulistas que detestavam o presidente – e seu procurador-geral – por sua atuação no fim da segregação de Ole Miss e da Universidade do Alabama. Mais uma vez, o papel previsível de Wallace como porta-voz da reação sulista branca poderia ajudar Kennedy junto àqueles liberais do Norte, que acreditavam que o governo não agia rápido o suficiente no que diz respeito aos direitos civis. Com Wallace no ataque, os liberais do Norte teriam pouca escolha a não ser se unirem em torno de Kennedy, apesar dos receios.

Mesmo sendo popular, Kennedy concorria contra um dos principais candidatos à nomeação republicana, o senador do Arizona Barry Goldwater. Kennedy tinha uma liderança de 16 pontos à frente de seu possível competidor, segundo uma pesquisa. Conforme o ano eleitoral se aproximava, a Casa Branca buscou formas de "ajudar" os republicanos a escolherem Goldwater, considerado o mais fraco dos possíveis desafiantes do Partido Republicano. "Não percam nenhuma chance de elogiar Barry", o presidente instruiu seus conselheiros. "Incentivem-no um pouco."[1]

Outros possíveis candidatos republicanos geravam preocupação. O Michigan havia acabado de eleger George Romney, antigo presidente da empresa norte-americana Motors Corp., como seu novo governador, e a equipe de Kennedy, sempre atenta, observou tudo com cuidado. Embora Romney fosse novato na política, os assessores de Kennedy admitiram que seu histórico no mundo empresarial o ajudaria muito. Além disso, Dwight Eisenhower foi eleito em 1952 mesmo sendo politicamente inexperiente, e o empresário Wendell Wilkie, outro novato, fora um forte concorrente de Franklin Roosevelt em 1940. Portanto, Kennedy e companhia não viam motivos para desprezar o novo candidato do Michigan.

Outro adversário potencial, o governador de Nova York, Nelson Rockefeller, havia preocupado Kennedy no início de 1963. Mas, alguns meses depois, Rockefeller tinha se divorciado e estava com uma nova esposa, o que, segundo os parâmetros dos anos 1960, dificultava sua eleição. Ainda assim, seu nome, seu dinheiro, seu carisma de garoto de ouro e sua ambição exigiam respeito, e a equipe de Kennedy o observava de perto.

O time da reeleição começava a se formar, com o cunhado Stephen Smith como o diretor de campanha. Outros membros importantes eram Kenny O'Donnell*, Lawrence O'Brien, o redator de discursos Ted Sorensen, e, certamente, o procurador-geral, Robert Kennedy. O presidente disse aos assessores confiáveis que previa uma dura campanha de reeleição, independentemente de qual republicano estivesse contra ele.

Na medida em que se preparava para 1964, Kennedy programou duas viagens políticas ao controverso Sul – uma para a Flórida, e outra para o estado natal de seu vice-presidente, o Texas. Estes dois estados seriam decisivos para sua reeleição se, como suspeitava, alguns eleitores brancos do Sul mudassem a história, desertando os democratas e apoiando os republicanos por causa da política racial.

A luta pelos direitos civis continuava a produzir manchetes terríveis. Na manhã de domingo do dia 15 de setembro de 1963, membros da Igreja Batista da Rua 16, em Birmingham, no Alabama, se reuniram para a cerimônia matinal. Os crentes eram negros e comemoravam o fim da segregação nas escolas estaduais, implementado no início daquela semana.

---

* Representado com uma influência exagerada pelo ator Kevin Costner, no filme *Treze dias que abalaram o mundo*, sobre a Crise dos Mísseis, de outubro de 1962. (N.E.)

Uma bomba explodiu às 10h30. Quatro meninas, nenhuma com mais de 14 anos, foram mortas. Kennedy expressou formalmente sua indignação e disse em particular a Martin Luther King que ele e outras lideranças do movimento pelos direitos civis, em conjunto com o governo federal, precisavam "se manter calmos".

Até mesmo enquanto Kennedy acompanhava eventos horríveis como esse, crises intermináveis no exterior continuavam a roubar sua atenção.

Em 1º de novembro de 1963, um grupo de oficiais do Exército vietnamita do Sul encenou um cuidadoso golpe contra o presidente desta nação, Ngo Dinh Diem, e seu irmão e principal assessor, Ngo Dinh Nhu. Diem desagradava Washington por causa de sua política repressiva contra os budistas do Vietnã do Sul, a grande maioria da população do país. (Diem era católico romano.) O governo Kennedy já havia se comprometido com cerca de 17 mil soldados para a defesa do regime de Diem contra uma rebelião comunista, mas agora Diem havia se tornado um constrangimento – e a escalada do conflito no Vietnã virara notícia de primeira página, ao lado da campanha para a reeleição do presidente.

Kennedy decidiu que Diem e Nhu precisavam deixar o governo, e um golpe foi executado com o conhecimento, a cooperação e o apoio dos oficiais norte-americanos no Vietnã do Sul e em Washington.

Mas os eventos logo saíram do controle de Kennedy.

Diem e Nhu foram feitos prisioneiros. Em meio a conversas sobre um possível exílio elaborado pelos Estados Unidos para os dois líderes, alguns conspiradores decidiram resolver o problema com as próprias mãos, e Diem e Nhu foram assassinados. As Forças Armadas do Vietnã do Sul descreveram as mortes como atos suicidas.

Kennedy ficou chocado. Aparentemente, ele estava convencido de que a trama contra Diem e Nhu não terminaria em um banho de sangue, embora fosse difícil imaginar qualquer outro desfecho. Ele chamou os assassinatos de "abomináveis" e se culpou por não ter antecipado tal terrível reviravolta.

Na metade de novembro, funcionários do Departamento de Estado anunciaram que oficiais norte-americanos e vietnamitas se encontrariam no Havaí para discutir o futuro do envolvimento dos Estados Unidos no Vietnã do Sul. As reuniões no Havaí foram agendadas para começar em 20 de novembro.

O presidente estava em campanha em 18 de novembro, quando viajou para Tampa e Miami, como parte de sua estratégia para conquistar os dois estados mais importantes do Sul. Em seguida, em 21 de novembro, ele deixou a Base da Força Aérea Andrews para voar para San Antonio, no Texas.

A medida que o ano eleitoral terminava, o estado da estrela solitária se tornava uma fonte de preocupação para os democratas. Kennedy observou que, enquanto doadores de estados como Nova York e Massachusetts faziam sua parte pelo partido e pela proposta de reeleição, o Texas não era tão caridoso. Ele estava determinado a mudar isso. E queria que o governador democrata do estado, John Connally, interviesse em seu nome com os texanos democratas ricos. Kennedy também queria se encontrar com os principais representantes democratas do estado. Planejava lembrá-los de que o voto de líderes do partido no estado traria bons resultados – ao passo que, se não votassem, os resultados seriam ruins.

Connally, um democrata conservador que, mais tarde, passaria para o Partido Republicano, não estava muito entusiasmado. Além disso, ele havia entrado em uma briga com seu colega texano, o senador norte-americano Ralph Yarborough, mais liberal que o governador. O vice-presidente Johnson se alinhou a Connally, aumentando a intriga.

Viajando na companhia da sempre popular Jackie – a presença da primeira-dama poderia ajudar a romper parte da antecipada tensão política –, o presidente visitou San Antonio e Houston no dia 21 de novembro. Um de seus muitos discursos naquele dia ocorreu na inauguração de um centro médico aeroespacial em San Antonio. Foi uma boa oportunidade para Kennedy retomar um de seus temas favoritos – a nova fronteira da exploração espacial.

Para John Kennedy, os Estados Unidos ainda não haviam alcançado seu destino. A frase retirada de livros de escola se referia ao sonho de um Estados Unidos continental – um sonho realizado, um sonho que fazia parte de uma era.

A antiga fronteira estava fechada há bastante tempo, mas, para os norte-americanos nascidos no século XX, a história havia fornecido uma nova fronteira – não só no espaço, mas na Terra também. O poder, os ideais, o conhecimento e a benevolência norte-americanos não eram mais limitados por oceanos e pelo isolamento. O destino havia chamado os Estados Unidos para assumir um novo papel nos assuntos da humanidade, e, certamente, este papel era parte da nova fronteira. Tropas norte-americanas ocuparam velhas cidades da Europa, e nações emergentes da Ásia. A riqueza norte-americana estava espalhada pelo mundo, não mais restrita a Wall Street e Main Street. Cientistas norte-americanos venciam batalhas contra doenças e a morte prematura. Pensadores e escritores do país exploravam os valores e vícios da nossa humanidade comum.

A nova fronteira de John Kennedy não era somente as estrelas, nem a corrida à Lua. Envolvia idéias e ideais, e o novo papel que os Estados Unidos deveriam assumir no mundo.

Em San Antonio, Kennedy lembrou ao público que falava sobre a nova fronteira há três anos. "Este não é um termo partidário, e nem é propriedade exclusiva de republicanos ou democratas", disse.

> "Ele se refere, em vez disso, à posição desta nação na história; ao fato de que estamos à margem de uma era nova e importante, cheia de crises, mas também de oportunidades, uma era a ser caracterizada por realizações e desafios. É uma era que demanda ação e os melhores esforços de todos que experimentarão o incerto e o desconhecido, em cada momento da jornada humana. É um momento para os pioneiros.[2]"

No dia seguinte, em Dallas, a vida de John F. Kennedy chegou ao fim.

Kennedy e a primeira-dama deixam Forth Worth, a caminho de Dallas, em 22 de novembro de 1963.

Centro Médico Aeroespacial

21 de novembro de 1963

"Senhor secretário, governador, senhor vice-presidente, senador, membros do Congresso, membros das Forças Armadas, senhoras e senhores:

Por mais de três anos tenho falado sobre a nova fronteira. Este não é um termo partidário, e nem é propriedade exclusiva de republicanos ou democratas. Ele se refere, em vez disso, à posição desta nação na história; ao fato de que estamos à margem de uma era nova e importante, cheia de crises mas também de oportunidades, uma era a ser caracterizada por realizações e desafios. É uma era que demanda ação e os melhores esforços de todos que experimentarão o incerto e o desconhecido, em cada momento da jornada humana. É um momento para os pioneiros.

Vim hoje ao Texas saudar um extraordinário grupo de pioneiros, os homens da Escola de Medicina Aeroespacial da Base Aérea de Brooks e o Centro Médico Aerospacial. É propício que San Antonio seja o local deste centro e desta escola conforme nos reunimos para homenagear este complexo de prédios. Pois esta cidade tem sido há muito tempo o lar dos pioneiros do ar. Foi aqui que Sidney Brooks, cuja memória honramos hoje, nasceu e cresceu.* Foi aqui que Charles Lindbergh e Claire Chennault, e uma série de outros, que, na Primeira Guerra Mundial, na Segunda Guerra Mundial, na Guerra da Coréia e até mesmo hoje têm ajudado a demonstrar a perícia norte-americana nos céus, treinados nos campos de Kelly e Randolph, que reúnem uma grande parte da história da aviação. E na nova fronteira do espaço, enquanto as manchetes podem ser produzidas por outros em outros locais, a história é construída todos os dias pelos homens e mulheres do Centro Médico Aerospacial, sem os quais não haveria história.

Muitos norte-americanos cometem o erro de assumir que a pesquisa espacial não tem valor aqui na Terra. Nada poderia estar mais distante da verdade. Assim como, nos tempos de guerra, o desenvolvimento do radar nos deu o transistor, e tudo o que ele possibilitou, a pesquisa no campo da medicina espacial carrega a promessa de importantes benefícios àqueles de nós ligados à Terra. Pois nosso esforço no espaço não é, como alguns sugeriram, um concorrente dos recursos necessários ao desenvolvimento de nosso planeta. É um parceiro de trabalho e um co-produtor desses recursos. E nada

* O norte-americano Sidney Brooks foi piloto e herói de guerra na Primeira Guerra Mundial e deu nome à base onde Kennedy discursava. (N.E.)

torna isso mais claro que o fato de que a medicina no espaço fará nossas vidas mais saudáveis e felizes aqui na Terra.

Dou a vocês três exemplos: primeiro, a pesquisa no campo da medicina espacial pode impulsionar um novo entendimento na relação do homem com seu ambiente. Exames das reações física, mental e emocional do astronauta podem nos ensinar mais sobre as diferenças entre o normal e o anormal, sobre as causas e os efeitos da desorientação, sobre as mudanças no metabolismo que poderiam resultar na ampliação da vida. Quando estudamos os efeitos, sobre os nossos astronautas, de certos gases que podem contaminar seu ambiente, e procuramos formas de alterar estes gases para reduzir sua toxicidade, contribuímos para a resolução de problemas similares àqueles dos grandes centros urbanos contaminados e que devem ser purificados.

Em segundo lugar, a pesquisa no campo da medicina espacial pode revolucionar a tecnologia e as técnicas da medicina moderna. Quaisquer novos dispositivos criados, por exemplo, para monitorar nossos astronautas, para medir suas atividades cardíacas, suas respirações, suas ondas cerebrais, seus movimentos oculares, em grandes distâncias e sob difíceis condições, também representarão um grande avanço na instrumentação médica geral. Pacientes cardíacos podem usar até mesmo um pequeno monitor que soará um alerta se sua atividade exceder certos limites. Um instrumento recém-desenvolvido para registrar automaticamente o impacto da aceleração sobre os olhos dos astronautas também ajudará crianças pequenas que sofrem de defeitos na vista, mas são incapazes de descrever sua debilitação. E também com o uso de instrumentos similares aos usados no Projeto Mercúrio*, os serviços privados e públicos de enfermagem estão sendo melhorados, permitindo que uma enfermeira dê a pacientes em estado mais grave mais atenção do que poderia no passado.

E, em terceiro lugar, a pesquisa no campo da medicina espacial pode levar a avanços contra riscos comuns a muitos ambientes. Nossos astronautas precisarão, em especial, de novos mecanismos para protegê-los de efeitos nocivos da radiação que podem ter uma profunda influência sobre a medicina e as relações do homem com nosso atual ambiente.

Aqui neste complexo temos os laboratórios, o talento e os recursos para dar um novo ímpeto a pesquisas fundamentais para quem cuida da vida. Não sugiro que todo o programa espacial seja somente justificado por seus feitos

---

* Iniciado em 1958, completado em 1963, o Projeto Mercúrio foi o primeiro programa espacial desenvolvido nos Estados Unidos com o objetivo de colocar um homem no espaço. (N.E.)

na medicina. O programa espacial em si é uma contribuição para o poder nacional. E no último sábado, no Cabo Canaveral, vi nosso novo propulsor Saturno C-1, que, junto ao restante do foguete, quando for lançado em dezembro deste ano, será, pela primeira vez, o maior propulsor do mundo carregando o maior foguete já enviado por qualquer país ao espaço.

Penso que os Estados Unidos devem ser líderes. Um país tão rico e poderoso como este, que carrega tantos encargos e responsabilidades, que propicia tantas oportunidades, não deve estar atrás de ninguém. E, em dezembro, enquanto considero nosso domínio do espaço longe de estar completo, enquanto reconheço que ainda há áreas em que estamos para trás – pelo menos em uma delas, a do tamanho do propulsor –, espero que os Estados Unidos estejam na frente. E eu garanto isso. Temos um longo caminho adiante. Muitas semanas, meses e anos de um longo e enfadonho trabalho estão à frente. Enfrentaremos retrocessos, frustrações e decepções. Haverá, como sempre há, pressões neste país para que façamos menos por esta área como por tantas outras, e também haverá tentações para que façamos algo que talvez seja mais fácil. Mas a pesquisa que é feita aqui deve continuar. Este esforço pelo espaço deve prosseguir. A conquista do espaço deve e irá continuar. Isso é tudo que sabemos com certeza. Isso é tudo que podemos dizer com confiança e convicção.

Frank O'Connor, o escritor irlandês, relata em um de seus livros como, quando menino, ele e seus amigos, ao abrirem caminho pelo campo, se deparavam com um muro de um pomar que parecia muito alto e complicado para permitir o prosseguimento da viagem, então eles tiravam seus chapéus e os atiravam sobre o muro, e não tinham outra escolha a não ser ir atrás deles.

Esta nação jogou seu chapéu por cima do muro do espaço, e nossa única escolha é ir atrás dele. Quaisquer que sejam as dificuldades, elas serão superadas. Quaisquer que sejam os riscos, nos preveniremos contra eles. Com a vital ajuda deste Centro Médico Aeroespacial, com a ajuda de todos que trabalham no esforço pela conquista do espaço, com a ajuda e o apoio de todos os norte-americanos, escalaremos este muro com segurança e rapidez – e vamos então explorar as maravilhas do outro lado.

Obrigado. ”

Parte V

Palavras que falam por si

Introdução

Em um discurso agendado para o Dallas Trade Mart, na tarde de 22 de novembro de 1963, Kennedy planejava oferecer um outro vislumbre da cidade no alto da colina, da qual falou anos antes, quando deixou Massachusetts rumo à Casa Branca. Mas JFK nunca pronunciaria estas palavras. Elas teriam que falar por si mesmas:

> "Nós neste país, nesta geração, somos – pelo destino e não pela escolha – os guardiões nos muros da liberdade mundial. Pedimos, portanto, que possamos ser dignos do nosso poder e responsabilidade, que possamos exercer nossa força com sabedoria e moderação e que possamos alcançar em nosso tempo e para todos os tempos a antiga visão de 'paz na terra, boa vontade para com os homens'. Este deve ser nosso objetivo eterno, e a justiça de nossa causa deve sempre sustentar nosso esforço. Pois como foi escrito há muito tempo: 'Se o Senhor não guardar a cidade, em vão vigia a sentinela.'"

Os dois irmãos do presidente Kennedy também fizeram muitos discursos memoráveis. Três, em particular, nos relembram os momentos traumáticos posteriores ao assassinato do presidente, época de tragédia e angústia para os Estados Unidos e para a família Kennedy.

O primeiro, de Robert F. Kennedy, foi feito na Convenção Nacional Democrata, em 1964. Os democratas se reuniram menos de um ano após o assassinato do presidente para nomear Lyndon Johnson para um mandato integral. O destaque dramático da convenção ocorreu em 27 de agosto, quando Robert Kennedy subiu ao pódio para fazer uma homenagem ao falecido presidente.

Como os discursos de seu irmão, o de Robert Kennedy foi repleto de referências ao passado dos Estados Unidos e aos seus grandes líderes e heróis. Ele disse que seu irmão "se orgulhava muito de contar como Thomas Jefferson e James Madison percorreram o rio Hudson, em 1800, em uma expedição botânica que procurava borboletas; e acabaram chegando a Nova York, onde formaram o Partido Democrata".

E, assim como seu irmão, Robert era capaz de fazer frases poéticas.

> "Quando penso no presidente Kennedy, penso sobre o que Shakespeare disse em *Romeu e Julieta*: "Quando ele vier a morrer, em pedacinhos o corta, como estrelas bem pequenas, e ele a face do céu fará tão bela que apaixonado o mundo vai mostrar-se da morte, sem que o sol esplendoroso continue a cultuar.""

O cair da noite, contudo, não seria tão romântico conforme o brilho de Camelot desaparecia na escuridão, na metade dos anos 1960. Dentro de quatro anos, a nação estava tão dividida pela Guerra do Vietnã que o sucessor de JFK, Johnson, recusou a oportunidade de concorrer a um segundo mandato integral. Robert Kennedy entrou na corrida presidencial de 1968 com uma plataforma contra a guerra.

Na noite de 4 de abril de 1968, RFK fazia campanha em Indianápolis quando recebeu a terrível notícia do assassinato de Martin Luther King Jr. em Memphis, no Tennessee. O candidato estava programado para discursar em um comício de campanha naquela noite para um público de maioria negra. Os partidários de Robert Kennedy ainda não sabiam da morte de King.

Um RFK bastante abalado decidiu contar à multidão o que havia acontecido, e, apelando para que ficassem calmos e, de certo modo, esperançosos, falou espontaneamente:

> "Para aqueles de vocês que são negros e estão tentados a ficar cheios de ódio e desconfiança contra os brancos com a injustiça de tal ato, só posso dizer que sinto no meu próprio coração o mesmo tipo de sentimento. Um membro da minha família foi morto, mas por um homem branco.
>
> Precisamos, no entanto fazer um esforço nos Estados Unidos, precisamos nos esforçar para entender, para passar por este momento tão difícil."

Em seguida, citou, de cor, um verso do poeta grego Ésquilo. "Mesmo em nosso sono, a dor que não conseguimos esquecer cai gota a gota sobre o coração até que, em nosso próprio desespero, contra nossa vontade, surge a sabedoria por meio da majestosa graça de Deus."

Um mês depois, Robert F. Kennedy foi assassinado com um tiro em Los Angeles, pouco depois de declarar vitória nas primárias da Califórnia.

Kennedy e a primeira-dama desembarcam em Dallas, em 22 de novembro de 1963.

Em 8 de junho de 1968, a família Kennedy se reunia para velar outro filho, irmão, marido e tio morto. Pela primeira vez, o Kennedy mais novo, Edward, apareceu na cena nacional para fazer o discurso fúnebre sobre o irmão, na Catedral de St. Patrick, em Nova York.

Com a presença do presidente Johnson, cuja briga com Robert Kennedy havia alcançado proporções épicas em 1968, o jovem senador de Massachusetts relembrou seu irmão "como um homem bom e decente, que via erros e tentava consertá-los, via o sofrimento e tentava curá-lo, via a guerra e tentava interrompê-la".

Edward Kennedy citou uma frase de George Bernard Shaw, dramaturgo irlandês que o próprio John Kennedy citou durante seu memorável discurso no Parlamento Irlandês, em 1963. "Alguns homens vêem as coisas como elas são e perguntam por quê. Sonho com o que nunca aconteceu e pergunto por que não."

20. O discurso que nunca foi feito*

Dallas, Texas
22 de novembro de 1963

"Tenho a honra de aceitar este convite para discursar no encontro anual do Conselho de Cidadãos de Dallas, com participação dos membros da Assembléia de Dallas – e fico feliz em ter esta oportunidade de homenagear o Centro de Pesquisa e Pós-Graduação de Southwest.

Em um mundo de problemas complexos e contínuos, em um mundo cheio de frustrações e provocações, a liderança dos Estados Unidos deve se orientar pelas luzes do aprendizado e da razão; caso contrário, aqueles que confundem a retórica com a realidade e o plausível com o possível ganharão um domínio popular com soluções aparentemente simples e imediatas para todos os problemas do mundo.

Sempre haverá vozes dissidentes, expressando oposição sem oferecer alternativas; indicando falhas, mas não apoio; percebendo a tristeza em toda parte e buscando influência sem responsabilidade. Essas vozes são inevitáveis.

Mas hoje, outras vozes são ouvidas – vozes que pregam doutrinas completamente desvinculadas da realidade, completamente inadequadas aos anos 60, doutrinas que aparentemente assumem que as palavras serão suficientes sem armas, que a injúria é tão boa quanto a vitória e a paz, um sinal de fraqueza. Em um momento em que o déficit nacional é regularmente reduzido,

* Exlusivo da edição brasileira. (N.E.)

no que diz respeito ao peso que gera à economia, eles* vêem a dívida como a única e maior ameaça à nossa segurança. Em um momento em que diminuímos de forma constante o número de funcionários federais que servem milhões de cidadãos, eles temem a suposta multidão de empregados públicos bem mais do que os exércitos da oposição.

Não podemos esperar que todos, usando a frase da década passada, "falem claramente ao povo norte-americano". Mas podemos esperar que menos gente ouça bobagens. E a idéia de que esta nação está fadada ao fracasso pelo déficit, ou que a força é somente uma questão de slogans, é puro absurdo.

Quero debater com vocês hoje o status de nossa força e de nossa segurança porque estas questões requerem certamente apelos a favor de qualidades mais responsáveis de liderança e o melhor que o meio acadêmico puder produzir. Pois a força e a segurança deste país não são conseguidas com facilidade ou sem custos, nem são explicadas com rapidez e simplicidade. Há muitos tipos de força e nenhum sozinho será suficiente. Uma força nuclear devastadora não pode interromper a guerra de guerrilha. Pactos formais de aliança não podem interromper a subversão interna. Demonstrações de riqueza material não podem interromper a desilusão de diplomatas sujeitos à discriminação.

Acima de tudo, as palavras não são suficientes. Os Estados Unidos são uma nação pacífica. E onde nossa força e determinação são claras, nossas palavras só precisam convencer e não agredir. Se formos fortes, nossa força não precisará de explicações. Se formos fracos, as palavras não servirão para nada.

Entendo que este país tende muitas vezes a identificar momentos decisivos nas questões mundiais com os discursos importantes que os precedem. Mas não foi a Doutrina Monroe que manteve toda a Europa longe deste hemisfério – foi a força da frota britânica e a largura do oceano Atlântico. Não foi o discurso do general Marshall em Harvard que manteve o comunismo fora da Europa Ocidental –, mas a força e a estabilidade geradas pela nossa assistência militar e econômica.

Neste governo, também foi preciso algumas vezes emitir alertas específicos – alertas de que não poderíamos ficar parados assistindo aos comunistas conquistarem o Laos pela força, ou intervirem no Congo, ou engolirem Berlim Ocidental, ou manterem mísseis ofensivos em Cuba. Mas embora nossos objetivos tenham sido, pelo menos temporariamente, obtidos neste

* Os adversários políticos de Kennedy, os republicanos encabeçados pelo senador Barry Goldwater. (N.E.)

e em outros casos, nossa defesa bem-sucedida da liberdade foi erguida não pelas palavras que usamos, mas pela força que estávamos prontos para usar em nome dos princípios que defendemos.

Já deveria estar claro agora que uma nação não pode ser mais forte no exterior do que é internamente. Somente uns Estados Unidos que pratiquem o que pregam sobre os direitos iguais e a justiça social serão respeitados por aqueles cuja escolha afeta nosso futuro. Somente uns Estados Unidos que tenham educado completamente seus cidadãos são capazes de resolver problemas complexos e perceber os perigos ocultos do mundo em que vivemos. E somente uns Estados Unidos que cresçam e prosperem economicamente podem sustentar as defesas mundiais da liberdade, enquanto demonstram a todos os envolvidos a oportunidade de nosso sistema e sociedade.

Está claro, portanto, que estamos fortalecendo nossa segurança assim como nossa economia com os nossos recentes aumentos na renda e na produção nacionais – tomando a dianteira da maioria dos países da Europa ocidental na taxa de expansão dos negócios e na margem de lucros corporativos; mantendo um nível de preços mais estável que qualquer um dos nossos concorrentes estrangeiros; e cortando impostos à renda pessoal e corporativa em

Kennedy com Stephen Smith (à direita), seu cunhado e um dos principais assessores.

cerca de 11 bilhões de dólares, como eu propus, para garantir a esta nação a mais longa e poderosa expansão em nossa história econômica em tempos de paz.

A produção total desta nação – que há três anos estava no marco de 500 bilhões de dólares – logo passará de 600 bilhões de dólares, em um aumento recorde de mais de 100 bilhões de dólares em três anos. Pela primeira vez na história, temos 70 milhões de homens e mulheres trabalhando. Pela primeira vez na história, a média dos salários na indústria ultrapassou 100 dólares por semana. Pela primeira vez na história, os lucros das corporações, retirados os impostos, que aumentaram 43% em menos de três anos, estão no nível anual dos 27,4 bilhões de dólares.

Meus companheiros e caros cidadãos: cito estes fatos e números para esclarecer que os Estados Unidos hoje estão mais fortes que nunca. Nossos adversários não abandonaram suas ambições, nossos perigos não diminuíram, nossa vigilância não pode relaxar. Mas agora temos a força militar, científica e econômica para fazer o que precisar ser feito na preservação e promoção da liberdade.

Esta força nunca será usada na busca de ambições agressivas – será sempre usada na busca da paz. Nunca será usada para promover provocações – mas sempre para promover a resolução pacífica de disputas.

Nós, neste país, nesta geração, somos – pelo destino e não pela escolha – os guardiões nos muros da liberdade mundial. Pedimos, portanto, que possamos ser dignos do nosso poder e responsabilidade, que possamos exercer nossa força com sabedoria e moderação e que possamos alcançar em nosso tempo e para todos os tempos a antiga visão de 'paz na terra, boa vontade para com os homens'.[1] Este deve ser sempre nosso objetivo eterno, e a justiça de nossa causa deve sempre sustentar nosso esforço. Pois como foi escrito há muito tempo: 'Se o Senhor não guardar a cidade, em vão vigia a sentinela'.[2] ”

21. Homenagem a John F. Kennedy

Robert F. Kennedy

Convenção Nacional Democrata, Atlantic City, Nova Jersey

27 de agosto de 1964

"Senhor presidente da mesa, eu gostaria de falar por alguns poucos momentos.

Em primeiro lugar, gostaria de agradecer a todos os representantes da Convenção Nacional Democrata e aos defensores do Partido Democrata por tudo o que fizeram pelo presidente John F. Kennedy.

Quero expressar meu apreço pelos esforços que vocês fizeram por ele na convenção há quatro anos, pelos esforços que fizeram por ele na eleição de novembro de 1960, e, talvez o mais importante, pelo incentivo e pela força que deram a ele depois de eleito presidente dos Estados Unidos.

Sei que foi extremamente importante para ele saber que havia milhares de pessoas, por todo o país, que estavam juntas com ele, dedicadas a certos princípios e ideais.

Não importa que talento um indivíduo possua, que energia possa ter, não importa quanta integridade e honestidade possa ter, se ele está sozinho, e se ele é, em particular, um político, pode conseguir muito pouco. Mas se ele é apoiado, como foi o presidente Kennedy pelo Partido Democrata, por todos os norte-americanos, sempre dedicados às mesmas ações as quais o presidente tentava realizar, ele pode conseguir muito.

Ninguém sabia disso mais do que o presidente John F. Kennedy. Ele se orgulhava muito de contar como Thomas Jefferson e James Madison percorreram o rio Hudson em 1800, em uma expedição botânica que procurava borboletas; e acabaram chegando a Nova York, onde formaram o Partido Democrata.

Ele se orgulhava do fato de que o Partido Democrata era o mais antigo do mundo, e sabia que esta ligação entre Madison e Jefferson com os líderes políticos em Nova York associou o Norte ao Sul, e as áreas industriais do país às fazendas rurais, e que esta combinação sempre foi dedicada ao progresso, e todos os nossos presidentes têm se dedicado ao progresso.

Ele pensava em Thomas Jefferson, quando este adquiriu a Louisiana, e também quando Jefferson percebeu que os Estados Unidos não poderiam permanecer na costa Leste, e enviaram Lewis e Clark para a costa Oeste; em Andrew Jackson; em Woodrow Wilson; em Franklin Roosevelt, que salvou nossos cidadãos desesperados por causa da crise financeira; em Harry Truman, que não só pregava, mas agia pela liberdade.

Portanto, quando se tornou presidente, ele não só teve seus próprios princípios e ideais, mas a força do Partido Democrata. Como presidente, ele queria fazer algo pelos doentes mentais; por aqueles não incluídos na Previdência Social; pelos que não recebiam um salário mínimo adequado; por aqueles sem habitação adequada; pelos idosos com dificuldade em pagar suas contas médicas; por nossos companheiros que não são brancos e têm dificuldade de viver nesta sociedade. A tudo isso, ele se dedicou.

Mas percebeu também que para progredirmos em casa, precisamos ser fortes no exterior, que nossa força militar tinha de ser poderosa. Ele disse certa vez: "Somente quando nossas armas são, sem nenhuma dúvida, suficientes, nós podemos estar certos, sem nenhuma dúvida, de que elas nunca precisarão ser empregadas." E assim, em outubro de 1962, na época da crise com a União Soviética e o bloco comunista, os soviéticos retiraram seus mísseis e bombardeiros de Cuba.

Mesmo além disso, sua idéia era realmente de que este país, de que este mundo, deveria ser, quando a próxima geração assumisse, um lugar melhor do que quando o herdamos da geração passada. É por isso que – com todos os outros esforços que fez – o Tratado de Proibição de Testes, feito com Averell Harriman, era tão importante para ele.

E é por isso que ele fez tal tentativa e se comprometeu com os jovens não só dos Estados Unidos, mas com os jovens do mundo todo. E em todas essas tentativas vocês estiveram presentes.

Nos momentos de dificuldades, vocês o defenderam.

Nos períodos de crise, vocês permaneceram a seu lado. Nos de alegria, riram com ele. E nos de tristeza, o confortaram. Percebo, como indivíduos, que não podemos olhar para trás, precisamos olhar adiante. Quando penso no presidente Kennedy, penso sobre o que Shakespeare disse em *Romeu e Julieta*: "Quando ele vier a morrer, em pedacinhos o corta, como estrelas bem pequenas, e ele a face do céu fará tão bela que apaixonado o mundo vai mostrar-se da morte, sem que o sol esplendoroso continue a cultuar."

Percebo que, como indivíduos, e ainda mais importante, como um partido político e um país, não podemos somente olhar para o passado, mas precisamos olhar para o futuro.

Portanto, junto-me a vocês na idéia de que o que começou há quatro anos – o que todos aqui começaram há quatro anos – precisa ser defendido; e continuado.

O mesmo esforço, a mesma energia e a mesma dedicação que foi dada ao presidente John F. Kennedy deve ser dada ao presidente Lyndon Johnson e a Hubert Humphrey.

Se tornarmos este esforço evidente, não só o Partido Democrata será beneficiado, mas todo o país.

Quando olhamos este filme*, devemos lembrar do que o presidente Kennedy disse certa vez: "Temos a capacidade de tornar esta a melhor geração da história da humanidade, ou a última."

Se realizarmos nossa tarefa, se cumprirmos nossas responsabilidades e obrigações, não só como democratas, mas como cidadãos norte-americanos, em nossas cidades, fazendas, estados e no país como um todo, esta geração de norte-americanos será a melhor da história da humanidade.

Muitas vezes, ele citava Robert Frost – e disse que o trecho se aplicava a ele próprio –, mas podemos também aplicá-lo ao Partido Democrata e a todos nós: "Os bosques são lindos, sombrios e parecem do íntimo vir, mas tenho promessas a manter e quilômetros a percorrer antes de dormir, e quilômetros a percorrer antes de dormir."**

A senhora Kennedy pediu que este filme fosse dedicado a todos vocês e todos no país que ajudaram a transformar John F. Kennedy no presidente dos Estados Unidos.

Obrigado.

* Na convenção, foi exibido um filme em memória de John F. Kennedy.

** Do original: *The woods are lovely, dark and deep, but I have promises and miles to go before I sleep, and miles to go before I sleep.* (N.E.).

22. Sobre o assassinato de Martin Luther King

Robert F. Kennedy

Indianápolis, Indiana
4 de abril de 1968

"Senhoras e senhores,

Vou falar com vocês apenas por um momento esta noite, porque eu tenho uma triste notícia a dar. Vocês poderiam abaixar esses cartazes, por favor? Tenho uma triste notícia a dar a todos vocês, e, penso, uma triste notícia para todos os nossos companheiros, e para todas as pessoas que amam a paz em todo o mundo: Martin Luther King levou um tiro e morreu hoje à noite em Memphis, no Tennessee.

Martin Luther King dedicou sua vida ao amor e à justiça entre os seres humanos. E morreu em prol deste esforço. Neste dia difícil, neste momento difícil para os Estados Unidos, talvez seja bom perguntar que tipo de nação somos e em que direção queremos seguir. Pois aqueles de vocês que são negros – levando-se em conta as claras evidências de que os responsáveis são brancos –, vocês podem ficar cheios de amargura, ódio e desejo de vingança.

Como um país, podemos seguir nesta direção, aumentando a polarização – negros vivendo entre negros, e brancos vivendo entre brancos, cheios de ódio, um com relação ao outro. Ou podemos fazer um esforço, como Martin Luther King fez, para entender, para compreender e para substituir esta violência, esta mancha de sangue que se espalhou por nossa pátria, com um esforço de compreensão, compaixão e amor.

Para aqueles de vocês que são negros e estão tentados a ficar cheios de ódio e desconfiança contra os brancos com a injustiça de tal ato, só posso dizer que sinto no meu próprio coração o mesmo tipo de sentimento. Um membro da minha família foi morto, mas por um homem branco.

Precisamos, no entanto, fazer um esforço nos Estados Unidos, precisamos nos esforçar para entender, para passar por este momento tão difícil.

Meu poema favorito – meu poeta favorito era Ésquilo. E ele certa vez escreveu: "Mesmo em nosso sono, a dor que não conseguimos esquecer cai gota a gota sobre o coração, até que, em nosso próprio desespero, contra nossa vontade, surge a sabedoria por meio da majestosa graça de Deus."

O que precisamos nos Estados Unidos não é de mais divisão; o que precisamos nos Estados Unidos não é de ódio; o que precisamos nos Estados Unidos não é de violência e ilegalidade, mas de amor, sabedoria e compaixão entre nós, e um sentimento de justiça com aqueles que ainda sofrem dentro do nosso país, sejam eles brancos ou negros.

Portanto, peço a vocês hoje que voltem para casa, que rezem pela família de Martin Luther King – sim, é verdade –, mas o mais importante, que façam pelo nosso país, que todos nós amamos, uma oração pelo entendimento e pela compaixão que me referi.

Tudo pode ficar bem neste país. Teremos momentos difíceis pela frente. Já tivemos momentos difíceis no passado, e teremos momentos difíceis no

Martin Luther King e Coretta Scott King.

futuro. Não será o fim da violência; não será o fim da ilegalidade; e não será o fim da desordem.

Mas a grande maioria dos brancos e dos negros deste país querem viver juntos, querem melhorar a qualidade de nossa vida e querem justiça para todos os seres humanos em nossa pátria.

E vamos nos dedicar ao que os gregos escreveram há tantos anos: domar a selvageria do homem e tornar virtuosa a vida neste mundo. Vamos nos dedicar a isso, e orar por nosso país e nosso povo.

Muito obrigado.

23. Homenagem a Robert Kennedy

senador Edward M. Kennedy

Catedral St. Patrick, Nova York

8 de junho de 1968

"Em nome da senhora Robert Kennedy, dos filhos, pais e irmãs de Robert Kennedy, quero expressar o que sentimos para aqueles em luto conosco hoje nesta catedral e no mundo. Nós o amávamos como um irmão, um pai e um filho. De seus pais, e de seus irmãos e irmãs mais velhos – Joe, Kathleen e Jack – ele recebeu inspiração, a mesma que passou a todos nós. Ele nos deu força em momentos de luta, sabedoria em momentos de incerteza e a sua presença nos momentos de alegria. Ele esteve sempre ao nosso lado.

O amor não é um sentimento que possa ser expresso em palavras. Nem a lealdade, a confiança ou a alegria. Mas ele foi tudo isso. Amava completamente a vida e a vivia intensamente.

Há alguns anos, Robert Kennedy escreveu algumas palavras sobre seu próprio pai e elas expressaram a forma como nós, sua família, nos sentíamos com relação a ele. Robert disse o que seu pai significava para ele: "Tudo se resumia ao amor – não o amor descrito com tanta facilidade nas revistas populares, mas o tipo de amor que significa afeição e respeito, ordem, encorajamento e apoio. A percepção deste amor era uma fonte incalculável de força para nós, e como o verdadeiro amor é altruísta e envolve o sacrifício e a doação, nós não poderíamos fazer outra coisa senão usufruir dele."

"Acima de tudo, ele tentou produzir uma consciência social. As injustiças precisavam de atenção. Os pobres precisavam de ajuda. E temos uma responsabilidade com eles e com este país. Por meio de nenhuma virtude ou realização nossa, tivemos sorte suficiente de ter nascido nos Estados Unidos, sob as condições mais confortáveis. Portanto, temos responsabilidade para com outros, que tiveram menos sorte."

Foi isso o que Robert Kennedy recebeu. O seu legado é o que disse, fez e defendeu. Um discurso que fez aos jovens da África do Sul no Dia da Afirmação, em 1966, resume o melhor, que vou ler agora:

"Há neste mundo discriminação, escravidão, assassinato e fome. Governos reprimem populações; e milhões estão presos na pobreza enquanto a nação se torna mais rica; e, em toda parte, a riqueza é gasta em armamentos."

"Estes são males variados, mas são trabalhos comuns do homem. Eles refletem a imperfeição da justiça humana, a inadequação da compaixão humana, nossa falta de sensibilidade com relação aos sofrimentos de nossos companheiros."

"Mas podemos talvez nos lembrar – mesmo que por um tempo – que aqueles que vivem conosco são nossos irmãos; que compartilham conosco o mesmo curto período de vida; que buscam – como nós – nada mais a não ser a chance de viver suas vidas com propósito e felicidade, com toda a satisfação e realização que puderem ter."

"Certamente, esta ligação de uma fé comum, esta ligação de um objetivo comum, pode começar a nos ensinar algo. Certamente, podemos aprender, no mínimo, a olhar para aqueles ao nosso lado como companheiros. E certamente podemos começar a trabalhar mais para curar as feridas entre nós e nos tornarmos, em nossos próprios corações, irmãos e compatriotas mais uma vez."

"Nossa resposta é contar com a juventude – não um período da vida, mas um estado da mente, uma disposição da vontade, uma qualidade da imaginação, uma predominância da coragem sobre a timidez, do apetite pela aventura sobre o amor à comodidade. As crueldades e os obstáculos deste planeta em rápida transformação não se renderão a dogmas obsoletos e slogans desgastados. Não podem ser movidos por aqueles que aderem a um presente que já está morrendo, que preferem a ilusão da segurança ao entusiasmo e ao perigo que acompanham mesmo o progresso mais pacífico. É um mundo revolucionário este no qual vivemos; e esta geração aqui e no mundo recebeu uma responsabilidade maior do que qualquer geração anterior."

"Alguns acreditam que não há nada que um homem ou uma mulher possam fazer contra a grande coleção das maldades do mundo. Ainda assim, muitos dos importantes movimentos do mundo, dos pensamentos e ações, provêm da obra de um único homem. Um jovem monge começou a reforma protestante, um jovem general construiu um império da Macedônia aos confins da terra, e uma jovem recuperou o território da França. Foi um jovem explorador italiano que descobriu o Novo Mundo, e um Thomas Jefferson de 32 anos proclamou que todos os homens são criados iguais."

"Essas pessoas moveram o mundo, e todos nós também podemos movê-lo. Poucos terão a magnitude de mudar a história, mas cada um de nós pode trabalhar para mudar uma pequena parte dos eventos, e, no fim, todos estes atos serão escritos na história desta geração. A história humana é feita de infinitos atos de fé e coragem. Cada vez que um homem defende um ideal, ou age para melhorar a vida dos outros, ou ataca a injustiça, ele emite pequenas ondas de esperança, que, ao se cruzarem com outras ondas provenientes de diferentes centros de força e coragem, formam uma corrente que pode derrubar os muros mais rígidos da opressão e da resistência."

"Poucos estão dispostos a enfrentar a desaprovação de seus companheiros, a censura de seus colegas, a raiva de sua sociedade. A coragem moral é um bem mais raro que a bravura na batalha ou a inteligência aguçada. É porém essencial, uma qualidade vital para aqueles que buscam mudar um

Robert F. Kennedy e Lyndon Johnson com Martin Luther King e outros ativistas do movimento pelos direitos civis.

mundo que se submete de forma dolorosa à mudança. E acredito que, nesta geração, aqueles com a coragem de enfrentar o conflito moral encontrarão companhia em cada canto do mundo."

"Para os felizardos entre nós, há a tentação de seguir os caminhos fáceis e conhecidos da ambição pessoal e do sucesso financeiro, tão numerosos e nítidos àqueles que desfrutam do privilégio da educação. Mas este não é o caminho que a história escolheu para nós. Gostando ou não, vivemos em uma época de perigo e incerteza. Mas também mais aberta à energia criativa dos homens do que em qualquer outra época na história. No fim das contas, todos nós seremos julgados e, conforme os anos passam, nós vamos certamente julgar a nós mesmos, com relação ao esforço que fizemos para construir uma nova sociedade mundial e à extensão em que nossos ideais e objetivos modelaram este esforço."

"O futuro não pertence àqueles satisfeitos com os dias de hoje, apáticos com relação a problemas comuns como tantos, com vergonha e medo diante de novas idéias e projetos ousados. Ao contrário, pertencerá àqueles que unem a visão, a razão e a coragem a um compromisso pessoal com os ideais e os grandes empreendimentos da sociedade norte-americana."

"Nosso futuro pode estar além da nossa visão, mas não está completamente além do nosso controle. É da força influente dos Estados Unidos que nem o destino, nem a natureza, nem as irresistíveis ondas da história, mas o trabalho de nossas mãos, compatível com os princípios e a razão, determine o nosso destino. Há um orgulho nisso, até mesmo uma arrogância, mas também há experiência e verdade. Em todo caso, é a nossa única forma de viver."

Esta é a forma como ele viveu. Meu irmão não precisa ser idealizado ou enaltecido na morte mais do que foi em vida, mas ser lembrado simplesmente como um homem bom e decente, que via erros e tentava consertá-los, via o sofrimento e tentava curá-lo, via a guerra e tentava interrompê-la.

Aqueles de nós que o amaram, e que hoje o deixam em paz, rezam para que o que ele foi para nós e o que ele desejava para os outros algum dia seja transmitido para todo o mundo.

Como ele disse muitas vezes, em muitas partes deste país, para aqueles que ele tocou e que tentaram tocá-lo:

"Alguns homens vêem as coisas como elas são e perguntam por quê. Sonho com o que nunca aconteceu e pergunto por que não."

Notas

JFK: uma vida (p. 17 a 25)

1. R. Dallek, *An Unfinished Life*, p.113.
2. Ibid., p.193.
3. Ibid., p.223.

Parte I – Discursos anteriores à Presidência (p. 27 a 81)

Introdução

1. R. Dallek, *An Unfinished Life*, p.244.
2. Ibid., p.232.
3. Ibid., p.236.
4. Ibid., p.234.
5. Ibid., p.246.

1. O poder da Presidência

1. Sobre isso, ver: King, Martin Luther. *Um apelo à consciência: os melhores discursos de Martin Luther King*. Rio de Janeiro, Jorge Zahar, 2006. (N.E.)

2. Acredita-se que o termo "Jim Crow" tem origem por volta de 1830, quando o artista branco Thomas "Daddy" Rice criou o personagem Jim Crow. Rice atuava com o rosto maquiado de preto (com pasta de carvão ou rolha queimada) e dançava de modo a ridicularizar a ginga negra do Sul dos Estados Unidos, ao mesmo tempo em que cantava a música "Jump Jim Crow". Por volta dos anos 1850, o personagem Jim Crow já era conhecido pelo público norte-americano e durante a Guerra Civil foi utilizado como estereótipo de uma imagem de inferioridade do negro. No fim do século XIX, regras discriminatórias contra os negros, como espaços reservados em ônibus e restaurantes, eram chamados de *Jim Crow Laws* (leis Jim Crow). (N.E.)

3. T. Maier, *The Kennedys*, p.233.
4. R. Dallek, *An Unfinished Life*, p.266.

2. A nomeação garantida

1. Josué 1:9.
2. Isaías 40:31.

3. A "suposta questão religiosa"

1. R. Slayton, *Empire Statesman*, p.258.
2. Ibid, p.303.
3. W.V. Shannon, *The American Irish*, p.179.
4. R. Dallek, *An Unfinished Life*, p.283.
5. Ibid., p.282.
6. T. Maier, *The Kennedys*, p.240.
7. Ibid., p.345.
8. Ibid., p.346.
9. Ibid., p.340.
10. R. Slayton, op.cit., p.33.
11. Slayton, op.cit., p.303.
12. Quacre ou *quaker* é o nome dado a um membro de um grupo religioso protestante chamado Sociedade dos Amigos. A seita foi criada em 1652 pelo inglês George Fox em reação aos abusos da Igreja anglicana. Sob a inspiração direta do Espírito Santo, os membros da Sociedade dos Amigos são ridicularizados pelo termo *quakers* (tremedores/medrosos), rejeitando qualquer organização clerical, vivendo em busca do recolhimento, da pureza moral, do pacifismo, da solidariedade e da filantropia. Os quacres foram perseguidos na Inglaterra por Carlos II e emigraram em massa para os Estados Unidos.
13. Maier, op.cit., p.344.
14. Ibid., p.306.

4. O primeiro debate

1. Richard Nixon, *RN: Memoirs of Richard Nixon*, p.219.

Parte II – 1961 (p. 83 a 182)

5. O discurso inaugural

1. O discurso mais famoso de Abraham Lincoln, feito no Cemitério Nacional dos Soldados, em Gettysburg, na Pensilvânia, em 19 de novembro de 1863, durante a Guerra Civil norte-

americana e quatro meses antes da batalha de Gettysburg, considerada o principal enfrentamento de todo o conflito, quando as forças do Norte conseguiram barrar o avanço das tropas confederadas sob a liderança do general Robert Lee. (N.E.)

2. Sobre isso, ver Nota 2, do capítulo 1: "O poder da Presidência".

3. Isaías 58:06.

6. A Aliança para o Progresso

1. A. Schlesinger, *Robert Kennedy and his times*, p.509.
2. R. Dallek, *An Unfinished Life*, p.341.
3. Ibid., p.469.
4. A. Schlesinger, op.cit., p.622.
5. Ibid., p.624.

7. A Baía dos Porcos

1. R. Reeves, *President Kennedy*, p.76.
2. Ibid., p.86.
3. R. Nixon, *RN*, p.234.
4. A. Schlesinger Jr., *A Thousand Days*, p.289-90.
5. R. Reeves, op.cit., p.99.
6. R. Dallek, *An Unfinished Life*, p.371.

8. O homem na Lua

1. R. Reeves, *President Kennedy*, p.100.
2. Isaías 2:4.

9. Preparação para a guerra

1. R. Dallek, *An Unifinished Life*, p.424.
2. R. Reeves, *President Kennedy*, p.180.
3. R. Dallek, op.cit., p.406.
4. J.C. Ausland, *Kennedy, Krushchev, and the Berlin-Cuba Crisis*, p.4.
5. R. Dallek, op.cit., p.413.
6. Idem.
7. Ibid., p.119.
8. R. Reeves, op.cit., p.179.

10. A espada nuclear de Dâmocles

1. R. Reeves, *President Kennedy*, p.597.
2. R. Dallek, *An Unfiniched Life*, p.686.

Parte III – 1962 (p. 183 a 229)

11. Por que ir à Lua?

1. R. Dallek, *An Unfinished Life*, p.393.
2. R. Reeves, *President Kennedy*, p.139.
3. Idem.

12. Mississippi em chamas

1. A. Schlesinger, *Robert Kennedy*, p.341.
2. R. Reeves, *President Kennedy*, p.100.
3. A. Schlesinger, op.cit., p.343.
4. A. Schlesinger, op.cit., p.342.
5. A. Schlesinger, op.cit., p.360.
6. Ibid., p.347.
7. R. Dallek, *An Unfinished Life*, p.517.
8. R. Reeves, op.cit., p.363.
9. Idem.

13. A Crise dos Mísseis

1. R. Dallek, *An Unfinished Life*, p.544.
2. Ibid, p.533.
3. E.R. May e P.D. Zelikow, *The Kennedy Tapes*, p. 182 e 178.
4. R. Dallek, op.cit., p.555.
5. Ibid., p.557.
6. T. Sorensen, *Let the Word Go Forth*, p.31.
7. R. Reeves, *President Kennedy*, p.411.
8. N. Krushchev, *Krushchev Remembers*, p.329.

Parte IV – 1963 (p. 231 a 312)

14. Uma visão de paz

1. R. Dallek, *An Unfinished Life*, p.505.
2. R. Reeves, *President Kennedy*, p.227.
3. Ibid., p.477.
4. Ibid., p.512.
5. Ibid., p.440.
6. Ibid., p.511.

7. R. Dallek, op.cit., p.612.
8. Ibid., p.621
9. Provérbios 28:01.
10. Provérbios 16:07.

15. A crise moral da nação

1. E isso realmente mudou. Para se ter uma idéia, no ano de 2000, os republicanos haviam vencido todas as cinco últimas eleições nos estados do Sul com a exceçao da Flórida e da Geórgia, onde venceram quatro das cinco eleições anteriores. Na pleito presidencial de 2004, novamente os republicanos mostraram força no Sul, onde George W. Bush venceu em todos os estados do Sul. Alguns analistas afirmam que muito dessa mudança é fruto de uma diversificação do quadro filiado republicano, integrando jovens negros e latinos de segunda e terceira geração, no geral bastante conservadores, da região, ao partido. (N.E.)
2. B. Adler, *The Uncommon Wisdom of JFK*, p.57.
3. R. Reeves, *President Kennedy*, p.515.
4. Ibid., p.520.
5. Ibid., p.501.
6. R. Dallek, *An Unfinished Life*, p.602.
7. Ibid., p.605.

16. *Ich bin ein Berliner*

1. M.R. Beschloss, *The Crisis Years*, p.605.
2. R. Reeves, *President Kennedy*, p.534.
3. Ibid., p. 535.
4. Ibid. p.536.
5. M.R. Beschloss, op.cit., p. 604.

17. Um espírito de esperança

1. R. Dallek, *An Unfinished Life*, p.429.
2. M.R. Beschloss, *The Crisis years*, p.396.
3. R. Reeves, *President Kennedy*, p. 547.

18. As nuvens se dissiparam

1. Lucas 9:62.

19. Guardiões nos muros da liberdade

1. R. Reeves, *President Kennedy*, p.655.
2. R. Dallek, *An Unfinished Life*, p.685.

Parte V: Palavras que falam por si (p. 313 a 334)

Introdução

1. Lucas 2:14.
2. Salmos 127:1.

20. O discurso que nunca foi feito

1. Lucas 2:14.
2. Salmos 127:1.

Bibliografia

ADLER, Bill e Tom Folsom (ed). *The Uncommon Wisdom of JFK*. Nova York, Rugged Land, 2003.

AMBROSE, Stephen E. *Eisenhower and Berlin 1945*. Nova York, W.W. Norton & Company, 2000.

AUSLAND, John C. *Kennedy, Khrushchev and the Berlin-Cuba Crisis, 1961-1964*. Oslo, Scandinavian University Press, 1996.

BESCHLOSS, Michael R. *The Crisis Years: Kennedy and Khrushchev, 1960-1963*. Nova York: HarperCollins, 1991.

CLARKE, Thurston. *Ask Not: The Inauguration of John F. Kennedy and the Speech That Changed America*. Nova York, Henry Holt, 2004.

COFFEY, Michael e Terry Golway. *The Irish in America*. Nova York, Hyperion, 1997.

DALLEK, Robert. *An Unfinished Life. John F. Kennedy, 1917-1963*. Boston, Little, Brown, 2003.

FISHER, James T. *Dr. America: The Lives of Thomas A. Dooley*. Amherst, University of Massachussetts Press, 1998.

GOODWIN, Doris Kearns. *The Fitzgeralds and the Kennedys*. Nova York, Simon & Schuster, 1987.

KENNEDY, John F. *Profiles in Courage*. Nova York, Harper, 1956.

________. *The Strategy of Peace*. Nova York, Harper and Brothers, 1960.

KHRUSHCHEV, Nikita S. *Khrushchev Remembers: The Last Testament*. Boston, Little, Brown, 1974.

MAIER, Thomas. *The Kennedys: America's Emerald Kings*. Nova York, Basic Books, 2003.

MAY, Ernest R. e Philip D. Zelikow. *The Kennedy Tapes*. Cambridge, Harvard University Press, 1997.

MCCULLOUGH, David. *Truman*. Nova York, Simon & Schuster, 1992.

MORRIS, Charles. *American Catholic*. Nova York, Times Books, 1997.

NIXON, Richard. *RN: Memoirs of Richard Nixon*. Nova York, Grosser & Dunlap, 1978.

REEVES, Richard. *President Kennedy: Profile of Power*. Nova York, Simon & Schuster, 1993.

SCHLESINGER, Arthur M. Jr. A *Thousand Days: John F. Kennedy in the White House*. Boston, Houghton Mifflin, 1965.

_______. *Robert Kennedy and His Times*. Nova York, Ballantine Books, 1979.

SHANNON, William V. *The American Irish*. Nova York, Macmillan, 1963.

SLAYTON, Robert A. *Empire Statesman: The Rise and Redemption of Al Smith*. Nova York, The Free Press, 2001.

SMYSER, W.R. *From Yalta to Berlin*. Nova York, St. Martin's Press, 1990.

SORENSEN, Theodore C. *Kennedy*. Nova York, Harper & Row, 1965.

________ (ed.). *Let the Word Go Forth*. Nova York, Dell, 1988.

THOMAS, Evan. *Robert Kennedy: His Life*. Nova York, Simon & Schuster, 2000.

TOFEL, Richard J. *Sounding the Trumpet: The Making of John F. Kennedy's Inaugural Address*. Chicago, Ivan R. Dee, 2005.

TUCHMAN, Barbara. *Guns of August*. Nova York, Dell, 1962. (Ed. Bras.: *Canhões de Agosto*. Rio de Janeiro, Objetiva, 1994.)

WALDMAN, Michael. *My Fellow Americans*. Naperville, Sourcebooks, 2003.

WHITE, Theodore C. *The Making of the President, 1960*. Nova York, Atheneum Publishers, 1961.

WICKER, Tom. *One of Us*. Nova York, Random House, 1991.

Agradecimentos dos organizadores

Agradecemos à equipe da Biblioteca John F. Kennedy, em especial a James Hill, Colleen Cooney, Laurie Austin e Jessica Sims. Somos gratos também a Alan Joyce por sua pesquisa iconográfica. Obrigado a Tom Glad do National Press Club e aos funcionários da Divisão de Arquivo Sonoro Gravado, da Biblioteca do Congresso.

Nosso editor, Hillel Black, foi uma fonte constante de entusiasmo. Agradecemos ainda ao talento de Todd Stocke, Samantha Raue, Anne LoCascio, Heather Moore e aos publicitários da Sourcebooks.

John Wright, nosso agente e amigo, foi uma fonte de inspiração, como sempre. Obrigado por tornar este projeto possível.

Este livro foi composto em Electra
e impresso por Geográfica Editora em maio de 2007.